人邮电商教育
E-Commerce

高等院校电子商务职业细分化创新型规划教材

移动营销

刘海燕 陆亚文 ｜主编

人民邮电出版社

北　京

图书在版编目（CIP）数据

移动营销 / 刘海燕 ，陆亚文主编. -- 北京 ：人
民邮电出版社，2018.7（2024.1重印）
高等院校电子商务职业细分化创新型规划教材
ISBN 978-7-115-48312-6

Ⅰ. ①移… Ⅱ. ①刘… ②陆… Ⅲ. ①网络营销－高
等学校－教材 Ⅳ. ①F713.365.2

中国版本图书馆CIP数据核字(2018)第078444号

内 容 提 要

本书从思维模式、战略、战术到方法，为读者呈现了一个系统、全面的移动营销体系。全书分为 10 章，分别介绍了移动互联网及其营销的概念、特征，打造移动营销体系的 3 个前提，移动营销人员应练就的 6 种思维，实施和执行移动营销的 5 种策略，以及如何利用微信、微店/微商城、手机淘宝、移动 App、移动广告和移动直播平台进行移动营销。

本书适合作为应用型本科院校、职业院校移动商务、网络营销、电子商务及相关专业的教学用书，同时适合对移动营销感兴趣的新媒体行业从业者使用。

◆ 主　编　刘海燕　陆亚文
责任编辑　古显义
责任印制　马振武

◆ 人民邮电出版社出版发行　北京市丰台区成寿寺路 11 号
邮编　100164　电子邮件　315@ptpress.com.cn
网址　http://www.ptpress.com.cn
北京天宇星印刷厂印刷

◆ 开本：787×1092　1/16
印张：14.25　　　　　　2018 年 7 月第 1 版
字数：294 千字　　　　　2024 年 1 月北京第 9 次印刷

定价：42.00 元

读者服务热线：(010)81055256　印装质量热线：(010)81055316
反盗版热线：(010)81055315
广告经营许可证：京东市监广登字 20170147 号

PREFACE 前·言

移动互联网技术、移动设备和无线网络的日益普及，使移动互联网呈现出惊人的发展速度，并向人们的生产、生活、工作、学习等各个领域全方位地渗透。任何人在任何时间、任何地点只要接入无线网络，利用智能手机就可以享用互联网上的海量信息。

移动互联网是互联网发展的一个新阶段，其最大的优势是实现了随时、随地、随身，无缝链接、方便快捷，摆脱了PC时代"在线"的限制。移动互联网的这些优势也为企业带来了新机遇，如企业、产品、消费者之间形成了最短链条；人们的多样化需求得到了最大限度的满足；现实和虚拟实现了高度交融；微信、手机淘宝等一大批移动应用迅速崛起。

越来越多的企业看到了移动互联网的价值与前景，纷纷展开移动营销（移动营销也叫移动互联网营销），寻求营销模式上的创新。

移动互联网与企业营销的融合集中体现在以下两个方面。

（1）利用移动互联网技术，打造移动平台，将之作为业务推广的一种手段。如购物、餐饮、娱乐、航空、汽车、金融、家电等一大批微信公众平台、移动App及企业推广平台的出现。

（2）利用移动互联网思维重构业务模式，配合移动互联网技术进行线上线下业务的改造、融合。如今，绝大多数线下业务、PC端业务都实现了移动化，如通过手机订票、订餐、订旅店、下棋、玩游戏、购物、支付、看电影……可以说，原来在线下、PC端能做的事，现在在智能手机、平板电脑上都能做。

移动互联网的"触角"已延伸至各个领域，且有向纵向深入、横向垂直化发展的趋势。它极大地改变了人们的工作、生活方式，尤其对企业营销模式的影响更是颠覆性的，具有划时代的意义。我们不缺少对理论的研究，缺少的是对实际经验的总结、对实际操作的指导。令人遗憾的是，目前市面上对此进行详细阐述的图书并不多。鉴于此，笔者精心编写了本书，结合最新发展现状，全面、系统地阐述了企业如何进行移动营销。

全书分为10章，从概念和特征、体系打造、营销思维、营销策略、营销工具（包括微信、微店/微商城、手机淘宝、移动App、移动广告、移动直播平台）等多层面对移动营销进行详细解读。

　　本书旨在成为移动营销领域的工具书、参考书，打造一个系统、全面的移动营销体系。通过对本书的学习，读者可以从思维模式、战略、战术到方法，对移动营销有一个全方位、多层面的认识，并将其应用到实战操作中。

编者

2018年1月

CONTENTS
目·录

第6章
微店/微商城：将实体店"搬进"移动端

第7章
手机淘宝：淘宝电子商务转向移动端的标志

第8章
移动App：移动营销的中流砥柱

第9章
移动广告：带动移动互联网产品精准对接市场

第10章
移动直播平台：将移动互联网产品打造成"网红"产品

第1章

了解移动互联网及其营销的概念、特征

随着移动互联网的发展，移动智能设备的普及，移动营销逐步成了最主要的线上营销方式之一。越来越多的企业开始使用微信、微博、移动App、自媒体等移动工具进行品牌传播，产品宣传、推广和销售。本章主要从宏观上阐述移动互联网对营销的影响、移动互联网及移动营销的概念和特征。通过本章的学习，读者可以对移动互联网形成整体认识，为从理论到实践并学以致用奠定基础。

1.1 移动互联网促使营销风向突变

▎1.1.1 移动电子商务企业（平台）崛起

数据显示，截至2017年2月我国移动电话用户总数为13.3亿，移动互联网用户总数达到11.2亿，手机上网用户总数近10.6亿，移动宽带用户（即3G和4G用户）总数达9.78亿，如图1-1所示。其中4G用户持续爆发式增长，总数达到8.14亿，占移动电话用户的61.2%。

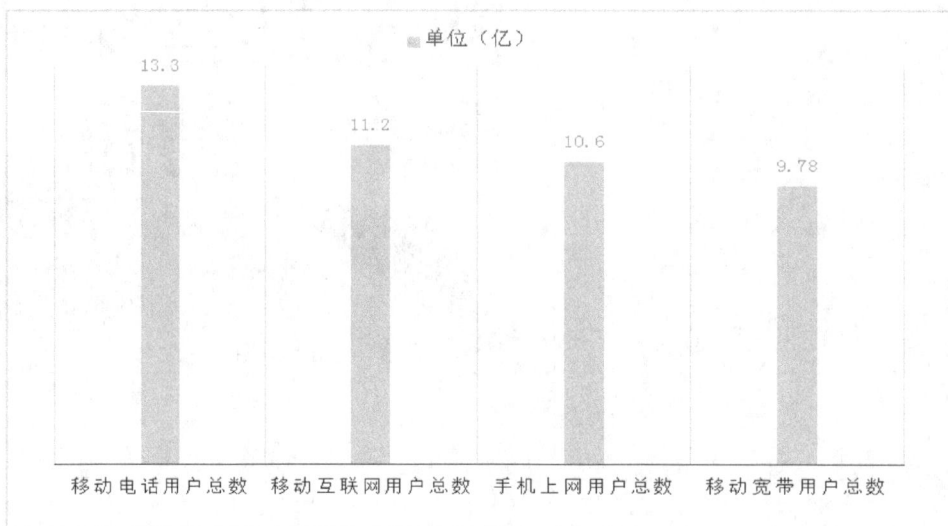

图1-1｜移动互联网业务用户各项总数示意图

数据是最有说服力的，移动用户的大规模增长足以说明，移动互联网在未来将会有很大的发展空间。互联网催生了电子商务，而移动互联网则加速了电子商务的发展。

移动电子商务，顾名思义就是"移动"+"电子商务"。具体是指利用智能手机、掌上电脑等无线终端进行的各种电子商务活动，移动是手段，商务是目的。移动互联网时代的到来，以及智能手机的普及，带动了许多新兴移动电子商务的新势力的崛起。作为一种新型的电子商务方式，移动电子商务利用了移动无线网络的优点，是对传统电子商务的有益补充。尽管移动电子商务的开展还存在安全与带宽等很多问题，但是与传统的电子商务方式相比，移动电子商务具有诸多优势，并得到了各界的普遍重视。与此同时，一些电商企业借移动互联网带来的全新机会快速发展壮大，成长为新一代的移动电商企业，如卷皮、贝贝、蘑菇街等。

卷皮，移动电商企业的杰出代表。2016年是其高速发展的一年，多家机构数据均显示，卷皮移动App月活跃用户数、月度总有效时长等增长速度均遥遥领先于行业平均水平。2016年11月更是以3年累计增长5128%的傲人业绩，被全球四大会计师事务所之一的德勤评为2016德勤高科技高成长中国50强、亚太区500强榜单前10，是当年排名最靠前、成长最快的电商企业。

卷皮之所以能够保持如此高速的成长，在几大巨头和众多新兴移动电商企业的围追堵截中突围而出，凭借的不仅是移动端布局的先发优势，更重要的是差异化的创新商业模式和市场定位，即其在国内首次提出的平价零售模式和自身平价生活电商的鲜明定位。

可见，用户消费习惯的转移、大量移动电商企业持续发力移动端，是移动互联网不断发展、不断渗透的主要原因。在这样的大背景下，传统电商也在努力拥抱移动化浪潮。

京东，全国最大的电子商务商城之一，自成立以来多发力PC端。随着消费者向移动端的倾斜，京东相继推出了基于iPhone、iPad、Android、Symbian的App。在App里，京东打通了其后台数据库，让用户可以登录账号、查询账单，更能用手机完成商品查询并下单。在这些服务之外，利用手机特性，京东更是想了很多办法，不断降低下单门槛，激发用户的消费欲望。

除了京东积极布局移动端市场外，其他传统电商企业，诸如淘宝、苏宁易购、凡客等也都同样开辟了移动端购物业务，用户只要将账号在移动端绑定就能完成一键下单。传统电子商务的移动化，使得购买行为变为最简单的一个按钮。

然而，值得注意的是，我们不能片面地理解为移动电子商务就是电子商务的简单扩展。相对于传统电子商务，移动电子商务还有一些独有的特点。较之传统电子商务，移动电子商务增加了移动性、终端多样性的特点。用户通过无线系统即可访问移动网络覆盖范围内任何地方的服务，通过图文、音频等就可以直接沟通。再加上移动终端的广泛使用，将其方便、个性化等多种特点发挥得淋漓尽致，使其具有更为广泛的用户基础。这些特点也决定了移动电子商务的优势，具体如图1-2所示。

凭借独特的优势，移动电子商务正在以前所未有的迅猛之势向前发展，这股强大的力量正将移动互联网推向发展的新天地。毕竟经过多年的发展，电子商务的基础已经足够坚实，现在只是在"移动"这一新的应用场景下，用新的方式与用户发生关系。当数不胜数的企业、商家在竞争日益激烈的互联网市场"红海"中奋力前行之时，移动电子商务的到来必将为企业开辟一条新的发展之路。

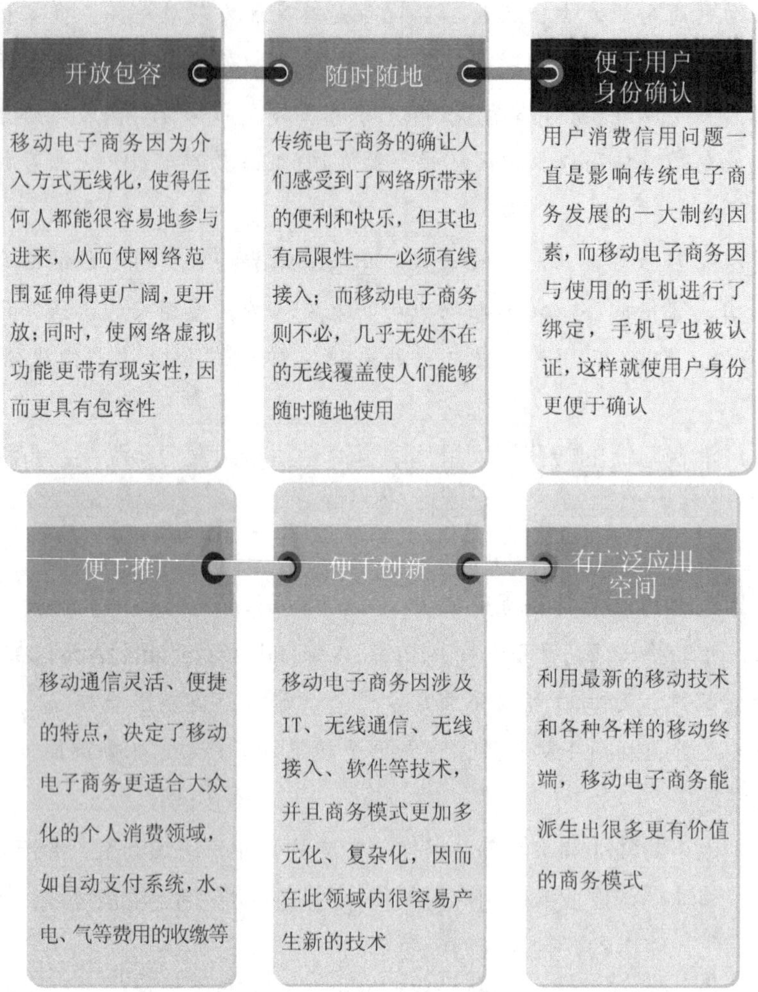

开放包容	随时随地	便于用户身份确认
移动电子商务因为介入方式无线化，使得任何人都能很容易地参与进来，从而使网络范围延伸得更广阔，更开放；同时，使网络虚拟功能更带有现实性，因而更具有包容性	传统电子商务的确让人们感受到了网络所带来的便利和快乐，但其也有局限性——必须有线接入；而移动电子商务则不必，几乎无处不在的无线覆盖使人们能够随时随地使用	用户消费信用问题一直是影响传统电子商务发展的一大制约因素，而移动电子商务因与使用的手机进行了绑定，手机号也被认证，这样就使用户身份更便于确认

便于推广	便于创新	有广泛应用空间
移动通信灵活、便捷的特点，决定了移动电子商务更适合大众化的个人消费领域，如自动支付系统，水、电、气等费用的收缴等	移动电子商务因涉及IT、无线通信、无线接入、软件等技术，并且商务模式更加多元化、复杂化，因而在此领域内很容易产生新的技术	利用最新的移动技术和各种各样的移动终端，移动电子商务能派生出很多更有价值的商务模式

图1-2 | 移动电子商务的优势

▍1.1.2 消费者更倾向于在移动端消费

我国的互联网经过近30年的发展，已经无处不在、无时不在。它就像一张网，让万事万物互联互通。通过这张大网一切都被连接起来，越来越多的不可能变为了现实。与此同时，移动端消费也悄然兴起。

随着移动电子商务的兴起，消费者的消费习惯也悄然发生了改变，逐步由PC端、线下向移动端转移。如今，人们越来越离不开移动互联网，如利用手机购物、阅读、玩手游；利用iPad看新闻、看电影，利用微信、微博等各类移动App进行社交等，伴随而来的便是移动端消费的快速增长。

自2010年以来，我国移动端消费成交规模呈现出逐年递增的态势。前两年发展缓慢；

2014年发展速度加快；2015年首次超过PC端，占比达到55.5%；2016年占比进一步扩大，达到68.2%；2017年达到72.8%；预计2018年这一数据将继续扩大。图1-3所示为2012—2018年PC端和移动端网购交易规模对比示意图。

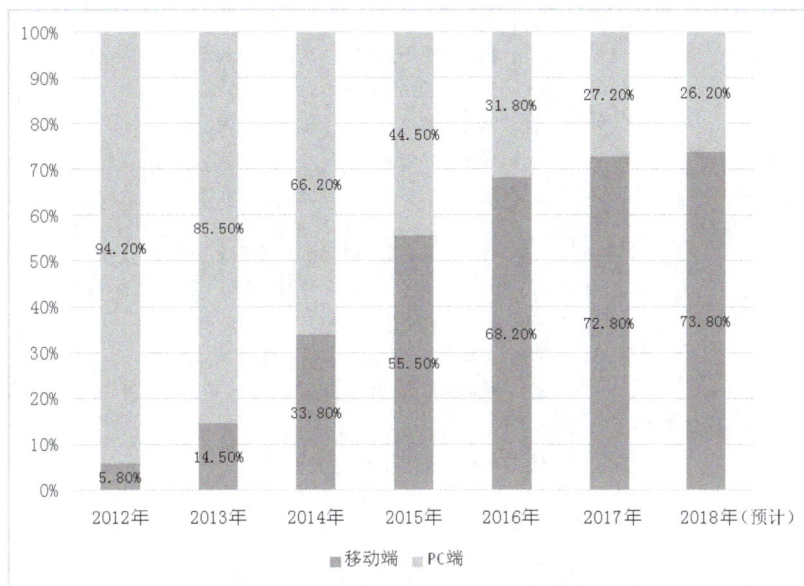

图1-3 | 2012—2018年PC端和移动端网购交易规模对比示意图

可见，移动端消费已经成为人们消费的主要方式。随着移动端消费规模的不断扩大，移动端已经成为网购的主要消费场景。

那么，为什么有如此多的人迷恋在移动端进行网络购物呢？其原因是多层次的。总体上可分为两大类：一是移动端消费具有传统购物所无法比拟的优势；二是移动端消费能带给消费者更多的心理满足感。

与传统购物相比，移动端消费具有移动性、便捷性、成本低等诸多优势，如图1-4所示。登录→选购→下单，利用移动（智能）终端几秒就可以完成逛商场一天干的事情，何乐而不为呢？

除了上述几条优势之外，人们之所以越来越多地选择移动端消费，很多时候还与消费心理有关，而且这极有可能占据着更为重要的位置。著名的马斯洛需求层次理论曾提出，人在不同的时期需求是不同的，在不同时期对各种需求的迫切程度也是不同的。消费是一种物质需求，也是一种精神需求、心理需求。移动互联网的出现让人们的需求进入了一个更高的境界，这正是一个不断满足人们更高需求的过程。因此，从本质上讲，消费者在移动端的消费也是在满足某种需求。这样的需求大致可分为4类，即求新、求乐趣、求自由、求自我满足，如图1-5所示。

移动性	移动端购物不会受到互联网光缆的制约，也不受接入点的限制，用户可以随身携带手机等移动通信设备随时随地进行购物
便捷性	用户可以不受时间、地点的限制进行购物。不论用户忙于旅行、工作还是其他活动，都可以通过手机进行交流，也可以单向接收信息
成本低	网购消费者购买商品时只需登录不同的网站，挑选、对比各种商品即可；而且商品可以直接由商家负责运送，免去了消费者传统购物中舟车劳顿的辛苦，时间和费用成本大幅度降低

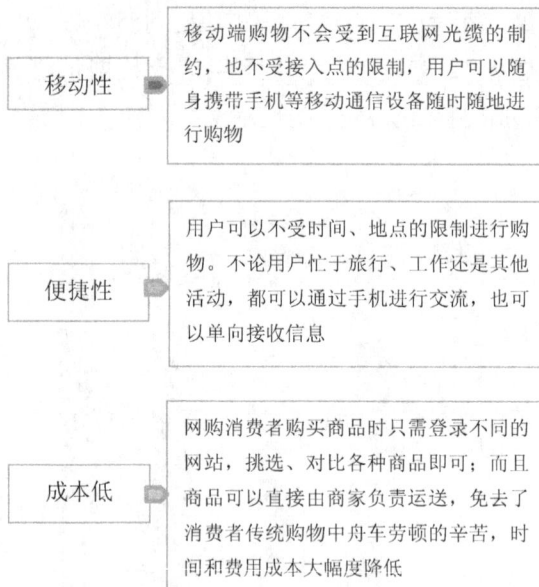

图1-4 │ 移动端消费的优势

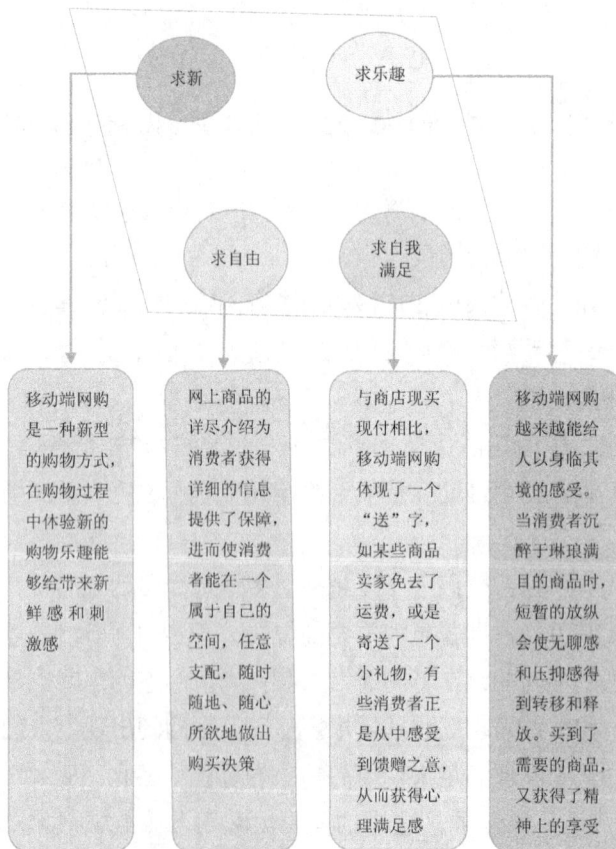

求新　求乐趣

求自由　求白我满足

| 移动端网购是一种新型的购物方式，在购物过程中休验新的购物乐趣能够给带来新鲜感和刺激感 | 网上商品的详尽介绍为消费者获得详细的信息提供了保障，进而使消费者能在一个属于自己的空间，任意支配，随时随地、随心所欲地做出购买决策 | 与商店现买现付相比，移动端网购体现了一个"送"字，如某些商品卖家免去了运费，或是寄送了一个小礼物，有些消费者正是从中感受到馈赠之意，从而获得心理满足感 | 移动端网购越来越能给人以身临其境的感受。当消费者沉醉于琳琅满目的商品时，短暂的放纵会使无聊感和压抑感得到转移和释放。买到了需要的商品，又获得了精神上的享受 |

图1-5 │ 移动端消费常见的心理需求

1.2 什么是移动互联网

▌1.2.1 移动互联网的概念

移动互联网，又叫无线互联网，是移动通信技术与互联网、网络平台、商业模式相结合的产物。不过这是个相对概念，是相对PC互联网（PC互联网又称有线互联网、桌面互联网、传统互联网）而言的。

互联网自诞生以来很长一段时间都处于PC互联网的阶段，后来伴随着移动网络、移动（智能）终端的出现，移动互联网才逐步兴起。PC互联网是互联网早期发展的形态，终端主要局限于PC。移动互联网是互联网发展的新阶段，终端为智能手机、手提电脑、电子阅读器（电子书）、车载设备，以及VR眼镜、智能手表等智能穿戴设备。

因此，移动互联网与PC互联网最大的区别在于终端的不同，这也决定了两者的应用场景存在很大区别。不过从本质上讲，两者没有任何区别，无论是移动互联网还是PC互联网，"网"只有一个，不同的是PC端和移动端。

▌1.2.2 移动互联网的特点

移动端具有小、巧、轻、快的特点，这也是移动互联网能很快取代PC互联网的主要原因。移动端的特点某种程度上代表着移动互联网的特点。具体来说，移动互联网具有以下5个特点。

1. 高便携性

由于移动（智能）终端具有移动性，可以随时随地伴随在用户身边，从而也使沟通与资讯的获取更便捷、更高效。这一优势是PC设备所无可比拟的，也是移动互联网优于PC互联网的主要原因。

2. 隐私性好，安全性高

移动（智能）终端隐私性远高于PC端。高隐私性决定了移动（智能）终端的优势——安全性更高，如在数据共享时可保证认证客户的有效性、信息的安全性。这正好与PC互联网公开、透明、开放的特点形成了鲜明对比。

3. 应用轻便

移动（智能）终端有方便、快捷的特点，这也使得移动端用户在进行各种操作时不会像PC端那么复杂，往往动动手指即可，甚至可以用语音、手势、肢体语言来操作。

4. 连接性高

通过移动互联网的无缝连接，移动（智能）终端做到了与视频、音频的完美融合，如远程监控、远程即时会议、商务导航——这些是PC端所无法比拟的。此外，移动（智能）终端也提供了对其他数码设备的支持，如车载系统、担当家电数码组合的客户端操作设备、基于隐私保护担当移动银行支付卡等。

5. 互动性更强

无论PC互联网还是移动互联网，其核心都是打造更为畅通的信息传播渠道；而对用户来说，其目的也都一样，都是以获取信息为第一需求。只不过我们正处在一个信息大爆炸的时代，信息的获取方式、途径发生了极大的变化。移动互联网更有优势，用户获取信息的习惯也逐步由PC端向移动端转移。PC端的信息获取是单向的，缺少互动；而在移动端，借助微博、微信等众多移动App等，可以实现双向沟通，这使得信息传播更精准、更有针对性。有了互动，就有了更深层的沟通，这也为企业积累忠诚用户奠定了基础。

1.3 什么是移动营销

1.3.1 移动营销的概念

移动互联网与营销相结合，产生了一种新的营销方式——移动营销。由于便捷、高效、成本低等优势，这种新的营销方式很快发展起来，并被各类企业所接受。

移动营销也叫移动互联网营销，具体是指利用智能手机、平板电脑等移动终端和互联网技术、无线通信技术等，完成企业和消费者之间产品和服务交换的过程。其内容主要包括企业品牌形象的推广、产品信息的宣传、产品的销售、客户关系管理等。

1.3.2 移动营销的4I模式

移动营销在表现形式、运营思路上个性鲜明，与传统的互联网营销相比有很多不同之处。因此，在做移动营销时既不能用传统的营销思维来做，也不能用PC互联网营销的思维来做。

移动营销有自己的模式，这个模式可用"4I"来概括，即I、Individual Identification、Instant Message和Interactive Communication，分别代表个性化、分众识别、即时信息和互动沟通，如图1-6所示。

1. 个性化（I）

如今，手机的私人化、功能复合化和时尚化已成为主流，人们对个性化的需求比以往任何时候都更加强烈。利用手机进行的移动营销具有强烈的个性化色彩，所传递的信息也具有鲜明的个性化特点。

I
个性化

Individual
Identification
分众识别

4I 模式

Interactive
Communication
互动沟通

Instant Message
即时信息

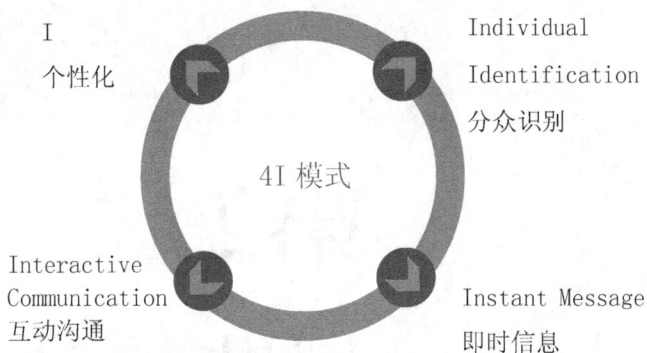

图1-6│移动营销的4I模式

2. 分众识别（Individual Identification）

移动营销基于手机进行一对一的沟通。由于每一部手机与其使用者都有一一对应的关系，企业可以更方便、快捷地与消费者建立更有针对性的联系，进而确认目标消费者是谁、在哪里等。

3. 即时信息（Instant Message）

移动营销传递信息的即时性，为企业获得动态反馈和互动跟踪提供了可能。当企业对消费者的消费习惯有所觉察时，可以在消费者最有可能产生购买行为的时间发布产品信息。

4. 互动沟通（Interactive Communication）

移动营销"一对一"的互动特性，使企业与消费者形成互动、互求、互需的关系。这种互动可以甄别关系营销的深度和层次，针对不同需求识别出不同的分众，使企业营销更有针对性。

第2章

打造移动营销体系的3个前提

移动营销的有效开展依赖于营销体系的建设，而体系的建设首先需要满足3个条件，分别为利用二维码技术打通进入移动端的通道，利用LBS技术实现地理位置的共享，利用移动互联网打造O2O线上线下的闭环。本章基于这3个条件做了详细的阐述，同时结合典型案例进行了分析。

2.1 打通进入移动端的重要通道

案例导入

1号店自2008年7月11日正式上线以来，开创了中国电子商务行业"网上超市"的先河，成了最有特色的电子商务网站之一。

经过多年的深耕细作，1号店取得了长足的发展，得到了越来越多的消费者的认可，成了其心目中"最贴心的网络超市"。之所以能够交出如此亮眼的成绩单，其中一个很重要的原因便是1号店将其最大的优势——购物便捷发挥到了极致。1号店是一个线上虚拟超市，所有商品的展示主要通过二维码，通过二维码消费者可以随时随地进行线上购买。即使是在夜深人静的晚上，只要找到印有二维码的宣传单或装有其移动App，都可以通过扫码购物。这一举措大大满足了消费者特殊的需求，提升了消费者的满意度。

以二维码作为入口，引导消费者进行线上消费是很多线上店铺的普遍做法，但1号店却做出了自己的特色——在每个产品图片下都设置了相应的二维码。见过"1号店"宣传海报的人也许会发现，宣传单上不仅印有琳琅满目的商品，还在每个商品下方都印了一个二维码，如图2-1所示。用户只要扫一扫二维码，就可以进入该商品的详情页面，具体了解商品的价格、功能、是否有折扣等，并可即时购买。

图2-1 | 1号店的商品宣传单

这种做法在当时是首创。当时最常见的做法是，在所有产品图片下方统一置入一个二维码，消费者扫描后可以看到所有的商品，了解所有的信息。至于需要哪一个，还需要自己重新分类，逐个挑选。这样一来，无疑会比较麻烦，某些急躁的消费者甚至会因此而放弃购买。而在每个产品图片下放置相应的二维码，一方面可以为客户提供详细、有针对性的产品信息；另一方面也方便客户购买，需要什么就扫描相应的二维码，从而大大提高了购买效率，节省了购买时间。

案例点评：

1号店以二维码为入口，将其与商品一一对应起来，不但可以让消费者有针对性地了解商品信息，精准购物，还大大节省了购物时间，提升了购物效率。这种模式为很多企业提供了新的营销思路。

2.1.1　进入移动端的重要入口——二维码

当移动端消费成为新的潮流后，各个企业纷纷进军移动端，开展移动营销。如何将消费者引流到移动端呢？最主要的途径就是二维码。二维码凭借其现代化、网络化、便捷性的优势迅速成为消费者进入移动端的入口。

二维码对每个人来说，都再熟悉不过了。商场、地铁、餐馆、咖啡店、商品外包装、飞机票、火车票等地，各式各样的二维码随处可见，如图2-2所示。

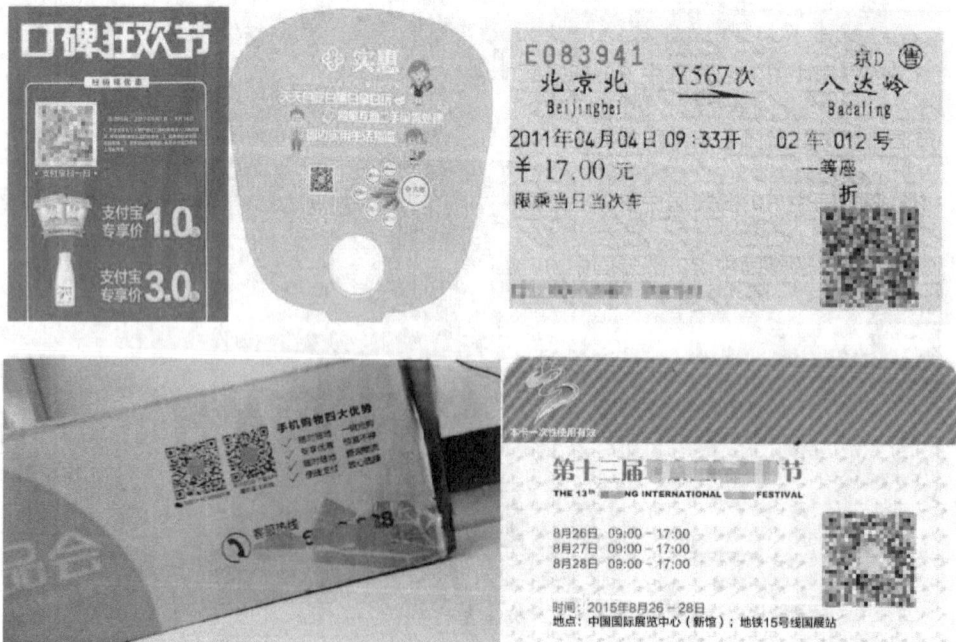

图2-2 | 随处可见的二维码

拿出手机扫描二维码，已经成为现代社会人们获取信息、进行消费最主要的方式之一。"扫扫有惊喜""扫一扫拿红包"的广告时刻在吸引着人们情不自禁地拿出手机扫一扫。

二维码技术最早是丰田汽车公司一子公司在20世纪90年代为追踪汽车配件而开发的。这项技术在长达20多年的时间里并没有得到广泛的应用，直到近几年，随着移动互联网的高速发展、移动智能终端的普及，才又重新焕发了新颜，被企业深度开发，并运用于各种场景中。

二维码是一种比较高级的条码，其基本原理是用某种特定的几何图形按一定规律在平面（二维方向）上分布形成黑白相间的图形，用以记录数据信息。这种图形是二维的（相对一维而言），这也是二维码的核心所在。由于它在代码编制上巧妙地利用了构成计算机内部逻辑基础的"0"和"1"的概念，使用若干个与二进制相对应的几何图形来表示图片、文字、数据等信息，因此比一维码更先进、容量更大、安全性更高。二维码在记录数据信息时，可以在水平和垂直两个方向上同时进行，而一维码只能在水平或垂直一个方向上进行，因此两者在信息量的储存上存在较大的差距。二维码、一维码分别如图2-3和图2-4所示。

图2-3｜二维码

图2-4｜一维码

正是由于二维码具有容量大、安全性高的特点，再加上使用便捷、成本低廉，使其迅速普及开来，应用领域得到了大大拓展，涉及各行各业，如医疗管理、旅游管理、票务管理、鉴别真伪，以及企业中的生产管理、会务管理、资产管理、员工管理等。

鉴于二维码的种种优势，接下来将重点讲解二维码是如何与移动营销结合的，或者说二维码在移动营销中起着什么样的作用。

2.1.2　二维码是如何与移动营销结合的

二维码既是企业、商家对外展示的窗口，也是消费者了解企业、了解产品的入口。因此，二维码在移动营销上的运用可总结为两条路径：一条是从企业、商家到消费者；另一条是从消费者到企业、商家，如图2-5所示。

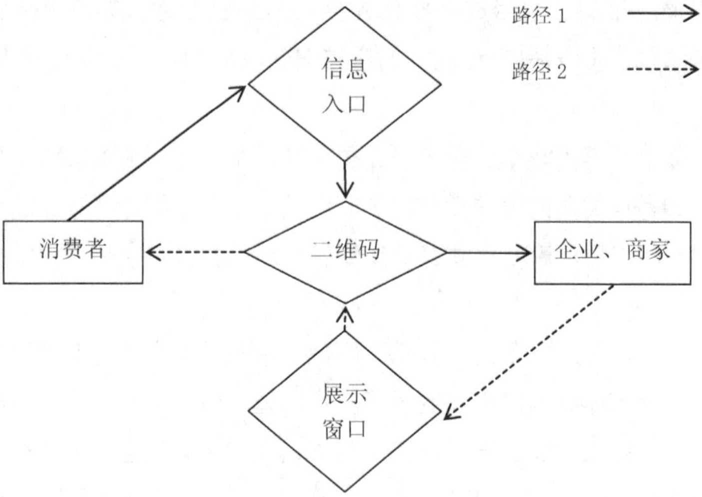

图2-5 | 二维码与移动营销结合的两条路径

在淘宝、大众点评网站，或者一些微商、电商的宣传海报上，经常可以看到醒目的二维码。这些二维码的作用大致有两个：对于企业、商家而言，可以向外界展示企业文化、品牌价值，传递产品信息、促销活动信息，获取潜在客户资源；对于消费者而言，通过二维码可以了解更详细的信息，进行选购、支付一键式消费。

那么这种结合是如何体现的呢？

1. 从消费者到企业、商家

（1）查询

消费者通过扫描二维码，可查询企业、商家发布在网上店铺、微商城、移动App、微信中商品的所有信息，且查询记录会保留在系统内，一旦需要即可直接购买。

（2）比价

消费者通过二维码可扫描出商品结果，速度非常快，之后便可以联网查看相关信息，如简介、评论和网上售价等；也可以先收藏，再分别在比价记录和浏览记录中查看。

（3）打折

通过扫描二维码，消费者可以在移动互联网上实时参与企业或商家发起的促销活动，获取打折商品信息，领取优惠券、打折券等，并直接用于消费。

（4）支付

消费者经过查询、比对之后，就会购买满意的商品。这时通过二维码即可直接支付。无论是支付宝支付、微信支付，或者其他线上支付手段，都可以通过扫描二维码直接支付。

2. 从企业、商家到消费者

（1）获取新用户

二维码是企业、商家获取用户最主要的途径之一，只要用户扫描了企业、商家的二维码，其信息就被储存起来了，企业或商家通过后台就可以获取这些信息。

以往我们获取客户的方式大都是通过电话、邮件等，但这种做法成本高、效率低、不方便，更重要的是不一定能获取到用户的准确信息。有了二维码后，这个问题得到了解决。通过二维码，我们可以延伸推广渠道，随时随地推广，争取更多的用户。

现在很多企业都在尝试这样做，将二维码印到包装盒、名片、宣传单、户外广告等上。有的将二维码做得很精准，如微信公众平台二维码、移动App二维码、表单系统二维码、会员系统二维码，以得到更精准的用户。

（2）维护、管理用户

对已有的用户进行维护和管理，是增加用户黏性、提升复购率的"利器"。利用二维码与后台联动，可进行数据库收集与营销。当收集和积累的会员信息达到一定数量之后，再经过分析筛选，有针对性地使用邮件、短信、电话、信件等方式进行客户深度挖掘与关系维护。

（3）活动促销

活动促销历来都是企业、商家进行营销惯用的手段。二维码的出现，大大拓宽了活动的范围，增加了活动的互动性，如有的企业会做一个手机版的抽奖程序，然后将活动二维码印在广告、宣传单上，用户只需扫描二维码，就可以随时随地参与抽奖。

企业还可以适当推出与之相配套的二维码优惠券。这种二维码优惠券与传统纸质优惠券相比，成本低、便于保存、使用方便、安全环保；能有效控制优惠券发布数量，且不可重复使用，从而真正发挥优惠券本身的促销作用。而商家在电子优惠券被使用后，能保留相关有效凭证，有利于查账和核对。最重要的是二维码可以实现线上、线下商家及手机端用户的相互带动，同时还可以引导用户将活动、优惠券信息等转发至微博、朋友圈等，实现二次营销。

（4）广告互动

传统广告在传播上大都是单方面的，用户基本上是被动接受，谈不上真正意义的"互动"。而与二维码结合后，双向的互动方式可以让广告变得更具吸引力，更好地实现营销目标。如企业在杂志、报纸、广告牌等媒介上植入二维码，用户看完广告后想了解更多信息或享受更多服务，直接扫描二维码就可以跳转到企业网站或微信公众平台中。

这是一种比较"简单"的互动方法，如果再深入一点，加入一些文字、图片、视频、动画等多媒体元素，可以为用户呈现更深层的互动，如录制一段简短、有趣的讲解视频，搭配各种动画效果，既增加了趣味性，互动效果也会更好。甚至可以再设置些互动的操作，如用户扫描完二维码后，手机中就会出现一个人一对一地进行讲解，用户可与其一问一答。这就相当于一个"虚拟业务员"，24小时随时随地与用户互动。

（5）数据分析

在大数据流行的今天，面对结构复杂、类型众多的海量数据，如何从中挖掘、提炼出有价值的信息，为企业的成长提供决策依据，助力企业良性发展，是摆在每个企业面前的一道难题。以往，企业想获取足够多的用户数据相当困难，需要投入很大的成本。而通过二维码，企业可以快速收集用户的数据，如来源、关注点、反馈意见、使用体验等，进而对营销过程中的渠道效果、时间分布、客户满意度等数据进行归纳、分析，从而实现营销效果的量化。

利用二维码搜集数据主要有两种方式。

第一种方式是针对不同的产品、不同的销售区域、不同的销售地点、不同的活动主题，设置不同的二维码，这样消费者就能快速了解相关的信息。例如，一家企业的产品面向全国销售，主要是走商超的渠道是，它可以在供货时，在供应给每一家商超的产品上都贴上专属二维码。这样就能快速知道不同产品的销售情况，以及在全国各个超市的销售数据。

第二种方式是通过二维码进行用户调查。以往企业做用户调查，要么走上街头发放调查问卷，要么与相关的媒体合作，要么找专业的数据调研公司。而现在有了二维码后，企业可以在产品的包装、说明书等地方设置一个有奖调查的二维码。这样不但节省了成本，而且可以确保调查效果，保证所得数据的真实性、有效性。

2.1.3　二维码的使用方法和技巧

对于二维码，如果单纯地以黑白相间的方格出现，吸引力非常有限；为了吸引更多用户扫一扫，达到更好的营销效果，还需在设计、体验，以及植入的内容上有更多创意。

1．设计要新颖

随着技术的不断创新，二维码出现了大量"变身"。如今除了常见的黑白格子外，还出现了多种富有特色的二维码，如中国结二维码、万马奔腾二维码、苹果二维码等，如图2-6所示。它们不仅丰富了二维码的呈现形式，也更容易吸引用户的关注。

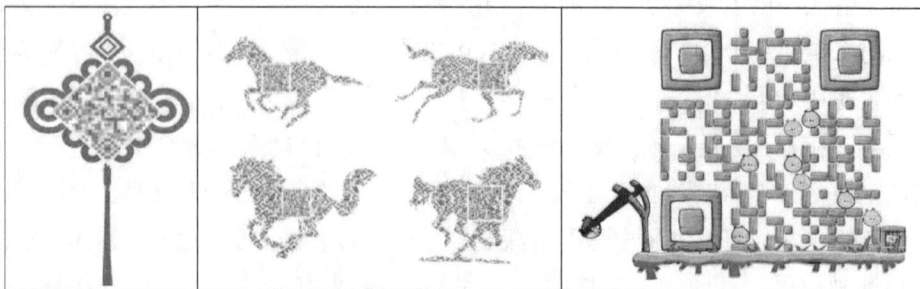

图2-6｜不同形态的二维码

2．融入企业文化，体现企业价值

从价值角度讲，仅仅变换一下二维码的颜色、形态是远远不够的。真正的创新是体现企业文化、品牌价值，如与Logo、产品元素相结合。很多企业的二维码创意十足，具有专属辨识度，大大提升了企业知名度、美誉度。

某酒吧非常有创意地在鸡尾酒杯中放入二维码，当杯中有酒水时二维码就会浮起来，且可供用户扫描，如图2-7所示。

韩国一家大型超市别出心裁，非常有创意地设置了一个户外二维码。这个二维码只有在正午时分，阳光照射时才可显现，产生的投影可供用户扫描，如图2-8所示。

图2-7 | 鸡尾酒杯中的二维码

图2-8 | 超市在户外设置的二维码

3. 别致的体验

二维码蕴含大量信息，而信息越多、越丰富、越别致，越容易吸引消费者的扫描。乐购（Tesco）是巧妙利用二维码提供别致体验的典型之一，它将"超市"开到了地铁中，如图2-9所示。乐购通过一张张栩栩如生的图片激发路人扫描的欲望，看到这些图片就像走进了超市，琳琅满目、触手可及。每种商品图片上都配有二维码，路过的人只要扫一扫就可以进入线上超市，进行选购。同时，它还推出了送货上门的服务，只要下单，就可以直接送货上门。

图2-9 | Tesco在地铁上开设的二维码虚拟超市

天猫举办过一次T恤节，用户只要扫一扫二维码便可关注其公众号。为了吸引"粉丝"，天猫在客户体验、互动上进行了创新。当用户关注后，天猫微信公众平台会主动推送与活动主题相关的互动内容——"晒tee""看tee""玩tee"。这些内容分别对应A、B、C三个字母，用户回复不同的字母，即有不同的体验。

通过别致的体验，天猫微信公众平台成了一个移动端的交易平台，形成了一个线上到线下（Online to Offline，O2O）的闭环，完美实现了对O2O模式的全新尝试。

2.1.4　二维码使用注意事项

使用二维码进行移动营销，除了要掌握上述的方法和技巧外，还要注意很多细节。这些看似不起眼的细节往往决定着能否吸引用户扫描。

具体包括以下细节。

1. 对二维码进行辅助介绍

一般情况下，用户在不确定二维码是否安全、内容是否有价值时，不会主动去扫描，这样就大大降低了扫描率。在向用户推荐或引导用户扫描二维码时，最好附上必要的信息介绍，说明二维码的基本情况，如关键信息是什么、扫描后有什么收获等。

如现在很多人喜欢在名片上放置二维码，但很少单放一个二维码，还会旁注必要的文字介绍，这些介绍往往都是关键信息，有助于用户更好地了解该二维码的用途所在，如图2-10所示。

图2-10｜某二维码名片上的文字介绍

2. 对内容进行优化

二维码虽然是虚拟的，但内容必须是实实在在有价值的。在二维码中植入内容时需要多花些心思，尽量让内容翔实、丰富、有用。

3. 确保二维码能真正被扫描

很多企业在进行二维码推广时，会想尽一切办法将其放到所能放置的任何地方，如户外广告牌、电梯里、电视广告中。这样做看似很好，然而却忽略了一个重要的问题，即用户是否可以正常扫描。受二维码解析度，以及信号强弱的影响，很多二维码都无法正常扫描。

尤其是解析度问题需要特别注意。解析度决定着二维码的显现效果，在不同媒介上印刷显现效果是不同的。例如，在户外广告牌上印制二维码，比在纸质小传单上印刷解析度要低很多，如果不经过适当的调整，很有可能无法扫描。

2.2 实现地理位置的共享

案例导入

星巴克曾推出一款基于位置的服务（Location Based Services，LBS）的App——Mobile Pour，该App可以帮助消费者实现随时随地的消费。如正在逛街的人，突然想喝咖啡，即可通过Mobile Pour App下单，快速找到附近的咖啡店。其使用方法是打开该App，允许星巴克获取用户具体位置，然后用户在App中点好要喝的咖啡，稍后星巴克服务人员就会将咖啡送到用户手中。

无独有偶，比利时的一家啤酒品牌Stella Artois（时代啤酒）也采用了这种模式。他们开发了一个名为Le Bar Guide的App，用户利用该App可轻松找到附近的品牌的酒吧。该App融入了AR技术，用户只要进入App就会看到附近的酒吧信息，包括酒吧的方位、地址及其他基本信息，同时还会出现线路的指引，用户只要跟着出现的箭头走下去就可以到达酒吧。

案例点评：

无论是星巴克，还是时代啤酒的案例，都充分表明了位置共享是LBS在商业领域的主要运用，位置共享凭借独特的优势已经波及很多行业。随着移动互联网和智能手机的普及，业界正在探讨如何将手机与位置信息更好地结合，打造"手机+位置+广告+消费者+店家"相结合的闭环生态链条。

2.2.1 什么是LBS

LBS是一项基于位置的技术，最早由美国互联网企业Foursquare发明。该技术的核心是"位置的定位和共享"，即通过对位置的定位、共享，获取用户信息，实现为用户提供精准产品或服务的目的。

通信网络、卫星定位系统、移动终端、产品或服务供应是LBS的主要组成部分。也就是说，一项完整的LBS链条必须具备这4个元素，如图2-11所示。

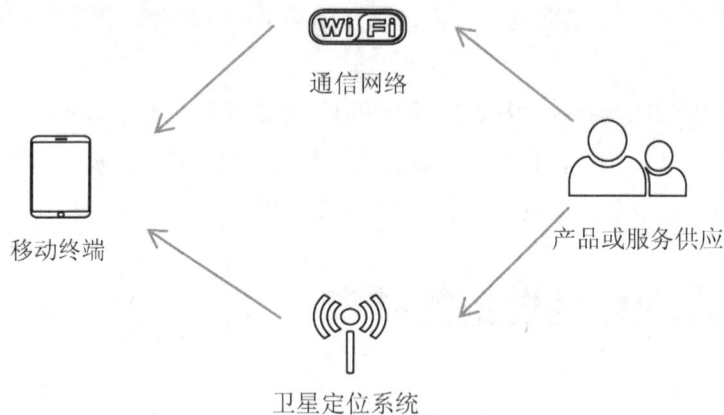

图2-11 | LBS的四大组成部分

LBS技术在企业中的应用，重在解决3个问题，分别为"在哪里"（空间信息）、"和谁在一起"（社会信息）、"附近有什么资源"（信息查询），如图2-12所示。

图2-12 | LBS解决的3个问题

简单来说，有了LBS技术，企业就可以让大众知道自己在哪里，可以提供哪些有价值的信息，有哪些大众感兴趣的人、发布了哪些感兴趣的事等。同时，LBS可以将人、物、位置、信息进行重构，通过技术分析深度剖析用户需求，并通过商业要素的重组和技术手段满足用户的需求。

随着LBS的普及，越来越多的企业开始关注这一技术在营销领域的运用，并不断创新模式，以加快LBS与企业营销的接轨进程，使市场供求更加精准，从而促进产品销售，提升用户忠诚度。

2.2.2 催生新的营销方式

LBS在与企业营销结合后展现出了巨大的优势，其便捷、精准的定位为企业提供了更高质量的营销支撑。尤其是位置信息的获取这项服务，解决了营销中长期存在的一个问题——供求不对称。

传统营销模式下，供求不对称是制约交易的重要问题。这种情况在生活中比比皆是。例如，出行打不到车，然而在几百米外的拐角处就有大量空车；游客旅游找不到住宿的地方，而过了前面一个路口就有大量旅店……这种信息的不对称造成交易无法实现。有了LBS后，这种现象已不复存在。利用LBS企业可实现产品或服务信息在特定时间、特定地点的精准推送，快速锁定目标用户；同样，用户也可以轻松获得自己想要的消费信息，自动搜索相应的产品或服务。

例如，很多移动App、微网站都是通过LBS实现信息互通的。

路客网曾推出了一款名为"逛街助手"的App，该App将来自淘宝商城、大麦网及多个团购网站等第三方平台的商家与用户连接在一起。商家可以通过"逛街助手"直接发布产品信息、优惠互动信息，用户也可通过"逛街助手"直接购买，不必再另外登录相应的团购网站。交易成功后，"逛街助手"App会向商家收取一定佣金。

美国密尔沃基一家餐厅经常通过手机定位发起本地食客大派对，并积极鼓励食客参与。每个参与的食客都可以拿到一个蜂群徽章（Swarm Badge），凭徽章可以按优惠价吃大餐。该消息一经发出，每次都会吸引平时2～3倍的人参加，一次性带来了3天的流量。

LBS极大地带动了信息的对接，这也是它在商业领域的最大价值体现。传统的营销通常是通过帮助企业提升品牌形象、服务质量，间接吸引消费者关注产品的；而结合LBS定位与共享的营销则可以帮助企业或商家更精准地找到消费人群，大大提高了推广的效率。

LBS最典型的应用就是在电子商务领域，电商平台利用个性化信息，大大提高了营销的精准度。

基于"LBS+电子商务"模式的应用主要有三类：一是团购和本地化服务网站将PC端的服务延伸到手机App；二是基于LBS提供O2O优惠券产品；三是搭建平台型企业，利用平台连接商家、团购等第三方公司和用户，充当他们之间沟通的桥梁。其中第三种平台型企业已成为主流，在"LBS+电子商务"模式中逐渐发展起来。

随着LBS技术的不断发展、用户对位置服务认知的日益增强，LBS已成为移动营销中不可缺少的一部分。

2.2.3　LBS在各大行业中的应用

那么,这些应用体现在哪些领域呢?

1. 导航类

利用LBS人们可以随时通过电子地图的定位轻松找到自己想要去的地方,查询交通路线、周围的餐馆和商铺等,从此出门在外再也不用担心迷路了。类似的App有百度地图、高德地图等。

在LBS移动互联网生态圈中,地图可以为O2O应用提供入口。

2. 生活服务类

很多人都有过这样的体验,去到一个陌生的地方时,吃饭、住店成了最大的问题;而有了LBS式的移动App之后,这些问题就都迎刃而解了。生活服务领域与每个人息息相关,自然成为LBS式移动App进军的主要"战场"。近几年,这类App大量涌现,涵盖日常生活的方方面面,如餐厅、酒店、银行、电影院、停车场等。以百度地图为例,其可以为用户提供全面、精准的生活信息服务,如图2-13所示。

3. GPS定位类

这类App多集中在运动类、物流类及车联网等相关项目上。以暴走族智能感应计步器为例,这是一款提高运动效果的工具类移动App,通过高灵敏的重力传感器可以自动感应用户的行走或跑动次数,还可以实时显示多项数据,如图2-14所示。

图2-13 | 百度地图生活信息服务　　　图2-14 | 暴走族智能感应计步器显示的多项数据

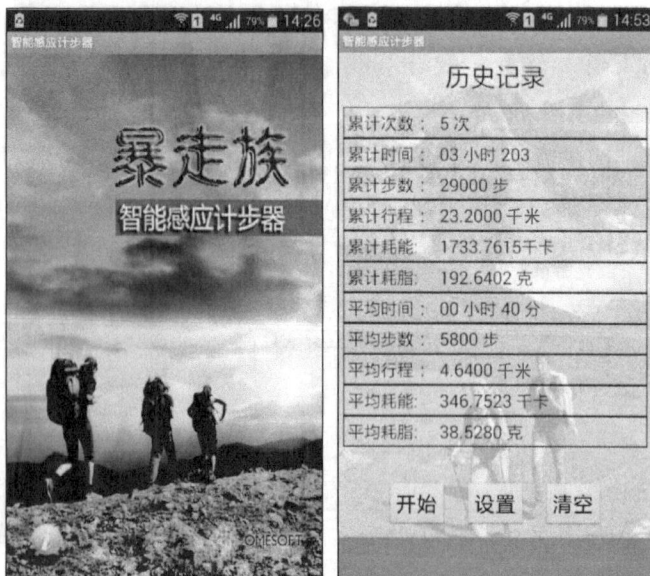

4. 出行（公共交通）类

现在乘坐公共交通出行也实现了移动互联网化，常见App如掌上公交、熊猫公交等，如图2-15所示。掌上公交是一款手机公交查询软件，支持路线查询、站点查询、到站查询。它可以查询全国300多个地级市的公交路线。熊猫公交是一款可以查询"公交在哪儿"的掌上软件，目前支持全国20余个城市的实时公交查询和多个城市的公交信息查询。

5. 购物类

为了方便消费者进行消费，很多购物类移动App都引入了LBS技术。当用户打开移动App后，即可搜索到相应的位置的消费信息，如窝窝团、美团、拉手、团800等都是如此。以窝窝团为例，如图2-16所示。

图2-15 | 出行类移动App掌上公交　　　　图2-16 | 窝窝团团购移动App

6. 社交类

随着网络交友平台的崛起，社交类移动App也越来越多。与团购类移动App一样，为了提供更好的用户体验，很多社交类移动App也运用了LBS技术。当用户打开移动App后，搜索到的好友都会显示出明确的位置。

目前，国内运用LBS来为移动营销服务的企业虽然数量众多，但大多还处在较简单的应用阶段，没有深入精髓，LBS应用闭环也没有真正形成，受众相对分散。可见，LBS的应用还有很多潜力可挖，只有不断创新与整合才能充分利用起来。

2.3 构建线上线下的完美闭环

案例导入

黄太吉于2012年7月28日正式开业，刚起步时并没有做大、做强的任何迹象——虽然地处北京国贸CBD，但却在一个并不显眼的位置；店面也很小，仅有十几平方米、十多个座位。然而，就是这样一个小店却迸发出了强大的后劲，不足一年销售额已近500万元，风险投资也给出了4000万元的超高估值。

黄太吉到底为什么能这么火？恐怕不仅是味道好，更重要的是它采用了先进的商业模式——O2O。黄太吉"80后"创始人赫畅的年龄不大，却早已经是互联网营销领域的"老兵"。22～25岁他在百度、去哪儿网、谷歌等多家知名企业从事品牌与用户体验方面的工作；26岁他开始创业，先后创立过4A数字营销公司、数字创意公司DIF。近10年的互联网营销经验使他对如何利用互联网资源、如何通过互联网做市场、如何通过互联网工具黏住用户有了非常成熟的理解。

成立之初，他便确定了黄太吉的商业模式：通过互联网吸引用户、聚焦人气，然后再通过互联网、移动互联网工具与用户沟通关系，吸引用户到店消费。

微博是黄太吉运用最多的营销工具，截至2017年年底，其官方微博"粉丝"有14万之多。黄太吉的工作人员每天都会通过微博与"粉丝"进行互动，以拉近与用户的距离、增加用户黏性，实现用户在线上线下消费的转化。

案例点评：

黄太吉创立于O2O起步之年（国内），因此也被视为应用O2O模式的一个经典案例。然而，黄太吉的成功只是揭开了O2O模式背后巨大商业价值的冰山一角。目前，O2O模式还处于发展初期（从被提出到开始应用，至今仅有短短的几年时间），但其巨大的商业价值和魅力还远不止于此。

2.3.1 O2O：链接线上线下的桥梁

O2O这一概念最早由美国人Alex Rampell于2010年8月7日提出，并于2012年10月传入中国，随即在业内引起了极大反响。

O2O将线下商务机会与移动互联网结合在一起，让移动互联网成为线下交易的前台。它的出现极大地改变了人们的生活，同时也延伸出更多的营销方式和商业模式。其核心就是通过一系列的营销手段，如打折、促销、服务预订等，将线上的消费者引流到线下的实体店（即消费者在线上购买线下的商品和服务，再到线下去消费体验），如图2-17所示。

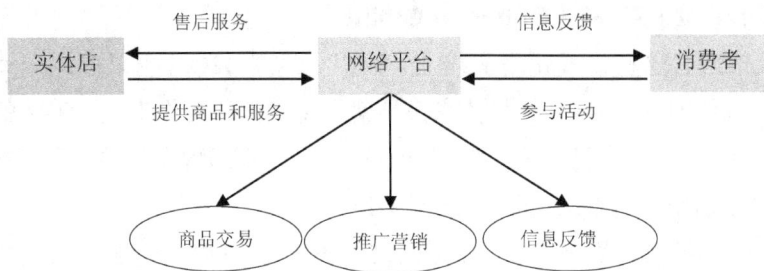

图2-17 | O2O营销流程

按照O2O的商业定位，它不仅是一种营销方式，更多的是一种模式创新。不过就目前而言，很多企业对其的应用还远未上升到模式的高度。正因为如此，很多人对O2O产生了一种误解，认为O2O无非就是一种卖东西的手段。那么，我们该如何正确理解O2O呢？

对于O2O，大致可将其分为3个层次。

第一层次：销售手段。即把O2O作为一种推广、引流的方法，如商家在线上发布代金券、打折卡等，然后吸引消费者到实体店进行消费。这种是O2O的最初级形态。

第二层次：营销推广。将线下产品、服务搬到线上，让消费者通过线上进行消费。这是目前最主流的做法，属于电子商务的范畴。

第三层次：商业模式。如果围绕O2O深度策划出一种全新的商业表现形式，那它就是商业模式。例如，尚品宅配旗下的新居网便采用了一种全新的商业模式。作为一家主营家具的网络商城，它将线上线下深度融合，走出了一条"线下营销→线上体验→线下交易"的新路。

在上述O2O应用的3个层次中，最初级的是卖东西，更深入点的是营销推广，最高级的则是通过O2O创造一种全新的、线上线下的全闭环生态商业环境。

O2O的最大优势是将线上和线下完美结合到一起，借助移动互联网打破了传统的时间、空间限制，带给消费者多种选择、多种体验，让他们时时感受到生活的便捷和极致的服务。

2.3.2 O2O闭环的4种模式

现在很多企业都在做O2O，但效果并不太好，原因在于其没有抓住O2O的精髓。O2O是个很宽泛的概念，在具体应用时还会衍生出很多形式。如果不深入了解，根据行业、企业的实际情况进行分析、研究，很容易出现偏差。O2O的表现形式大致分为4种，如图2-18所示。

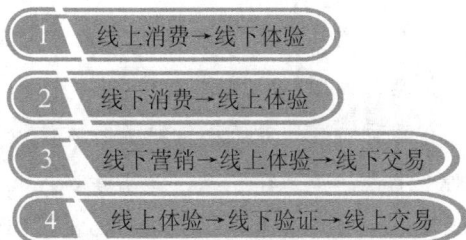

1. 线上消费→线下体验
2. 线下消费→线上体验
3. 线下营销→线上体验→线下交易
4. 线上体验→线下验证→线上交易

图2-18 | O2O的4种模式

1. 线上消费→线下体验（Online to Offline）

从字面上理解，这种模式就是从线上到线下。这是O2O应用最多的一种模式，也是Alex Rampell对O2O的最初定义。具体来说，就是将线上平台作为线下消费的入口，消费者在线上支付后，在线下体验。我们常见的餐饮、电影等团购类网站，采用的便是线上购买线下消费；旅游酒店类网站，也是线上预订线下入住。

目前这种O2O模式应用最为广泛，在旅游、房产、餐饮、家居等领域都可见到它的身影。

成立于1999年的携程网，在O2O模式还没有被提出之前就已经在做类似的业务了。它率先将互联网与传统旅游业成功结合，通过线上向5000余万注册会员提供包括酒店预订、机票预订、行程预订、商旅管理、高铁代购及旅游资讯在内的全方位旅行服务，极大地方便了游客的出行。

除了携程网外，其他在线旅游企业也对O2O模式进行了深化，如2011年12月初成立的途家网就是践行者之一。在成立之初，途家网便采用了O2O模式。它将很多旅游城市中普通业主手里闲置的高端公寓、别墅资源整合起来，然后通过自己的线上平台提供给去旅游的游客租住。同时，平台会提供这些公寓、别墅的在线查询和预订服务，方便游客在预定期限内入住。

这类O2O模式的优势是可汇聚大量有消费需求的线下消费者，诱导他们转向线上消费，这种模式十分适合消费类网站、社交类网站等场景。

2. 线下消费→线上体验（Offline to Online）

从线下到线上，这种模式被广泛应用在一些正在寻求互联网化的传统实体企业。这些企业大多是由于线下市场已经趋于饱和，迫于互联网发展的形势，必须打开线上市场，将线下优势引流到线上。应用这一模式比较成功的例子很多，如百丽等。

百丽是中国最大的女性服装、鞋包零售商之一，其核心品牌"Belle百丽"更是连续十多年销售量领先。百丽在全国很多大商场里都设有专柜，拥有上万家自营零售店。同时，百丽也在利用其官方网站、公众号等努力为消费者打造线上体验平台。消费者通过这些平台可看到实体店在当地的分布情况、最新款的商品、打折活动等信息，如图2-19所示。

百丽的这一尝试不仅快速、方便地搭建了自己的电子商务平台，而且在管理、分销等各方面自然成型，更全面深入地利用网络为企业服务，拓宽了销售渠道，为消费者提供了更便捷的服务。

从线下转线上看起来非常简单，其实风险很大，因为

图2-19 | 百丽微信公众平台截图

线下市场与线上市场完全是两个不同的领域。很多传统企业在线下如鱼得水，在线上则寸步难行，尽管也花费了大量资金建立了自己的电子商务平台，或与大型平台进行了合作，但效果并不理想。因此，线下转线上仍需企业谨慎布局。

3. 线下营销→线上体验→线下交易（Offline to Online to Offline）

该模式适用于体验式销售的产品，如大型家居。因为实体家具店占地较大，成本比较高，且很难把所有家具进行展示，因此向线上转移成为其未来发展的必然趋势。而家具在网上进行销售，客户无法充分体验，存在信任危机。由于看不见、摸不着，客户很少会通过网店直接下单。这就要求家具行业必须创新，采用一种特殊的O2O模式，即Offline to Online to Offline。

具体来说，就是先让消费者在线下了解企业，了解产品；然后通过线上为消费者提供便捷、周到的服务，如出于维护买卖双方的关系的目的，适时推出一些网购折扣、优惠政策等，方便消费者进行搜索、对比，使其利益达到最大化；最后再引导消费者到线下消费、体验，达成最终的交易。

尚品宅配是个线下实体店，但它同时开通了官方网上商城——新居网。该商城的作用是什么呢？既不是卖家具，也不是简单的客户引流，而是为客户提供服务与体验。它是一个个性化的家具定制平台，采用的便是O2O模式。用户可以通过线上对家具进行初步了解，然后根据需求进行定制，如图2-20所示。

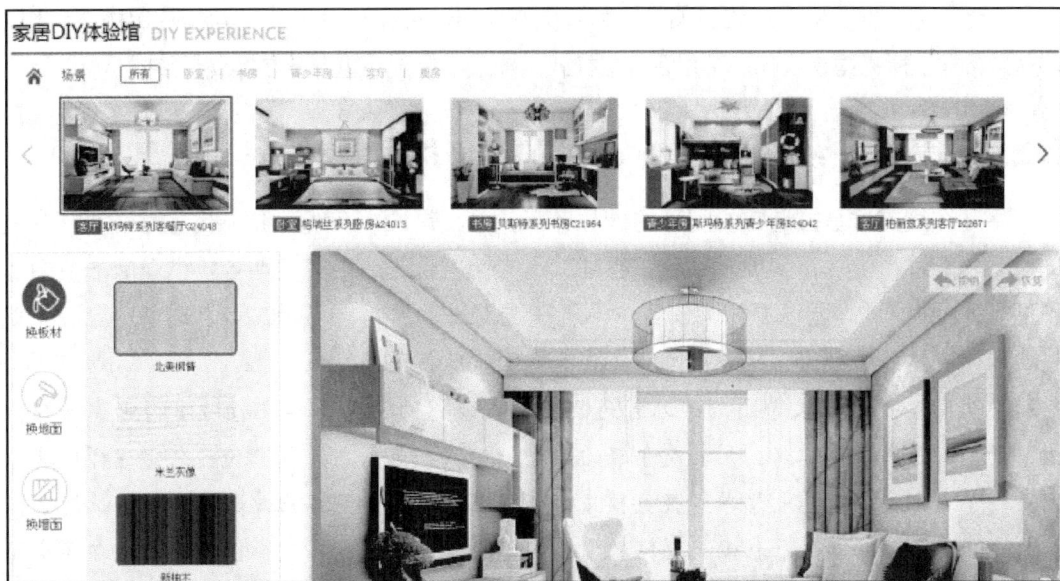

图2-20 | 尚品宅配的官方网上商城——新居网

接下来，用户到线下体验店进行验证与购买，线下服务人员会对用户进行服务指导。针对某些特殊家具，线下体验店还采用了先进的虚拟现实技术，为用户提供更真实的体验。

新居网主打的是个性化定制，这符合当今人们追求个性化的需求。它通过"线下营销→线上体验→线下消费"的模式，真正将互联网的优势与家具行业进行了融合。其实，这类模式走的也是电商模式，但又与阿里巴巴、京东等有所区别。前者注重的是线上服务和体验，后者注重的是线上消费。

与前两种模式比起来，这种模式实施起来难度较大。实际生活中，有很多企业也开始进行这方面的尝试，如机场、高铁站等人流量较大的地方活跃着一大批地推工作人员，他们会拿着网络终端设备，面对面地邀请旅客注册，在现场教用户使用某App、网站等。用户注册成功后，便可以直接到线上进行在线体验，体验后可到线下消费。

4. 线上体验→线下验证→线上交易（Online to Offline to Online）

以服装业为例，很多年轻人购物都习惯在线上看好款式，然后到线下专卖店试穿、体验，满意后再到线上下单购买。这种购买模式就是Online to Offline to Online模式。

当然，这种现象是企业、商家不愿意看到的。也正因为如此，真正应用这一O2O高级模式的企业、商家并不多。然而，这一模式在计算机、手机、VR等电子产品领域就做得不错，苹果、三星、小米等线下体验店比比皆是，很多人进店都是只体验不购买。

上述4种常见的O2O模式中，前两种属于初级模式，应用较为广泛；后两种属于高级模式，目前应用的案例还不多，更多的还是在尝试阶段。总之，不管什么样的理论、模式都是工具，都是为人服务的，最终目的都是为了更好地实现目标。因此，在实际应用中也不必被这些条条框框所束缚，一味地套用系统或模式。模式不重要，重要的是实现最终的目标。

2.3.3　移动在线支付：O2O模式的终极拼图

移动在线支付是打造O2O闭环的核心环节，也就是说，在线上线下交易时必须有在线支付，才能称得上真正实现了融合，否则就是"伪融合"或不完整融合。纵观前一节中提到的4种O2O模式，无论哪种模式都少不了在线支付。因此，判断O2O模式成功与否，就是要看这个体系中是否有在线支付、在线支付功能是否顺畅。

美团网、百度糯米等团购网站曾是O2O模式践行的典范，其主打的团购业务一经推出，便吸引了大批消费者，尤其是年轻的"宅"一族更是为之疯狂。为什么会这样？其原因就在于它们把餐饮、电影票等服务项目搬到网上，消费者足不出户即可轻松下单消费，且可享受低价折扣。随着移动互联网的发展，以及移动支付的普及，团购业务也在发生变化，其核心就是由支付向移动支付转移。支付行为的移动化，让团购更具随时随地的O2O特性——用户就近查询团购店铺，实时消费，无需再像以往那样被动地在计算机上下单，然后隔一段时间再消费。

这种现象看似简单，在消费市场上却算得上一次划时代的变革。有专家指出，移动支付的意义最大，毕竟单纯推送商户信息在短信时代也能完成，但没有支付环节就只能是发个广告。

可见，支付环节的构建是实现O2O的关键。这不但在团购业务有所体现，在网络打车平台中体现更多。打车平台本来可以只承担"约车"任务，但为了打通线上线下整个服务的闭环，也开通了移动支付业务，以方便用户使用。

如今很多支付平台也纷纷采取多种措施鼓励用户使用在线支付，如图2-21所示。

图2-21｜支付平台的鼓励举措

就目前而言，能够实现在线支付的移动平台主要有以下4大体系。

1. 阿里系

阿里系是涉足O2O支付最早的，也是布局链条最长的平台，与其他支付工具相比具有明显的优势。

支付宝是阿里巴巴开发的第三方支付平台，致力于为用户提供安全、快速的电子支付、网上支付、安全支付、手机支付体验，以及转账收款、水电气缴费、信用卡还款、AA收款等生活服务。

此外，支付宝在手机摇一摇转账、近场通信传感转账，以及二维码扫描支付方面都呈领先态势，并在线下与分众传媒、线下商场等达成了诸多合作，其主要服务如图2-22所示。

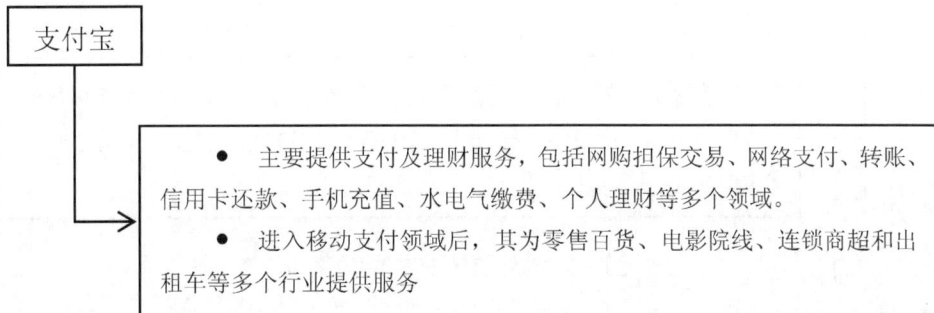

支付宝

- 主要提供支付及理财服务，包括网购担保交易、网络支付、转账、信用卡还款、手机充值、水电气缴费、个人理财等多个领域。
- 进入移动支付领域后，其为零售百货、电影院线、连锁商超和出租车等多个行业提供服务

图2-22｜支付宝的主要服务

2. 腾讯系

腾讯以"二维码+账号体系+LBS+支付+关系链"构成独具特色的O2O体系。

（1）支付工具——财付通

与阿里系一样，腾讯系也有独立的支付工具——财付通。财付通通过深度的整合，以O2O的方式在手机支付市场打下了一片属于自己的天地。其核心业务"QQ彩贝"打通了商户与用户之间的沟通渠道，构建了电商和生活服务平台的通用积分体系，实现了精准营销，其主要服务如图2-23所示。

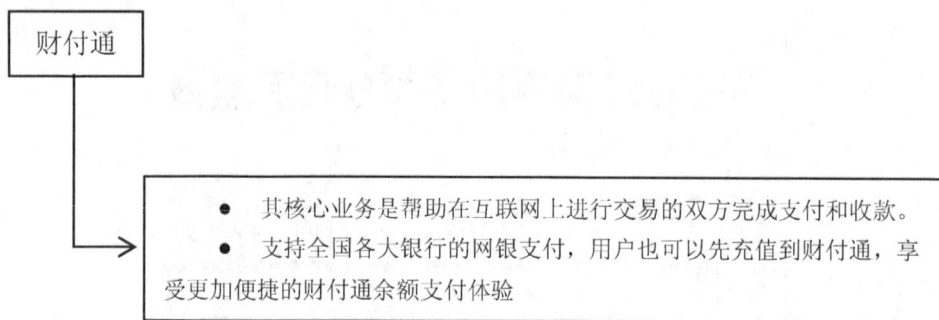

财付通

- 其核心业务是帮助在互联网上进行交易的双方完成支付和收款。
- 支持全国各大银行的网银支付，用户也可以先充值到财付通，享受更加便捷的财付通余额支付体验

图2-23｜财付通的主要服务

（2）支付工具——微信支付

微信支付是集成在微信客户端的支付功能，用户可以通过手机快速完成相应的支付流程。它以绑定银行卡的快捷支付为基础，向用户提供安全、快捷、高效的支付服务。用户只需在微信中绑定一张银行卡，并完成身份认证，即可将装有微信的智能手机变成一个"全能钱包"，之后便可购买合作商的商品及服务。用户在支付时只需在自己的智能手机上输入密码，无须任何刷卡步骤即可完成支付，整个过程简捷、流畅。其主要服务如图2-24所示。

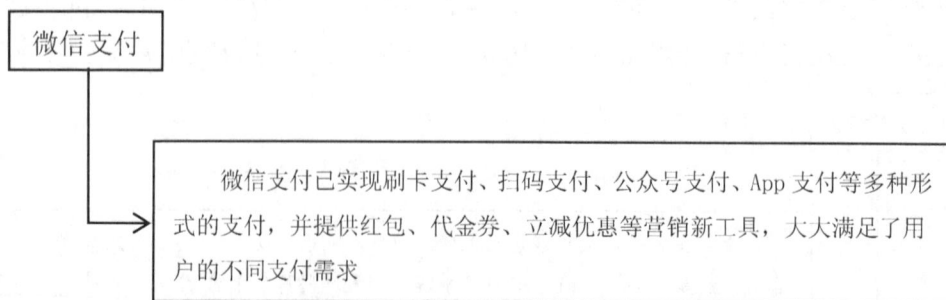

微信支付

微信支付已实现刷卡支付、扫码支付、公众号支付、App支付等多种形式的支付，并提供红包、代金券、立减优惠等营销新工具，大大满足了用户的不同支付需求

图2-24｜微信支付的主要服务

3. 百度系

百度凭借流量入口的优势开通了O2O业务，它以百度地图为中心，打造出大平台和自

营相结合的模式。

2010年6月，百度旗下的团购导航的hao123上线。从此之后，百度团购开始由单纯的导航向O2O的方向进化。同时，商户通过百度支付系统——百付宝便可以开展支付业务。

百付宝由全球最大的中文搜索引擎公司——百度创办，是中国领先的在线支付应用和服务平台之一。百付宝以建立"简单可依赖"的在线支付信用体系为己任，其创新的产品技术、丰富的应用功能、为用户量身定做的交易体验流程，为互联网用户和企业提供了安全、可依赖的在线支付服务。其主要服务如图2-25所示。

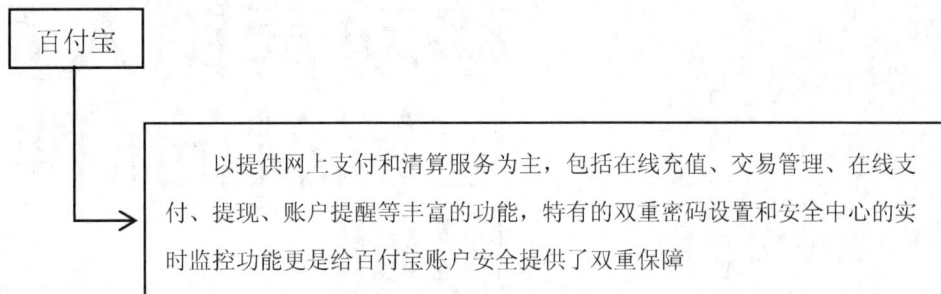

图2-25 | 百付宝的主要服务

4. 其他

除了三大支付体系外，第三方支付市场已经呈现出了"百花齐放，百家争鸣"的局面。其中比较有代表性的产品有PayPal（易趣公司产品）、京东支付、拉卡拉、盛付通、易票联支付、易宝支付、快钱、捷诚宝、物流宝、网易宝、环迅支付、汇付天下、汇聚支付等，共同瓜分这一诱人的"蛋糕"。

"无支付不交易"，在线支付是打造O2O最关键的一环，现在很多大型电商企业、传统企业也纷纷投入其中，在争夺第三方在线支付资源上展开了"白刃战"。

第3章

移动营销人员应练就的6种思维

在PC互联网营销中，互联网思维对营销实践起着重要的指导作用，如用户思维、免费思维等在很多营销实践中都会有所体现。同样，做移动营销也需要相关的思维。较之PC互联网思维，移动互联网思维既继承了其精华，又有创新，如碎片化思维。本章介绍了6种移动营销思维，需要读者重点掌握。

3.1 碎片化思维

案例导入

碎片化是移动互联网的显著特点，也是进行移动营销应坚持的第一思维。与PC互联网相比，移动互联网使得人们的生活、工作、学习更加碎片化，时间碎片化、地点碎片化、需求碎片化……

以北京、上海、深圳等一线城市的上班族为例，他们已经完全进入了一种碎片化状态。表3-1所示为一普通上班族每天（工作日）的碎片化时间。

表3-1 普通上班族每天（工作日）的碎片化时间

碎片化时间	碎片化时间时长
刷牙、洗脸、吃早饭等	1小时
交通时间（乘地铁、公交、打车）	2小时
每天各种排队（吃饭、乘电梯等）	1小时
上班间隙、走路	30分钟
汇总	4.5个小时

那么，在这4.5个小时的时间内，他们都做了些什么呢？具体活动内容如表3-2所示。

表3-2 具体活动内容

碎片化时间时长	具体活动内容
1小时	对一天的工作做了简单安排，给客户发了封电子邮件
2小时	刷刷微信、看看微博、浏览一下新闻
1小时	定了一份外卖，网购了一件衣服
30分钟	与幼儿园的宝宝进行了视频通话

案例点评：

从以上案例中可以看出，便捷的移动互联网让每个人都能随时随地获取各种信息，并进行工作、学习与社交等活动。碎片化是移动互联网的第一个显著特点，碎片化思维也是进行移动营销要坚持的第一思维。

3.1.1　移动营销第一思维——碎片化思维

碎片化是移动互联网的重要特征之一，因此进行移动营销首先必须具有碎片化思维。所谓碎片化思维，是指将各种整体信息分割成信息碎片，利用用户碎片化时间为其提供各种有价值的信息，满足或引导用户需求。

碎片化思维的核心是时间的碎片化（或称碎片化时间）。碎片化时间不仅影响人们的日常生活，还在更深的层次上影响消费行为和习惯。在移动互联网时代，碎片化时间已经成了消费的黄金窗口，人们的很多消费都是在碎片化时间内进行的，不经意的一瞬间就可达成某笔交易。因为商品并不像传统的那样，必须在特定的地点（商场、专卖店）、特定的时间（营业时间），以特定的方式（促销）出现，而是无处不在、无时不在——或许在下载的微店里，或许在微信朋友圈、新闻客户端里，或许在玩的游戏里……图3-1所示为微信、QQ上的碎片化消费信息。

图3-1｜微信、QQ上的碎片化消费信息

与以往集中式的消费行为不同，这种碎片化的消费虽然行为碎片化了，但暗藏的消费力却丝毫没有弱化，反而呈现出多样化、个性化的趋势。这会间接反哺企业更好地做好营销工作。不过消费行为的改变，也为企业营销带来了难题，企业越来越不知道怎么策划营销活动、怎么分配营销推广费用、怎么控制营销效果及投入产出。

对此，企业应抓住用户的碎片化时间进行有效的营销，特别应注重以下两点。

1. 找到适合的营销节点

利用碎片化思维进行移动营销，关键是在碎片化的时间里找到适合的营销节点，即找到最适当的方式与用户接触，并以此来触发服务，提升用户的体验度，留住用户。

以一个购物App为例，如何延长用户在页面上的停留时间？可以分别从信息节点、体验节点、服务节点入手，在信息节点提升信息价值，在体验节点优化页面布局，在服务节点提供良好的物流服务，如图3-2所示。

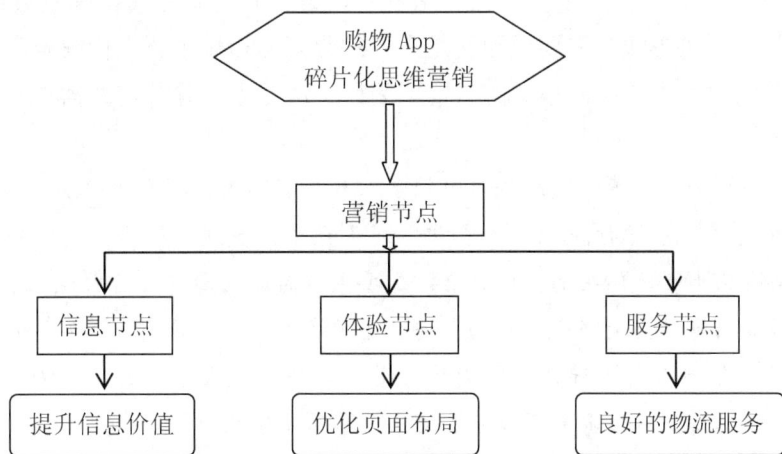

图3-2 | 购物App碎片化营销示意图

碎片化思维加快了企业的营销节奏，使商品推陈出新的速度不断加快，使产品更新换代的周期日益缩短，同时也增加了企业找寻目标消费者的难度。传统媒体以曝光次数来计费的方式效果日渐甚微。碎片化时代，需要对目标消费者接触媒体而产生的碎片化数据进行收集、整理、分析，提炼出有价值的信息，才能有效锁定目标消费者。

2. 打造会员社交圈

时间碎片化使消费者的购买时间变得支离破碎，消费者在一个移动应用上停留的时间可能很短暂。短暂不可怕，如果能将频率提升起来照样可以收到持续营销的效果。这就需要为这些零散的消费者打造一个社群，对消费者进行管理，强化他们的黏性。

在快节奏、多样化的移动互联网时代，人们在消费上往往面临太多选择。这时，企业就应该引导或帮助消费者，通过了解他们的生活圈强化其对企业、产品的黏性，并使黏性最终转化为购买行为，变碎片化营销为持续营销（这点将在3.4节的社群思维中讲到）。

3.1.2 碎片化思维的3类运作思路

碎片化思维为移动营销带来了全新理念，它要求我们利用碎片化的时间去深刻地影响消费者和他们的决策。企业或品牌必须将完整、系统的品牌认知和营销信息转化成碎片化的信息，进行传播和植入，同时还要能够停留在消费者的印象中。

那么，具体该如何做呢？可以按照以下3个思路进行。

1. 信息碎片化

在传统时代，我们在评价一条信息时往往喜欢用"多""好""深""高"等来衡量，即文字多、主题好、寓意深、境界高等。而到了移动互联网时代，"微"则成为热门词汇，微博、微信、微视频、微社区、微公益等词汇如雨后春笋般冒出。为什么"微"一时间受到热捧呢？主要原因就是人们的时间碎片化了，人们很难集中太多的精力，花费太多的时间去做某件单一的事情。因此，满足人们碎片化的需求对商家来说就是最大的机会。

以博客和微博为例，博客刚刚兴起时很多人开始有了写作博客的想法。这件事坚持起来不容易，需要花费不少时间。一篇文章少则几百字，多则几千字，花费的时间可想而知。这需要博主有大量时间去写，阅读者也需要大量时间去看。之后出现了微博，微博字数较少，承载的信息量大大减少，然而却迎合了更多人的碎片化需求。写的人如此，阅读的人更是如此。很多人都有碎片化阅读的习惯，如早上起床后、工作间隙、出差旅行中等，想了解什么信息，不用再大篇幅地看文章，寥寥几字几分钟足矣。

在这里需要强调的是：绝大多数人在移动互联网上看新闻已经不再是阅读，而是浏览。也就是说，他们只需要了解发生了什么事情即可，没必要大段大段地将新闻稿全部阅读完。从这方面来说，"短""灵""快"的微博更迎合了市场需求。

2. 沟通亲切化

"亲"是互联网，尤其是移动互联网时代，用户间交流和沟通的一种昵称。"亲"这个词从中文含义来阐释，非常有魅力，既不会很腻，又不乏俏皮的意味，同时会让人产生特别亲近的感觉，从而自然地营造出亲切、亲热的氛围，这对促进货物的销售有很大的好处。

其实，"亲"不仅是一种语言形式，更是一种文化现象，代表移动互联网时代有特色的人际关系。这一点在移动营销沟通中尤其重要。由于很多沟通都在线上，无法面对面交流，彼此不了解对方的具体情况，因此，沟通一定要有技巧，以赢得消费者的信任和喜好为主。话不在多，关键是让消费者听得舒心、聊得畅快。善用"亲"模式，能让你瞬间与消费者拉近距离，快速建立良好的印象和信任感。

3. 人际关系"圈子"化

圈子是获得人际关系，打造永不破产的"人脉银行"的重要途径，如朋友圈、企业家圈、娱乐圈、体育圈等。圈子在一定的范围内（可能是物理上的，也可能是心理上）将有相同价值观、相同兴趣爱好的人聚集起来，做一些相同或共同的事情。在互联网、移动互联网出现之前，所谓的圈子就存在，很多人热衷于参加各式各样的圈子活动。到了互联网、移动互联网时代，圈子突破了空间的限制，范围更广，涉及的人数更多，自然可挖掘的潜力也更大。有很多企业就是利用圈子培养客户，进行各种营销的。

圈子都是为圈子营销做准备的。所谓圈子营销，就是对某一类群体进行集中营销以传播品牌、销售产品。圈子聚集了同一类爱好的人群，圈子成员彼此很容易建立信任，并保持联系。圈子营销具有传播速度快、效果明显、营销成本低、针对性强等优势。

企业可以自己组建圈子，支持和赞助圈子活动，或制造正面话题，让圈子成员广泛参与。除了自己组建圈子外，企业还可以与"大V""行业大咖""草根大号"等创建的圈子进行合作，借他们的势扩大知名度，争取更好的营销效果。

3.2 用户思维

案例导入

微信自面世以来，仅用了短短几年时间便发展成为国内最热门、使用人数最多的移动应用之一。之所以能取得这样的成就，最根本的原因在于它的用户思维。

微信的用户思维体现在对社交属性的注重上。从社交属性出发，微信在功能设置和载体上力争与用户需求达成最大限度的结合。用户利用微信提供的不同功能可以实现点对点、点对面、面对面的多维社交，构建全方位、立体化的社交网络。

这种多维社交集中体现在微信朋友圈。朋友圈是微信社交属性的集中体现，契合了人们对沟通和交流的渴望。它在某种程度上实现了现实中强关系的平行转移，增大了弱关系之间联系的可能性。在快速流动的现代社会，微信朋友圈增强了现代人交往的黏性。

微信将首选载体定位为具有高移动性和便携性的智能手机，并根据智能手机的智能化特点开发出相应的功能。这也是用户思维的一种体现，如针对智能手机的高清摄像头开发了二维码扫描功能；针对智能手机的扬声器开发了语音对讲功能，实现了微信语音聊天；针对智能手机的重力感应器开发了摇一摇功能；针对多点触屏开发出手写输入功能等。另外，还有搜一搜、看一看、附近的人、漂流瓶等功能，无不体现着用户需求和利益，便于用户进行社交。微信的主要功能如图3-3所示。

图3-3 | 微信的主要功能

总之，微信依靠多层次、全方位的功能，将虚拟的人际关系网与现实中的人际关系网充分结合在一起，实现了用户社交选择权的自主化（与谁联系、何时联系、怎样联系等）。这既是用户利益的最大体现，也是对用户的最大尊重。

案例点评：

营销必须围绕用户展开，这既是互联网时代的营销法则，也是移动互联时代开展营销工作应有的重要思维。无论在互联网时代，还是移动互联网时代，用户决定一切，用户远远比商业模式更重要。

3.2.1 谁拥有用户，谁就拥有市场

用户思维的核心是"用户"，用户的多少、忠诚度如何对企业来讲十分重要。一家企业，无论实力强与弱、规模大与小，最终都靠两个字来生存——利润。那么谁来创造利润呢？答案只有一个，那就是用户。因此，营销工作的核心就是围绕用户分析、研究如何让用户购买，且要重复购买、持续不断地购买。

用户思维是互联网时代的产物，在移动互联网时代则发展到了一个新阶段。在移动互联网没有出现之前，很多企业、商家就在呼吁"客户是上帝"，难道这不是"用户思维"的体现吗？答案是肯定的，但与移动互联网时代的用户思维还是有很多不同的，这些不同也恰恰体现了移动互联网时代用户思维的价值。这主要体现在两个方面。

1. 更注重消费者需求

在移动互联网出现之前，对很多企业、商家来说，"客户是上帝"的说法早已司空见惯。它们不光口头上说得好，而且做得也非常好，在消费者心中的知名度和美誉度也非常高。当然，这也是用户思维的体现，但注意这里的另一方是"客户"，并非"用户"。"客户"与"用户"尽管只有一字之差，但有着本质区别，因为其价值导向不同，如图3-4所示。

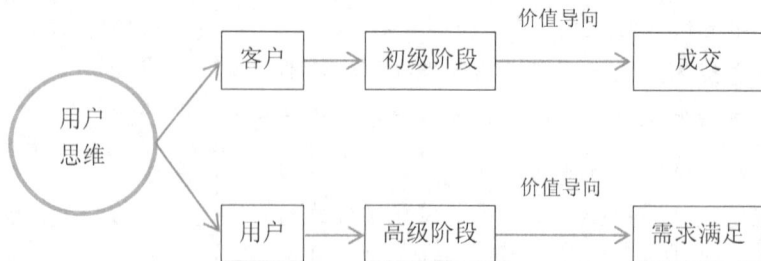

图3-4 | 客户与用户的价值导向不同

"客户是上帝"的价值导向，强调的是"客户"。顾名思义，就是要把消费者变成客人，其核心是"成交"。也就是说，所做的一切工作表面上是服务，其实都是围绕成交进行的。产品生产出来后，挖掘或包装一些卖点，然后通过广告、促销等手段卖给客户。交

易结束了，关系基本上也就结束了。如果产品有了问题，企业、商家是不希望其来找后账的。这种价值导向的核心就是成交，是交易，并非人和需求。

用户思维的价值导向是"需求"，其核心在于"用户"。用户买了产品，开始尝试使用时，买卖双方的关系才刚刚开始建立。要让用户在使用产品的过程中用得满意，就需要提供更多的后续服务。后续服务极其重要，一个品牌、一个产品最终能否赢得用户的认可，重要的不仅是产品的质量，更在于后续的服务。

其实，这也是所谓的体验至上，其核心就是让用户用得满意，终极目的是让用户最后转变成"粉丝"，实现"粉丝经济"。为什么价值导向会发生这种变化呢？为什么要反复强调"粉丝"和"粉丝经济"呢？

可见，客户、用户的不同不仅体现在叫法上，还分别代表用户思维的两个阶段。前者是初级阶段，重在成交；后者是高级阶段，重在满足需求。

2. 用户思维速度第一，快速吸引用户注意力

用户思维不仅体现在移动营销中，在互联网营销中，用户思维就是核心思维之一。严格来讲，用户思维在移动互联网中的运用是互联网营销的延伸和细分。随着移动（智能）终端、移动互联网的发展，用户思维在移动营销中的作用越来越明显，且表现出了自身的独特性。

移动互联网的出现颠覆了许多行业，包括互联网行业。移动互联网时代的用户思维与互联网时代的用户思维存在着很大的差异，如移动营销更讲究对用户的快速吸引，速度至上，稍一滞后就容易被其他品牌抢先。在移动互联网时代，任何市场都变得很精、很分散，而市场一旦被抢先，就意味着丢掉第一批用户，甚至失去了整个市场。

移动互联网市场有个"721法则"，即行业"老大"往往占据70%的份额，"老二"占据20%的份额，其余的瓜分剩下的10%。各个领域皆是如此，如移动支付市场，除了支付宝，就是微信；共享单车市场，摩拜和ofo两家独大……这充分说明，你不抢先，就会失去市场和用户。

精油是一个小类目，在淘宝上的销售量并不高，而阿芙精油则在这个细分市场中做出了大成绩。阿芙精油首先进入了淘宝，在淘宝开店后迅速占领了大半精油类市场，连续多年在精油类目中保持销量第一。阿芙精油充分发挥了用户思维，不仅客服人员24小时无休轮流上班，还把客服分为"重口味""小清新""疯癫组""淑女组"等多种风格，以适应不同类型的用户。同时，还会在包裹中放一些让人非常惊喜的赠品。推出的一些服务也会让用户眼前一亮，如至尊卡（一个卡状的4GB U盘）。用户还可以购买终生免邮服务。阿芙还设有"首席惊喜官"，他们会不断研究、分析用户需求，有针对性地设计用户喜欢的环节和礼品。

可见在移动互联网时代，光有品牌还不行，还要有忠诚的"粉丝"。没有忠诚的"粉丝"，即使有品牌也不一定卖得好，因为移动互联网将我们带进了一个品牌泛滥的时代。品牌多了，面临的竞争更加惨烈，只有那些拥有忠诚"粉丝"的品牌才能活得长久。因

此，企业运营者必须有用户思维。

3.2.2 如何运用用户思维为营销服务

既然用户思维对移动营销如此重要，那么在实践中如何发挥该思维的作用呢？这就要求运营者始终站在用户的角度想问题、做事情。

在移动营销中，必须围绕用户需求去做，从产品设计到营销服务，每个环节都要时时刻刻体现用户的需求。

小米公司的4K电视——小米电视2不仅在性能方面有了很大提升，很多细节也做得非常到位。其中有一个小创意非常迎合用户的需求——遥控器上的"找回功能"。急于看电视却找不到遥控器，这是很多人遇到过的问题。小米电视2解决了这一问题，它是怎么解决的呢？很简单，轻轻拍下电视底部的触控板，选择找回遥控器，"隐藏"的遥控器就会发出蜂鸣声，用户循着声音就可以轻松找到。

这样一个小细节充分体现出小米为用户着想的运作思维，其作用不容小觑，不但可以提升销量，更重要的是可以大大提升用户体验和用户好感。

始终站在用户的角度想问题、做事情的本质就是迎合用户需求。随着互联网尤其是移动互联网的发展，用户需求在买卖过程中的地位更加突出，无论什么产品都必须以符合用户需求为基础。移动互联网时代，针对用户需求不能只是单一地提供后端服务，而必须全方位、一站式地服务用户，包括售前、售中和售后，甚至要根据用户需求生产、制作，提供私人定制式的产品或服务。

不过，需要注意的是运用用户思维来营销，并不仅是满足用户需求即可，还要兼顾其他方面。用户需求是用户思维的核心，围绕此核心向外辐射，还需要做好用户定位、用户分析、用户体验、用户利益、用户情感等5个方面的工作，如图3-5所示。

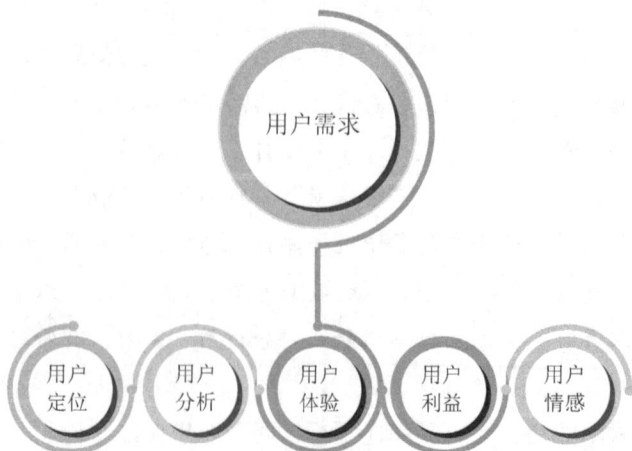

图3-5 | 围绕用户需求的5个方面

1. 用户定位

对用户进行定位很重要，用户定位决定着市场发展方向，定位错了就意味着方向错了。

如今的唯品会，已成为广受用户欢迎的电商企业之一，可很少人记得它在初创阶段曾因用户定位不准差点经营不下去。当时，唯品会管理层信誓旦旦地认为，中国奢侈品消费将进入爆发期，结果一路亏空。后来他们痛定思痛，决心转型，降低用户消费层次，主打二三线品牌促销，短短几年就迎来了爆发。

2. 用户分析

用户分析是做好用户需求的前提，只有对用户进行科学、详尽的分析，才能抓住用户的痛点。移动（智能）终端有搜集、积累用户数据的巨大优势，只要用户有浏览、登录的行为，后台就会自动搜集该客户的大量数据。

以在手机上浏览网页为例，某段时间内用户点击了几次网页、重点看过什么价位的产品、购买过几次等，网页的后台都有记录。收集、整理这些数据，有利于企业、商家做好用户分析，使决策更准确，也能够更精准地满足用户需求。

当前，我们已经从之前的信息稀缺时代快速进入信息过载时代。在这个时代，存在着信息过度泛滥与有效信息极度匮乏的巨大矛盾。具体表现为用户对信息的需求更加个性化、定制化和精准化。这就要求企业必须从之前的面向所有用户，都是一样内容的大众传播方式，转变为针对不同用户提供更为个性化、定制化、精准化的分众传播。而要实现这些，关键是要建立起基于大数据和移动互联网技术的信息智能匹配，即通过数据挖掘分析用户的需求，把信息和用户个性化、定制化的需求进行智能匹配。

3. 用户体验

用户体验是用户需求的延伸和保证，良好的用户体验使需求更容易被满足。以现在很多技术类产品为例，尤其是智能手机，随着制作工艺、技术的普及，尽管品牌不同，但功能已大同小异，这时企业只能在用户体验上寻求突破，谁的体验好谁就更容易获得用户认可。

再如传统的新闻媒体行业，为了抢占互联网，尤其是移动互联网的新型传播资源，大部分新闻机构都纷纷推出了新闻客户端和微信公众号，以达到在新意识形态主阵地上快速卡位，如新华社、人民日报社、浙江日报报业集团（简称浙报集团）等，已成为传统媒体移动互联网化的典范。

2014年6月16日，浙报集团推出"浙江新闻"移动App。该App力争最大限度地与其他媒体合作，形成多层次、全立体的大型平台。目前，浙报集团媒体法人微博、微信公众号及专业移动App已经有200个，用户体验良好。尤其值得一提的是，其重金打造的浙江新闻App半年时间内下载用户就突破了500万。

因此，在用户思维运用过程中，还应该重视用户体验。良好的用户体验可以造就良好的口碑。在移动互联网时代，信息的传播速度惊人，呈现出"病毒式"扩散的特点。一个好的产品，如果体验超出了用户预期，用户就会通过各种网络渠道、社交平台等进行分享，从而使信息在很短的时间内传播开来。

4. 用户利益

实现用户利益是满足用户需求的根本目的。换句话说，满足用户所有需求的最终目的都是让用户通过产品或服务受益。这就要求企业在分析用户需求时必须兼顾用户利益，所有的前提工作都要以最终的用户利益为指导，明确用户通过产品或服务能得到什么。

5. 用户情感

情感是连接企业和用户的桥梁。如何将用户变为忠诚的"粉丝"？如何将一次性消费转化为多次消费？关键在于情感的维护。当用户对企业、产品产生了情感上的依赖，就会长久地忠诚于企业，忠诚于产品。

良好的服务可以增进企业与用户的情感交流，拉近彼此之间的距离。现代企业之间的竞争已经从单纯的产品质量、价格等竞争转变为服务质量的竞争，服务已经不是服务行业的专用词，已经成为不同行业商家争夺客源的"利器"。

3.3 免费思维

案例导入

腾讯是互联网企业巨头之一，旗下拥有无数移动端产品，基本上每款产品都在短时间内就获得了大批用户，带来极大的收益。那么是什么原因让腾讯的产品可以这么快获得成功呢？分析可以发现就是免费思维策略，尤其是核心产品——QQ。

QQ自推出起就采取了免费思维策略，虽然中间曾经因为资金问题采取过收费下载，但由于新用户增长缓慢，腾讯果断放弃了收费的想法。

在传统行业中，如果把产品免费送人，最终肯定是赔钱的，而在移动互联网时代则不同。那么QQ的免费为腾讯带来了哪些好处呢？

（1）依靠免费QQ吸引到大批用户，为后期的收费产品奠定了良好的基础。

QQ的收费项目都是建立在免费下载使用基础上的，即QQ的基础功能是免费的，但部分新增功能是收费的，如QQ会员、QQ秀、黄钻等；且这些收费功能都是根据用户的需要设置的，不需要这些功能的用户仍然可以免费使用基础功能。QQ利用这些增值功能改变了以往"只花钱不赚钱"的状态，同时还保证了用户不会流失。

（2）将QQ用户引流到其他产品。

QQ用户是腾讯的第一批用户，其旗下产品如花样直播、腾讯课堂、QQ游戏、QQ动漫、腾讯视频等的大部分用户都是由QQ引流而来的，如图3-6所示。QQ用户保证了腾讯其他产品的用户量、使用量，降低了前期推广费用。有的QQ用户还可直接转化为其他产品的忠实用户。

图3-6｜依靠QQ引流的其他腾讯产品

通过以上分析可以发现，QQ的免费思维策略是非常成功的。

案例点评：

俗话说"天上不会掉馅饼"，但在互联网、移动互联网时代，免费是企业营销的"基本思维"，各大商家为了获得更多的用户，都会争相提供免费的产品。互联网时代是这样，移动互联网时代同样如此。腾讯的微信、手机百度、360的杀毒软件等都是因免费思维而取得了巨大成功。

在这里需要注意的是，免费思维首先强调的不是收入，而是用户规模和用户流量。免费是获得流量的首要策略，也是互联网企业颠覆传统企业的"撒手锏"。

3.3.1　免费的目的：用户引流

免费是互联网营销的"撒手锏"，如网易有免费邮箱，新浪有免费博客，百度为用户提供免费搜索业务，腾讯为网友提供QQ、微信平台，淘宝甚至将免费模式应用到商家的营销和推广中。而在移动互联网时代，免费则是一把威力更大的"重武器"，现在几乎所有的移动互联网营销都在使用"免费"这一招。

移动互联网时代的企业都在借助免费模式开疆拓土。有人说，如果说管理的极致是

"无为而治"，那么营销的极致就是免费。免费对企业、商家而言，可以扩大宣传；对用户来说，也是有百利而无一害的，收获的不仅有免费的商品或服务，还有其背后带来的美好心理感受和精神体验。

企业、商家免费的目的不是单纯地提供免费产品和服务就够了，而是要通过这些免费的产品或服务来引流，吸引用户，培养用户。互联网思维的一个核心就是"先培养用户后销售"，没有用户，盈利也就无从谈起。当用户足够多时，即可通过商业化手段催生其产生更多价值。

那么，如何利用免费思维进行移动营销呢？通常有4种做法，如图3-7所示。

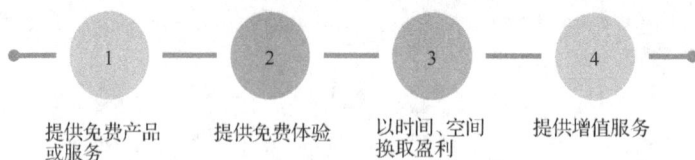

图3-7 | 免费思维的4种营销方法

1. 提供免费产品或服务

这是一种交叉补贴性的免费，即产品是免费的，而产品附带的功能是需要付费的。这样的产品通常有3种。

（1）诱饵型产品：将产品的部分功能免费，以吸引用户，而后引导其再消费。

（2）赠品：将某款产品设计成另一款产品的免费赠品或附加产品。

（3）分级产品：将产品分为不同版本，如普通版、升级版、黄金版，免费提供较低版本的产品，高级版本或个性化版本则需要付费。

2. 提供免费体验

以体验为主的免费营销又称为体验营销，这种方式大多运用在新品上市或推广阶段，目的是通过用户的体验试用，引导用户对产品产生初步的信任和认可。

很多时候，用户对新产品往往抱着双重态度，在渴望得到的同时又持有怀疑心理。这严重阻隔了买卖双方的正常交易。因此，让用户先行体验就成了营销的核心。

这种模式的具体操作分为两种，即免费赠送和免费试用。前者是指先提供用于体验的产品，让用户免费体验，感觉良好后再自愿购买；后者是针对有需要的用户，让其在一定时间内免费试用，而后再进行长期的付费使用。

3. 以时间、空间换取盈利

这种方法即在规定的某一时间内促使用户免费消费，如一个月中的某一天，或一星期中的某一天，或一天中的某一个时间段。这种模式适用于带有明显时间差异的行业、企业，如电影院、餐饮店等。该模式不但对宣传有极大的作用，还会带动用户消费延伸产品。

例如，某电影院针对每星期二9:00—11:00的售票低潮期，采取了一些新的举措——对这一时段的电影票实行部分免费或优惠。但为弥补票价的损失，电影院开设了很多特色餐饮，以供观看电影的人边看边消费。因为电影结束时往往正值用餐时间，很多人都会走进餐厅就餐。

与时间相对的是空间，有的企业为了拉动某一特定空间的用户数量，对指定空间的客户进行免费或优惠。

4. 提供增值服务

为了提高用户黏性，强化重复消费，可以在产品或服务的基础上提供额外的增值服务。换句话说，就是做好产品或服务的延伸，将延伸出来的产品或服务免费提供给用户。例如，卖服装的可提供免费烫洗，卖化妆品的可免费提供美容指导，茶馆可免费进行茶道的教学等。

众所周知，电子产品大多是一次性消费品，将产品卖给用户之后，唯有当产品出现问题时，才在返修的时候接触一下用户。而小米的互联网玩法完全反其道而行之，卖出产品只是第一步，随之是通过产品建立一个连接用户的通道，通过后续源源不断的内容和服务来吸引用户，进而挖掘出新的收费盈利点。这就是互联网营销中经常提及的强化用户的黏性。

这种集免费和付费于一体的模式被称为免费增值模式。需要注意的是，这种通过增值服务来实现收费的模式在具体实施中有一个重要的原则，就是所提供的增值服务要与免费服务存在根本的区别。

163免费邮箱曾尝试通过提供增值服务来推广邮箱，实现对邮箱用户收费，结果却铩羽而归，且还因此流失了许多用户。原因就在于它的增值服务和免费服务没有太大的区别。免费服务为免费使用小内存的邮箱，增值服务为只要支付一定的费用就可将邮箱内存扩大。事实上，这对于绝大部分用户来说没有什么实际意义，仅仅是内存大小不同而已。免费用户只要经常清理邮件，即可达到付费用户的使用效果。

3.3.2　免费的本质：以免费带动收费

通过上一节的介绍不难看出，免费只是企业、商家营销推广的工具，表面上是为了吸引用户、增加用户数量，其本质（或者说最终目的）还是要实现收费，即通过免费来提升用户的消费兴趣，激发用户的消费欲望，进而带动收费，最终实现盈利。

苹果是很多人喜欢的手机品牌，其每一代手机上市都会招致消费者的疯抢。其实，苹果成功的奥秘不仅在于其精益求精的工程设计，给用户带来了无与伦比的应用感受，更重要的在于史蒂夫·乔布斯围绕iPhone系列产品所创造的App Store运营模式，实现了移动互联网时代"免费"与"收费"的绝妙平衡。

App Store海量的免费应用吸引了很多用户，其中部分人为获取App增值服务和更好的应用感受选择成为App的付费客户；而iPhone用户的付费行为会进一步刺激App开发者推出更优秀的免费和收费App应用。

史蒂夫·乔布斯就这样一步步将他缔造的苹果王国推向成功的顶峰。苹果公司和乔布斯的成功，不得不让我们思考这样一个问题：在移动互联网时代，怎么办能像苹果公司那样在"免费"与"收费"之间找到平衡点，构建一种良好的生态模式，最终实现企业的成功呢？

天下没有免费的午餐，免费营销虽好但肯定不是无限制、无底线地付出。那么，如何实现这种转化呢？从大多数企业目前的做法来看，可以归结为以下5种，如图3-8所示。

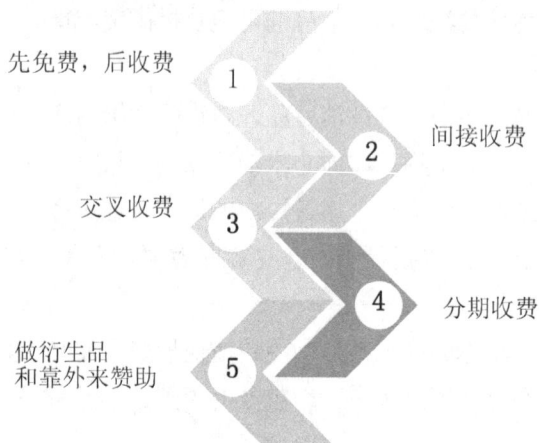

图3-8 | 常见的免费方式

1. 先免费，后收费

即先为用户免费提供商品，而后在该商品的基础上通过二次开发，提供更好、更多、更深层的服务，引导用户消费。这种方式在网络游戏中运用得比较多，如大多数游戏都是免费注册，免费下载软件，但要尽兴地玩，或者想体验高级功能，就需要付费。

这已经成为很多企业常用的营销方式，尤其是从线下移植到线上后，威力更加强大，而且较容易复制。如果创新得当，模式巧妙，会收到意想不到的回报，前提是所提供的产品或服务一定要有价值、有特色，符合用户再次消费、多次消费的心理需求。

2. 间接收费

这种方式是先对一部分人，或者产品、服务的一部分功能免费，再通过这部分人背后的隐性消费来盈利，如有些旅游景点对小孩免费。这样在吸引这部分人的同时，也吸引了其他潜在的消费群体，如陪伴而来的、小孩的父母等。这样一来，尽管小孩不花钱，但其背后的群体却是消费力巨大的。

还有些商品或服务，可通过一部分免费、一部分收费来盈利，如购买汽车就需要买相应的保养服务，买手机就需要买SIM卡、缴话费。这时，可在这些附加的服务上进行免费，以带动用户购买主产品。

这种做法就是一种间接收费的方式，表面上看是免费，其实是一种不完全的、带有附加条件的免费。运用这种方式的关键是要设计合理，手段不能过于单一，方法不要过于僵硬，既要能吸引免费用户带动人气，同时也要能以此为突破口，吸引更多用户或引导免费用户进行其他消费。

3. 交叉收费

交叉收费又称交叉补贴，即向一方免费的同时，又向另一方收费，从而达到免费和收费的同时进行。

如有的平台向卖家和用户同时开放，双方都希望免费，可是谁来付费呢？这个时候平台方实行的就是交叉收费，实现双方利益的交换，从而达到相互免费。如某项服务对卖家免费，对用户就收费；另一项服务对用户免费，这部分费用就由卖家来承担。

4. 分期收费

这是一种类似分期付款的消费方式，即用户可以通过自己的信用或第三方的信用担保，零首付（免费）得到想要的商品，如家电、家具、笔记本电脑等。这样可大大降低用户的购买成本，极大地刺激用户的消费欲望。尤其是对于一些价格昂贵的商品，可谓是一种很好的营销方法。同时，这种方法对企业、商家来讲也十分有利，虽然暂时无法实现盈利，甚至需要为用户买单，承担透支风险，但最终的盈利会更大，因为累计支付的金额远远高过一次性付款的金额。

5. 做衍生品和靠外来赞助

有些产品表面上是免费的，它的盈利则来源于衍生品或外来赞助。衍生品是指在原有产品的基础上，通过构建生态圈制造更多的相关产品或周边产品。例如，360安全卫士是免费的，杀毒软件也是免费的，但由其衍生出来的360安全浏览器、360搜索引擎却是盈利的。

有的产品做衍生品的机会比较小，此时可以依靠外来赞助，这招虽然难度较大，但操作得好仍可支撑免费战略的实施，如国外的维基百科网站就是依靠网友的赞助生存的。

免费作为一种具有极强包容力与扩张力的市场营销工具，在利用时，不能过于将精力集中在"如何向收费过渡"上，否则很难扩大免费的价值，拓宽运营思路。最关键的是要拥有创新意识，只要构思够新颖、巧妙，就有机会以免费为杠杆打开市场。

3.4 社群思维

案例导入

长期以来，OPPO采取的就是社群营销的模式，从产品设计到营销推广无不打上了深深的社群烙印。微博作为明星热点事件爆发最快、最集中的社交媒体之一，往往可以对社群营销起到推波助澜的作用。OPPO抓住了"粉丝"的兴趣点，以"粉丝"喜爱的明星作为切入点，通过微博发布了多款定制版手机，市场反应出奇得好。例如，"充电五分钟通话两小时"的R7手机只推出了500部有李易峰签名的定制版，但在微博上却带来了85000部的订单；2016年OPPO推出"柔光双摄"的R9手机，定制版的10000部在微博上也都被抢购一空。

OPPO将品牌、明星、"粉丝"紧密地联系在一起，利用"粉丝"社群，成功地将明星"粉丝"转化为品牌"粉丝"，实现了品牌的"粉丝"经济。

案例点评：

OPPO的案例对于企业社群营销具有很好的借鉴价值。在产品和服务同质化的今天，企业要想增加自己的竞争砝码，杀出重围，关键是要在互动和"粉丝"管理上注入情感和温度。社群关系是未来商业的资本，而"粉丝"关系在社交媒体上是相对稳固的强关系。"粉丝"社群在各个领域的表现都十分强劲，要让这种表现得以持续，企业就要提升产品服务和维护社群关系。

▌3.4.1 社群的概念及特点

自从有了网络，我们每个人都时刻处在不同的社群中，刷朋友圈、聊QQ、看直播……

最早的社群是BBS，这种以区域、兴趣、组织为纽带，以发帖、跟帖为互动形式的社群，曾聚集了一大批志同道合者参与其中，火爆一时。随着时代的进步，社群的形式也在不断演变。在论坛之后，相继出现了SNS、博客、QQ、微博，直到现在的微信、直播、短视频、自媒体，多种形态的社群已经形成。多样化的社群，尤其是微博、微信、自媒体等移动化社群的出现，使得传递信息和分享内容的方式发生了极大的变化。这些社群平台均具有百万级的用户量，而且用户的黏性非常高。这对于一直寻求更多用户的企业来说，无疑有着巨大的诱惑力，于是企业纷纷投入其中，社群也逐渐演变为商业社群。

那么，什么是社群？社群是网络社交群体的简称，通常是指在特定网络平台上形成的虚拟群体，如罗辑思维、吴晓波频道、年糕妈妈、咪蒙、一条、铁血论坛、宝贝树都是社群。

随着移动互联网的兴起，社群越来越受到各方的重视。与此同时，社群本身也呈现出一些新的特征，如功能定位从以往单纯的社交平台向"社交+商业"两栖综合体转变，信息交互方式由单向传播向双向互动转变，内容由商家直接供应转变为以用户需求为主……这些新特征使企业在营销时开始注重利用社群营销。

目前的社群主要分为两种，一种是产品型社群，另一种是兴趣型社群。产品型社群以小米社群、哈雷摩托等为代表，源于用户对产品的喜爱，组织形式包括线上和线下两种，商业变现能力比较强；而兴趣型社群更为常见，如铁血论坛、旅游吧等，这种跨地域、以兴趣爱好为纽带的社群黏度比较弱，商业变现的能力也比较弱。

社群是一个天然的客户关系管理系统，通过群可以对用户进行高效的管理，这是社群营销的最大特点。例如，用户可以对企业的决策、营销方案、品牌、产品等信息进行集中讨论，并迅速给出反馈意见，如一个广告投放出去，采用传统营销渠道是很难看到用户反馈的，或者仅有的反馈也是单向的或不及时的，很难达到预期效果；有了社群后，企业可以将用户放在社群里集中管理，并通过群打造更好的互动场景，使企业和用户有充分的交流机会，从而为决策优化、解决问题奠定基础。

3.4.2　社群的优势

在移动互联网时代，以微博、微信为代表的社交应用整合了LBS、通讯录等功能，成为关系型社会中人际关系、社会关系深刻变革的中坚力量。在当前的关系型社会中，人际关系的拓展手段变得前所未有的便捷，社会关系的变革深度变得前所未有的深刻。

基于社群的便捷性，用户更易做出对商品或服务质量的动态评估，形成消费黏性和信任。用户已经从广播、电视、报纸迁移到互联网，从PC互联网迁移到移动互联网，从门户网站迁移到社群。对于企业营销而言，这既是一个巨大的挑战，也是一个千载难逢的机会。移动互联网时代，利用社群来辅助营销有很多优势，最大的优势就是可以增强交互性，拉近企业与用户之间的距离，强化用户黏性。

其优势具体表现在以下5个方面。

1.　使供求更对称

社群可使营销供求更对称，用户出现在哪里，企业营销活动就会出现在哪里。在社群出现之前，优质的媒体资源基本上都被电视台、广播、报纸、门户网站垄断，企业重大营销活动基本上只能借助上述媒介进行扩散。这使供与求很难保持一致，虽然企业在电视、广播等媒体上投放了广告，但针对的群体是不特定的，甚至不知道有没有人能看到广告。

微博、微信等社交平台的出现改变了这一现状，微博、微信支持现场播报，"文字+图片+视频+音频"的方式使广告传播能够及时、迅速地到达特定人群那里。此外，还可以设置一对一的精准推送，传播效果更佳，使供求更对称。企业之所以争相与微博、微信等社交平台展开合作，原因就在于这里是很多人获取资讯的第一阵地。由此可见，社群是企业最佳的宣传阵地。这个资源是源源不断的，是可以有效控制的，是成本低廉的。

2. 可精准定位目标客户

社群可使具有相同或相似需求的人最大限度地集中在一起，这是一个筛选的过程，并不需要付出太大的成本，如移动互联网基于地理位置的特性，可搜集很多用户信息，包括年龄、性别、地址等表层信息，以及极具价值的深层信息。企业可通过对这些信息进行分析，有效判断出用户的喜好、消费习惯及购买能力等，精准定位目标客户。

3. 传播范围更广泛

社交媒体的传播范围更广，任何信息都可像裂变一般扩散、蔓延。企业一旦发布有价值的信息，就有可能被众多"粉丝"自发传播，并通过"粉丝"的"粉丝"再继续传播，像滚雪球一样持续下去。这些"粉丝"，或与"粉丝"相关的人很可能就是潜在消费者，抓住了他们，也就抓住了市场。这样一来，离企业的最终目标——盈利还会远吗？

而在传统传播模式下，传播既费时、费力、费钱，又有可能造成很大误差，如老用户帮忙拉新用户，尽管也会给予老用户一定的奖励，但实际操作起来却不太容易。这就是社群营销为什么能在短时间内获得如此大的成绩和影响力的原因。

4. 低成本获得组织宣传

低成本获得组织宣传，关键在于充分发挥社群的力量。利用社群，企业可以以很低的成本，组织起一个庞大的"粉丝"宣传团队。那么，这些"粉丝"到底能带给企业多大的价值呢？如魅族手机拥有一支规模庞大的"粉丝"团队，数量众多的"魅友"成了魅族手机崛起的重要因素。每当魅族推出新品或发起营销活动时，总有一些铁杆"魅友"奔走相告，广为宣传（这些铁杆"粉丝"就是意见领袖，具有很大的号召力），而这些几乎是不需要成本的。

5. 可对舆论进行监控

社群的最后一个优势是可以帮助企业低成本进行舆论监控。这主要表现在企业需要进行危机公关时。因为任何一条负面消息都是从小范围开始扩散的，只要企业能随时进行舆论监控，就可以有效降低品牌危机产生和扩散的可能。

3.4.3 构建社群强化社交关系

互联网从客观上为人与人之间建立更为频繁的联系奠定了基础。在人们使用网络进行沟通、交流的过程中，有着同样需求、兴趣爱好、心理倾向、行为习惯的人就会更紧密地联系，形成一个"特定"的群体，即社群。

社群可形成强有力的凝聚性，使人与人的关系得到进一步强化，在互动过程中更有信仰、更有情感、更有原则。社群的发展是个循序渐进的过程，具体的发展历程如图3-9所示。

图3-9 | 社群的发展历程

类似于BBS这样的早期社群基本上都是以社交为中心的，组织相对松散，缺乏无缝的连接管道。这时的社群更多关注的是社交行为本身，真正涉及商业化的东西很少。换句话说，就是只有社交，没有经济效益。而企业想要的社群，是建立在能产生经济效益的基础上的。

2009年，微博的出现是社群经济走出"蛋壳"的标志性事件。凭借自身强大的门户影响力、丰富的内容资源，新浪大力打造了微博这一有别于传统媒介的全新社交网络平台。在新浪的强力推动下，全国各领域的精英、意见领袖、企业、从业者开始玩起了微博，同时，Twitter发明的"Follow"按钮改变了中国社交网络的版图，单向、双向可选择的关注模式让社会精英阶层全面进入社交网络。自此，中国的社交网络更接近于现实中的人群结构分层和信息流动机制。

微信使人与人之间的联系更紧密，腾讯对微信的定义是"连接一切"，意思就是促进朋友与朋友的情感连接。大家在微信上晒工作、晒生活、晒个性、晒兴趣爱好，与远在他乡的朋友互动，拉近彼此的关系。

利用以上平台，企业可构建社群，利用社群的强社交关系进行营销。

构建社群已经成为企业进行移动营销的主要方式，但社群的构建并非那么简单，很多时候企业都是空有热情，最终结果却远远低于预期。想要做好社群，就必须辅以科学、合理的管理，运用高超的策略，创造出社群价值，树立良好的口碑，赢得用户的信赖。

3.4.4 构建社群的4个要点

简单地说，社群就是一个群，但又不仅只是一群人的集合，不是单纯元素的积累。社群有自己的表现形式，所有元素之间都发生高频的交互关系。也就是说，社群要有它的社交关系链，促使大家自动、自愿地聚合在一起。

那么，企业如何构建社群的关系链呢？至少要做好以下4个方面。

1. 做好社群定位

社群不能盲目追求规模化，而要准确定位，划定范围，走个性化、小众化之路。在对社群进行定位之前，先要了解社群的分类及企业自身的性质。

不同的社群，玩法不同，吸引的用户也各不相同。因此，在建立社群时，首先要明白自己应建立何种性质的社群，是情怀型还是利益型？是产品型还是服务型？是品牌社群还是用户社群？定位好了，才能知道自己要吸引什么样的用户，由此才能开展精准营销。

2. 吸引精准用户

要想做好精准营销，就要吸引精准用户。对于产品型社群更是如此。产品不可能面向所有人。没有准确的用户定位，产品本身要么太平庸没有卖点，要么是市场竞争激烈、利润所剩无几的大众产品。

因此，每个推广人员都应该对自己的产品进行细致的用户分析。这种分析跟线下开店的市场调研类似，就是要了解目标用户的地域分布、消费习惯、工作收入、年龄范围、兴趣爱好及生活环境等。

在目标用户的锁定上，建议在自己的"中关系"中去寻找。每个人的社交关系基本上可以分为强、中、弱3层。强关系指的是个人的社交网络中同质性较强，人与人的关系紧密，有很强的情感因素维系着的人际关系，如亲戚、朋友、同学、同事等。弱关系的特点是人与人之间的关系并不紧密，也没有太多的感情维系，即所谓的泛泛之交。中关系是介于两者之间的关系。这类人相对强、弱关系的人来说可开发的机会较多，而且有信任的基础，是可以通过沟通、交流培养的目标用户。

为什么要强调中关系？这是因为这类群体最容易被攻破，一旦跨过信任壁垒，做了第一笔交易，他们将会成为你最稳定、长久的客户。所以，每个推广人员都应积极开发自己的中关系。中关系可以是强关系的裂变，如亲戚的朋友、朋友的朋友；也可以是弱关系的转化，如通过泡论坛、发博客、发微博、聊QQ群等，把陌生人转变为朋友。

将这些人聚集在社群中，并积极进行社群营销，将会带来意想不到的效果。

3. 主动发起话题，制造话题营销

对企业而言，为社群提供好的产品和服务固然重要，但同时也需要不断地制造话题，用话题来为社群和产品提升人气，继而快速提升魅力，树立正面形象，建立起社群和"粉丝"之间的相互信任关系，为社群品牌和产品尽快在大众心目中树立良好的口碑打下坚实的舆论基础。

在选择社群营销策略时，企业不妨先从话题营销入手。企业要有制造话题的意识，要善于在话题中阐释自身经营理念，宣传产品性能和特点，引导"粉丝"参与的热情，使之积极、主动地参与互动。

制造话题时有一个非常重要的技巧需要注意，即制造热门话题，从而快速集聚起超高人气，使社群更活跃，社群相应的产品和服务自然就会获得更高的曝光度，也更容易被目标用户接受。

4. 有效的引导

既然面对的是群体，就必须制定并严格执行一定的规则、规范，才能使社群长久生存下去，不然只会像一盘散沙，徒有其表。有很多企业是抱着做专业社群的美好愿望开始的，但最终社群要么成了"僵尸群"，一言不发，要么成了"灌水群"，聊些无关紧要的话题。

究其原因，都是因为群内缺乏引导。俗话说"国有国法，家有家规"，社群也要有自己的群规。社群的稳定发展需要严格的规则限制，如社群的形态要一致，群内部的行为规范应统一等；否则，大家在一个群里做各种无底线的事情，只能把氛围搞坏。

杭州一城游构建的青青果园微信群，设有严格、完善的社群管理体系，包括建群的群规、人员分工、用户分享、利益规则等。规则中明确说明了社群的目标和价值观：青青果园微信群是以更高品质、更低价格，为新生代中产阶级品质生活提供所需产品和服务的平台。

在人员分工上，杭州一城游团队在认真分析后也做了明确规定，如在群规中明确写出了"本群采取'管家+小鲜专属'客服方式"。也就是说，每一个水果连销超市微信社群的管理人员一般需要两个人，一个是管理员，另一个是小秘书。管理员统领大方向，做最终决策；小秘书负责日常具体的事务执行和沟通。两个人互相配合，以便更好发挥作用。

除此之外，群规还对如何服务客户（如遇到购买、物流、售后问题如何处理）、群内分享的内容主题、邻里互助的注意事项等，也同样做了明确的规定。

规则是社群运营的基础，在良好的规则及运作机制下，管理员的管理也更加省力，社群成员更加信服。规则需要明确地提出来，用文字的形式约定。当然，并非所有的规则都需要文字来规范，更多的是一种共识。因此，要注意对群成员进行引导。

（1）人员引导

除了群规，最有效且必要的就是管理员的人工引导。大家都能体会到在一个社群中，不良言论的影响力远远大于对产品的夸奖，危机公关和言论引导在社群组织中十分重要。如果把社群看作一辆汽车，那么管理员就是司机，需要不断地调整车辆前进的方向与速度，确保驶向目的地。

人工引导并非单纯地依赖管理人员，事实上，每个活跃的社群群体都拥有领袖式的成员。此类成员通常是早期核心成员，有较大的表达欲望，且相对其他成员拥有较大话语权。此类领袖式成员对于社群的拉动和引导作用是十分巨大的，企业运营社群时，应该联合、拉拢这类成员进行示范引导，让社群不偏离最初的定位及主题轨道。同时，所谓"人以群分"，领袖成员的特征很大程度上决定了一个社群未来加入的成员特征，社群成员对领袖式成员的信任也反映了其对产品和品牌的信任。

（2）活动引导

活动引导是一个社群保持活跃度的必要选择，这在产品类社群中体现得尤其明显。活动不仅是一种宣传拉新、增强成员黏性、提升活跃度的有效手段，还是一种引导社群主题的有效方式。在活动的预热和进行期间，群内的讨论话题和日常交流大多会以活动内容为中心发散。

我们从小米的社群运营中就可以看出，小米在手机的调研、开发、宣传等各个环节上都举办了大量的线上、线下活动，在用活动强势引导社群内部话题的同时，还极大增强了社群内部"粉丝"间的交流，"粉丝"的参与感形成了"米粉"的自发传播。

3.5 产品思维

案例导入

盒马鲜生是一家以销售、配送生鲜为主的超市，但又不完全等同于传统超市。它的特殊之处在于对产品的极致运营，主要表现在产品定位和营销策略上。

在产品定位上，盒马鲜生主营半成品、成品及海鲜，并通过快速配送（盒马鲜生最大的优势就是快速配送，门店附近3公里范围内，30分钟即可送货上门）在消费者心目中树立品牌形象，帝王蟹、牛排、波士顿大龙虾等都已成为其招牌产品，大大满足了现代年轻人的消费需求。

在营销策略上，盒马鲜生主打移动端，重点吸引移动端用户。盒马鲜生多开在居民聚集区，下单购物需要下载盒马App；盒马鲜生只支持支付宝付款，不接受现金、银行卡等任何其他支付方式。也正是因为这样的营销策略，来自移动端的消费者很多。据盒马鲜生官方统计，大多数店铺线上订单比例高达70%，远高于传统超市。

消费者在App下单后，超市销售人员会根据订单第一时间配货。他们人手一把"扫描枪"（一种数字化管理的重要终端设备），对货品逐一扫码。从货架上取下货品时要扫一下，放入包装袋时也要扫一下，留作送货人员验证的凭证，以保证货物、送货人、消费者的对应。

系统会自动将选好的货品送进负责仓储和物流配送的后仓整合打包，这个过程会在3分钟内完成。货品从后仓运出来后，系统同时也为外卖小哥计算好了送货的路线和送货地点的先后顺序，外卖小哥扫一下货箱即可送出。这种基于先进算法的技术，大大提高了物流的效率。

从以上可以看出，盒马鲜生绝不是普通的超市，与传统电商及线下商超大不相同。在充分利用大数据、移动互联网、物联网等技术的基础上，盒马鲜生构建起一套完善的运营系统，包括物流、门店、App、会员、支付、营销。如今的盒马鲜生已发展成为集生鲜食品超市、电商、餐饮和物流配送于一体的多业态商业集合体，实现了线上线下的真正一体化。

案例点评：

盒马鲜生这种线上线下一体化的新零售模式，不仅让消费者切身体验到其中的方便、快捷，更让业内刮起了一阵新零售的旋风。尤其是其提出的"3公里最多30分钟送达"的口号，更让人惊叹不已。

对消费者来说，一款产品如果仅是"有用"，那至多是个普通商品；在移动互联网时代，一款产品还需要能让消费者发自内心地喜欢、迷恋，才能引发购买。移动互联网时代，许多传统产品模式都被颠覆和重构。移动互联网时代的用户，需求呈现出个性化、小众化的趋势，这对产品提出了更高的要求，对企业来说也是很大的冲击。

做产品，已经不仅是保证产品本身的质量那么简单了，产品还要符合移动端消费者的需求，涵盖品牌文化、用户体验等方方面面。

3.5.1　抓消费者痛点需求

移动互联网时代的产品必须具有高体验度，能引发强需求，能迅速抢占消费者的心智资源。这主要是因为消费者的购物场景发生了重大变化，更多转向了移动智能设备（如手机），其屏幕比计算机界面小很多，更比不上线下的大卖场，那么购物体验也肯定不一样。屏幕越小，注意力越稀缺，仅靠产品的数量、价格等优势已经无法再吸引消费者的注意力。此时就需要企业在产品思维上下一番功夫，注重个性、注重体验，抓痛点需求。

这就要求企业在设计、研发、生产与销售产品时，必须以消费者需求为导向，点燃消费者的兴奋点，解决消费者的核心问题。

如在打车问题上，滴滴出行真正触到了消费者的痛点需求——打车难。对于打车一族来说，找车是一大难题，想打车却不知道司机在哪里。滴滴出行利用"移动互联网+地图"功能对线路进行优化，解决了这一难题，吸引了大量消费者。

ofo共享单车之所以深受消费者青睐，也是因为解决了"最后一公里"的难题。想去公交车、出租车无法到达的地方，或短距离出行，完全可以骑车完成，健康、环保、安全；同时，ofo共享单车支持移动支付，简单、便捷。

以上案例都表明，做产品关键是做痛点需求，给消费者以极致的消费体验。至于价格就不是最重要的了，很多产品都超出了常规产品的价格，但依然卖到爆。因此，做产品需要抓住以下3个关键。

1. 你是谁

你是谁，即产品定位是什么，能解决消费者的什么问题。具体内容包括产品名称、品牌定位、品牌形象等。人都希望有个好听的名字，以给人留下难忘的印象，产品也是如此，好的定位非常重要。以三只松鼠为例，作为一个典型的互联网食品品牌，三只松鼠设计了3只活泼可爱、形态各异的卡通松鼠形象，真正做到了深入人心，尤其是在年轻消费者心目中形成了特定的标识。

2. 明确消费者群体需求

成功的产品，都有一个共性——决策者可以很清楚地描述它的消费者，了解消费者的生活形态和生活轨迹，知道他们害怕什么、喜欢什么、使用产品的目的是什么等。产品的打造一定要围绕核心消费者人群，打造爆点，让核心消费者人群尖叫了，才会产生口碑，才会引爆大众传播。

作为一个主打袋装坚果的互联网食品品牌，三只松鼠面对的消费人群与传统线下散装坚果市场消费人群有着明显的区别，主要是年轻的都市白领、大学生等，这类人群的第一层次消费需求是"给生活添加乐趣"。于是，三只松鼠逐渐从大市场中细分出适合自己生存的消费市场，将目标聚焦于大学生、办公室白领及"宅人"年轻一族。

3. 设计消费场景

卖的东西很实惠，但却无法激发人们的购买欲望，为什么？这是因为没有把消费者带入一个特定的场景里去。产品必须有一定的消费场景。所谓消费场景，是指"消费者""消费时间""消费空间""动态行为""心理描述"五者的综合体验。换句话说，就是将"什么人""在什么时间""什么地点""如何使用了某款产品"，以及"使用这款产品的动机是什么"描述得越具体、越生动，消费场景越真实，最终展示时越能打动人。如果产品的卖点与消费者的关联并不密切，就无法击中他们心中柔软的部分。

值得注意的是，走小众需求并不意味着就是对大众消费的偏见，如民族风饰品、艺术品，以及马术俱乐部、高尔夫俱乐部等小众产品，虽然是满足小众需求，但却能和强需求结合，避免与大众的产品正面对抗。

3.5.2 做好产品的每个细节

互联网时代是产品过剩的时代，大多数商品处于供大于求的状态。当市场趋于饱和时，依靠大而全的策略已经很难打开市场。取而代之的是瞄准一类、精雕细琢、做好每个细节的极致产品，最典型的有苹果手机、小米手机、特斯拉汽车等。

乔布斯是个完美主义者，他对产品的极致打造，反映在对每个细节的精雕细琢、尽善尽美上。正是有了这样的产品思维，那些"触动人心""令人尖叫"的苹果产品才会层出不穷。与之形成鲜明对比的是，有些企业恰恰是由于不注重细节，导致很多产品刚上市即"死"，或"死"在上市前，给企业造成了严重的损失。

2010年5月，微软推出了两款全键盘手机KIN ONE和KIN TWO，定位是面向15～30岁年轻用户的"社交手机"。

这两款手机以Windows CE操作系统为支撑，首次采用了名为KIN Loop的全新主屏幕，能显示来自Facebook、Twitter或MySpace的动态更新。此外，它们还提供了云存储服务（通过KIN Studio）和微软的Zune音乐服务。

微软当时信心满满，自豪地宣称："社交网络真正融入了这两款手机中。"这两款手机首先在美国独家发售，两年合约价格分别为50美元和100美元，前提是用户必须购买Verizon的数据流量套餐。

然而，令微软没想到的是，这两款被寄予厚望的手机却成了"上市即死"的失败品。据悉，上市之后第一个月里仅售出了500部。惨不忍睹的销量迫使微软在不到两个月的时间内就宣布将其停产，并且取消了欧洲的发布活动和未来推出新机型的计划，从而导致投资在KIN项目上的5亿美元资金白白受损。

KIN手机为何会遭遇如此惨败呢？微软后来曾对此做过总结，一是因为Verizon的宣传不力；二是由于KIN自身存在不容忽视的问题。例如，应用商店、游戏、日历、导航、预测输入法、即时消息等这些当时已被视为手机"标配"的应用在KIN手机上都没有体现；再加上不合理的定价，KIN手机自然很少有人问津。

可见，无法迎合消费者需求是致命的。"粉丝经济""粉丝传播"是互联网时代网络营销的主要特征，在互联网时代，做营销首先要打通的就是"粉丝"这条"路径"。例如，苹果的"果粉"、小米的"米粉"，都是通过朋友圈、微博迅速传播信息的。而他们之所以愿意为产品摇旗呐喊、主动传播，并愿意与自己身边的人分享，原因就在于他们所忠诚的产品能够带来好的体验。

因此，在日益激烈的市场竞争中必须用产品思维去做产品，要么第一，要么唯一，做好每个细节。这些细节具体包括以下几个方面。

1. 做主流产品下的细分产品

所谓的"做主流产品下的细分产品"，并不是特指昂贵的产品，更不是跟风做主流产品，而是要做具有潜在需求的产品。做主流产品下的细分产品，应重点关注消费者的潜在需求，以解决消费饥渴与产品不足之间的矛盾。

2. 抓大众需求下的小众需求

在意大利，有个地方的红酒每年只有700多瓶的产量，每瓶的价格都不菲；一家北京珠宝店专做私人定制产品，一年只做几款，在业界却声名大振。这都是小众需求的魅力。

在个性化需求日渐兴盛的时代，大众需求逐渐失势，小众需求抬头。但如何抓住小众需求，还需要着眼于大众需求，做大众市场下的细分市场，抓消费者痛点。

3. 既要品质又要颜值

其实这里指的是商品的视觉化。套用一句曾经的广告语，就是"好吃看得见"，实际上就是要打造魅力型产品的意思。企业一定要引入形象设计的概念，把形象设计师纳入产品设计团队。当然，这已经是苹果的标志做法了。品质视觉化，要求产品在"第一眼"就能形成与传统产品的巨大反差和强烈对比。

消费者是挑剔的，产品的任何一点瑕疵都有可能毁掉其在消费者心中的形象。微软的KIN手机之所以失败，没做好产品体验是主要的原因之一。因此，企业做产品必须做精、做细、做到极致。

消费者的挑剔，从表面上看是对产品的高要求，其实反映的是对企业的高要求。这是当前市场的整体现状，作为企业需要做的就是用最好的产品和服务获得消费者的认可和忠诚。互联网世界里只有"第一"，没有"第二"，只有好的产品才能黏住消费者，也只有好的产品才能在市场中取得竞争优势。

3.6 大数据思维

案例导入

Morton是芝加哥一家非常有名的牛排连锁店，这家连锁店利用大数据推出的长途送餐业务，深受食客的欢迎。

如一位华盛顿的食客在线上订购了份牛排，需要送到纽约Newark机场的某酒店，而事实上他要结束一天的工作后才能抵达该处。Morton接到订单后不会直接进入送餐流程，而是先根据各种数据进行简单的分析。如根据连锁店内部数据系统发现该食客是本店的常客，曾在其他店多次订过餐。通过这些数据可以进一步了解到对方喜欢的口味，是否需要搭配副食，是否还需要一杯果汁（赠送）。再如，通过Twitter上的数据，Morton还发现了其所乘的航班、到达机场的时间等。这足以保证该食客一入住酒店，身着燕尾服的侍者就会准时出现，为其送上晚餐。

案例点评：

移动互联网的快速发展带来了大数据，大数据反过来驱动各类移动互联网应用的加速演进。在可以预见的未来，移动互联网的下一个目标将是进军大数据，通过对大数据的充分挖掘创出更多新的应用，催生更多的新业态，为人们带来更多的便利和惊喜。

3.6.1　大数据的价值

大数据是客观存在的，我们正处于被海量数据包围的大数据时代。如1分钟内，微博、微信上新发的数据量超过10万次；社交网络Facebook的浏览量超过600万次……这些庞大的数据意味着什么？在内行人眼中价值堪比黄金。

大数据产生于PC互联网和移动互联网，利用互联网技术，企业可以搜集、积累各种数据，从而服务于用户，服务于市场。信息时代，"数据"为王，对于企业而言，谁掌握了海量数据，谁就拥有了竞争主动权，谁就可以获得高额收益。

这种全新的思维观，深刻影响了整个社会，开启了一次重大的时代转型。大数据时代，运用大数据思维来思考问题、处理问题，已经成了当下企业最潮流的运营思维。因为只有掌握了大数据思维，才能在大数据时代引领风骚。有鉴于此，企业在进行移动营销时必须重视大数据，运用大数据思维做决策。

大数据思维对移动营销的作用体现在以下4个方面。

1. 精准锁定目标用户

想钓到大鱼就必须到鱼群最多的水域，而如何找到鱼群最多的水域呢？前提是对整个水域要有长期的调研、精准的分析，搜集大量数据。企业营销就像钓鱼，目标用户就是鱼群，借助大数据能精准地锁定鱼群最多的水域，并对鱼群质量进行分析。

数据能告诉企业每一个用户的消费倾向，如他们想要什么、喜欢什么、每个人的需求有哪些区别。

美国某一电商比价平台实时提供大量对比数据，帮助人们做出购买决策。登录该平台，用户便可快速了解什么时候可以买到什么产品，什么时候购买最便宜，以及产品的价格趋势。支撑这一切的就是大数据。该平台在全球各大网站上搜集数以十亿计的数据，然后通过一定的算法进行精准的计算、分析，从中为用户的采购找到最佳时机，降低交易成本，实现更多价值。

又如，游戏类应用在正式推出之前往往会进行内测，其目的就是确定目标用户。那么如何锁定目标用户呢？最常用的方法就是先通过网上调查，搜集各个消费群体的数据，然后对所掌握的数据进行整理、分析，归纳总结后得出最终结论。

再如，某企业需要了解女性用户的消费潜力，应该怎么做呢？首先搜集她们的日常消费数据，然后依据特定的标准（如年龄、性别、消费取向等）加以划分，进一步分析、鉴别，即可圈定出最具购买潜力的人群，如25~40岁群体。这样，企业在做广告时针对性就会更强，效果也会更好。

2. 对市场进行细分

锁定目标用户群体后，就需要对相应市场进行细分，挑选出最有价值、潜力最大的领域。移动互联网的发展催生了细分市场的繁荣，随着细分市场的进一步发展，产品垂直化运营的趋势越来越强。以后我们看到的产品会更加细分，一个产品针对的可能仅是一小部分人的精准需求。

以女性市场为例，女性市场是一个很庞大的市场，下面的细分市场很多，如购物、美容、母婴及健康管理等，每个细分市场如果深入挖掘都有很大的潜力。

以大姨妈——一款专门致力于女性经期管理的移动App为例，这款移动App以经期健康为核心，以关爱女性健康为己任，因定位十分精准，深受中青年女性的青睐，上线不足1年，累计注册用户已高达680万。

可见，在市场定位上也要尽量缩小范围，圈定特定需求，而做好这些工作的前提则需要大量的数据支持。

3. 连接应用、内容和服务

用户看重的不仅是产品本身，更看重产品所连接的内容和服务。移动营销依托的是移动（智能）设备，然而设备再高端没有服务也无法满足用户需求。高质量的服务哪里来？答案是大数据，在掌握大数据的基础上，企业可根据用户需求有针对性地提供或创造。

数据能够让企业更好地了解客户需求，提供个性化服务。

亚马逊的音箱设备Echo，最吸引人的就是其对话式的电子商务服务；谷歌的Nest，虽是温度、湿度控制设备，可用来控制家里的温度、湿度，但人们购买它并不是为了当温度计用，而是享受家庭环境的管理服务；同样，车载设备喜马拉雅，表面上看只是一个播放器，实际上是用来听有声书刊的，而听有声书刊才是用户的核心需求。

所以，设备、应用、内容、服务一体化贯通已经成为大势所趋，这种趋势就是大数据的未来，就是移动（智能）终端的未来。在移动互联网时代，仅提供硬件设备已经无法满足客户需求，连接应用、内容和服务才是大势所趋。借助大数据、人工智能等技术，用户能够体验到更多、更人性化的服务。

4. 及时反馈营销效果

大数据的运用还表现在对结果的反馈上，根据反馈结果，企业可以反观整个营销过程中的不足和问题，制订科学、完善的改进方案。

以滴滴出行移动App为例，2014年是其悲喜交加的一年，喜的是订单大增，从35万一跃升到600万；悲的是移动App服务器差点崩溃。尽管按照软件当时的架构，日订单量再翻1倍也没有问题，但用户体验会下降很多。直接反映就是用户无法成功下单，司机也抢不到单，从而直接导致这个应用出现了服务器的"卡壳"，没有耐心的用户甚至干脆关掉、退出。

这么差的用户体验，根本原因在于后台构架设计不合理，没有合理运用大数据。当时，滴滴用户已超过1亿，相比2013年，月活跃用户增长了600多倍，但订单成功率增长幅度却没那么大，只提高了90%。这个数字相比600倍的活跃用户增长量，相差极为悬殊。通过这一数据对比，可以判定其后台服务器已经达到了峰值，无法正常运转。

3.6.2　大数据分析法

大数据是众多数据的积累，但绝不是简单的叠加；大数据是海量的，但核心并不在"大"，而在于"有用""价值高"。正是有了有用、有价值的大数据，企业才能利用、分析这些数据，并以此为基础挖掘出更多的机会。

因此，企业必须对大数据进行整理与分析，以实现数据从量到质的转变。比较常用的大数据分析方法有以下3种。

1．可视化分析

所谓数据的可视化分析，是指将数据加以收集、筛选、分析、归纳、组合，通过不同的展现形式提供给用户，帮助用户发现不同数据之间的关联信息。可视化分析最大的优势就是可直观呈现大数据，使复杂的数据如同看图、说话一样简单明了。

大数据可视化分析的优势如下。

（1）实时性：数据可视化分析充分适应大数据时代数据爆炸式增长的需求，更新速度快、周期短，紧随市场形势变化。

（2）操作简单：数据可视化分析系统开发快速、易于操作，同时也便于用户的理解。

（3）展现形式多样化：数据可视化分析提供了更丰富的展现形式，能充分满足数据展现的多维度要求。

（4）多种数据集成支持方式：数据的来源并不限于数据库，还可以运用数据可视化工具，以互联网协作、数据仓库、文本等多种方式提供。

2．数据挖掘算法

数据挖掘是大数据分析的核心，进行数据分析离不开数据挖掘算法。所谓的数据挖掘算法，是指根据数据创建数据挖掘模型，并对其进行计算的方法。具体算法有多种，各种算法都是基于不同的数据类型和模式的。

这些算法能更加科学地呈现出数据本身的特点，深入数据内部，挖掘出公认的价值。数据挖掘比较常用的算法有C4.5、K-Means、Apriori、GSP和AdaBoost等。

3．预测分析

大数据预测分析（Big Data Predictive Analytics）是大数据分析中的重要一环。同时，这也是大数据分析中一项极端困难的任务。实施成功的预测分析非常困难，非普通的分析人士所能完成。

做好大数据的预测分析，需要具备以下4个条件，如图3-10所示。

（1）高素质的分析人士。

大数据预测分析对分析人士的要求非常高，分析人士首先需要拥有数学、统计学等多个领域的知识，同时也需要理解业务需求和业务目标，能审视数据，并围绕业务目标建立预测分析规则。例如，分析人士需要了解如何提高电子商务的销售额、保持生产线的正常运转、防止库存短缺等

（2）保证数据的质量。

数据是预测分析的"血液"。数据通常来自于企业内部，如客户交易数据和生产数据。同时，补充外部数据源也是必不可少的，如行业市场数据、社交网络数据和其他统计数据。与流行的技术观点不同，这些外部数据未必一定是"大数据"，数据中的变量是否有助于有效预测才是关键所在。总之，手里的数据越多，相关度和质量越高，找出原因和结果的可能性越大

（3）熟练运用各类软件。

必须借助预测分析软件来评估分析，预测分析软件通过整合统计分析和机器学算法发挥作用。IBM SPSS和ISAS是两个常用的分析软件，R语言则是一个非常流行的开源工具。如果数据量大到"大数据"的程度，那么可能还需要一些专门的大数据处理平台或数据库分析机

（4）有科学、严谨的预测思路。

大数据预测是一项非常复杂的系统性工程，需要分析人士具有科学、严谨的思路。思路一旦错了，方法再好也无用

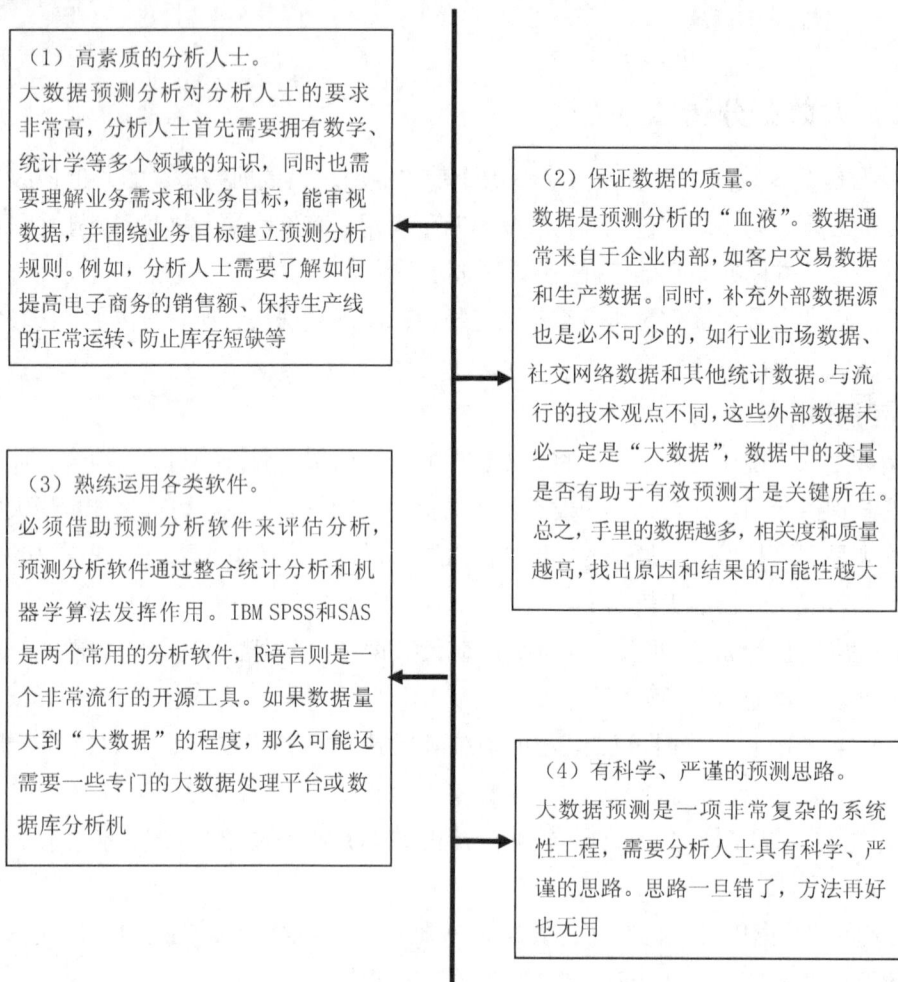

图3-10 ｜ 大数据预测的4个条件

以上3种方法是大数据分析的最基本方法，运营者可根据数据的类型和特点，以及实际需求进行有针对性的选择，对大数据进行更加深入、更加专业的分析。在此需要指出的是，如何抓住大数据并从中获取商业价值，目前仍是业界的一个难点，在很多方面，应用还非常有限，或者只局限于简单的应用。也就是说，大数据这座"金矿"还远远没有被开发出来，需要更有效的科学引导和挖掘。

第4章
实施和执行移动营销的5种策略

移动营销一旦进入实战阶段，就需要科学、合理、严密的营销策略来辅助。所谓营销策略，是指企业以用户需要为出发点，根据经验获取用户需求量以及购买力等信息，有计划地组织各项经营活动。本章从"粉丝"打造、"病毒"传播、社群构建、自媒体平台的运用、社会营销5个方面进行详细的介绍，基本囊括了移动营销运营的整个链条。

4.1 打造忠诚的"粉丝"

聚美优品是一家化妆品限时特卖商城，致力于为年轻消费者提供产品和服务，吸引了很多忠诚的"粉丝"。

聚美优品在"粉丝"打造上有自己的一套"独门秘籍"。很多人也许还记得其总经理陈欧亲自代言的那则广告，极具创意，不仅使"粉丝"记住了陈欧这个人，也让聚美优品这个品牌真正走进了消费者的心中。

为了更好地适应移动端"粉丝"的需求，聚美优品充分利用了微信。聚美优品的微信营销大致是这样的玩法：收集用户的意见；做好分析，进行产品分类；按照不同分类，向"粉丝"发送相应的内容。

聚美优品及时收集"粉丝"的反馈意见，安排专人针对"粉丝"最感兴趣、最关心的问题进行回复。同时，根据"粉丝"的反馈意见，进一步优化购买流程。为"粉丝"设置的微信导购，可根据"粉丝"的不同肤质和具体需求，发送相应的产品推荐或二次细分，如按照肤质再细分，给予更合适的产品推荐。这使"粉丝"购买起来更方便，省时又省力。

发起有奖问答或测试活动，也是当下微信营销常用的方法之一，也就是把正确答案作为下一道题的关键词，而"粉丝"要想知道正确答案，则需要到官网了解商家的信息，以此加深"粉丝"对品牌的了解。不过，聚美优品在这个环节非常创新地做到了另外一点，即鼓励"粉丝"拿到奖品后到微信上晒单，由商家帮"粉丝"转发。这一点非常值得借鉴。

案例点评：

聚美优品精心打造"粉丝"的案例表明，在移动互联网时代企业必须坚定不移地走"粉丝"路线，依靠"粉丝"来扩大品牌影响力，提升市场占有率。

这是一个用户主导市场的时代，一个"无'粉丝'不营销"的时代。"粉丝"是一个企业、一个品牌赢得市场竞争的基础，其数量与忠诚度直接反映了品牌的影响力、号召力。那么，"粉丝"的这种数量和忠诚度优势是如何体现的呢？这主要体现在传播力和消费力上，企业给"粉丝"创造产品和服务，而"粉丝"给企业带来的是庞大的市场和经济利益。

4.1.1 没有"粉丝"，何谈营销

以往"粉丝"一词通常出现在娱乐圈，大红大紫的明星总会有不计其数的"粉丝"。

然而，随着互联网、移动互联网的兴起，商业圈也掀起了"粉丝"热。一些知名品牌、产品开始有了自己的"粉丝"，如小米的"米粉"、魅族的"魅友"、华为的"花粉"……各种名目的"粉丝"层出不穷。事实上也正是这些"粉丝"构成了消费的主力军，将企业营销推向了移动营销时代。

罗辑思维的创始人罗振宇曾说过："未来的品牌没有'粉丝'迟早会死"，这句话一度被当作至理名言。移动互联网时代，"粉丝"已经由"被动接受者"转变为掌握营销与传播的"主导者""参与者"。企业不但要追求"粉丝"的数量，还要重视与"粉丝"的互动沟通，鼓励他们积极参与。

未来企业可以没有自己的知名品牌，但必须要有自己的"粉丝"。没有知名品牌充其量知名度低一些，市场占有率小一些；但如果没有"粉丝"，就意味着产品彻底没有了市场。

开心网的"开心农场"游戏就是"粉丝""倒戈"下的不幸者之一。这是一个以办公室白领一族为主要用户群体的社交网站，用户可以在网站发照片、写日记、发帖子，记录日常生活的点滴。但它被大众所熟知，却是因为一款游戏——开心农场。

很多人一定还记得曾经风靡一时的"偷菜"游戏，这款游戏着实让很多网友迷恋了一段时间，尤其是白领、学生一族，很多都是其忠诚的"粉丝"，平时会抽出大把时间来玩，有的甚至在工作、上课的间隙，深夜不睡觉、凌晨早起，也要上网，就是为了去偷那么一两棵"菜"。

在"偷菜"游戏大量"吸粉"的同时，开心网也名声大噪。然而好景不长，后因游戏的创新不够，无法给玩家新的体验（追根究底，反映的是"粉丝"参与度低），很多人开始对千篇一律的"偷菜"失去了兴趣，有的还产生了厌烦心理。结果，短短一两年大量玩家就流失了。玩家的流失不仅直接导致"偷菜"游戏的衰落，也间接影响了开心网的声誉。

可见，没有"粉丝"的参与，企业将难以应对日益激烈的竞争。"粉丝"为什么会有如此大的价值，又是怎么产生的？"粉丝"的产生与互联网的发展息息相关，是互联网时代的特定产物。也就是说，互联网是产生大量"粉丝"的"土壤"，如果没有互联网就不会有"粉丝"。

微博是第一个产生大量"粉丝"的平台，也是"粉丝经济"的重要载体之一。大到世界五百强企业，小到几个人的微型企业，甚至国家机关，都很重视微博的应用，纷纷开通微博账号。

微博是一个高度开放的自媒体信息发布平台，每个用户既是信息的享用者，同时也是发布者。微博不仅信息量大，内容也极为丰富，且颇具特色。其内容极尽精要，又兼顾与人的关联，可满足人的不同需求。用户在浏览信息的同时，还可以通过关注、回复、网页链接、@ 和话题等发表自己的见解、评论，如图4-1所示。通过这些手段，企业就能一步步地建立起虚拟的人际网络，最终让用户发展成为忠诚"粉丝"。

图4-1 | 微博中的内容

综上所述，我们可以总结出什么是"粉丝"营销。所谓"粉丝"营销，是指企业利用优秀的产品或企业知名度，拉拢庞大用户群体作为"粉丝"；再利用"粉丝"相互传导的方式，达到营销的目的。

4.1.2 做好"粉丝"营销的两个关键

在移动互联网时代，"粉丝"的力量是巨大的，直接左右着企业的生死存亡。目前很多企业都在发力争夺这一重要资源，都希望借助这种低成本的资源获得营销上的最大收益。

"粉丝"营销是传统互联网时代的主要做法，在移动互联网时代同样重要。不同的是，移动互联网时代的"粉丝"营销有了很多变化，其中最大的一个变化就是移动性和碎片化。这就要求企业在做移动端"粉丝"营销时要善于结合这两个特征，围绕特定需求展开，千万不可"依葫芦画瓢"，仍沿用传统做法。

具体来讲，可从以下两个方面着手。

1. 注重内容有趣性

内容的核心就是解决做什么的问题，这也是开展任何营销活动首先必须面对的问题。在移动营销中，用户需求内容显得更加碎片化，但信息量却丝毫不能少，价值也不能降低。那么如何保证移动营销内容有足够的含金量呢？

（1）善于结合热点

结合热点能对提升内容的质量起到事半功倍的作用。具体做法是在内容中植入热点事件或相关关键词，保证内容的时效性，以对用户有足够的吸引力。

某品牌电动车利用微信公众平台开展营销时，在内容推送上就结合了大量娱乐焦点及热点话题，如文章中经常出现诸如《驯龙高手2》《小时代》等热映的电影标题，网络高频热点词汇也屡见不鲜。这些都令年轻消费群体倍感亲切，大大提升了文章的打开率、信息的曝光率。

热点事件的作用在于，不仅可以激发用户的好奇心和阅读欲望，更主要的是迎合了一部分人的阅读习惯。

（2）切中目标用户需求

移动互联网时代，生活节奏加快，时间更加宝贵，人们希望在碎片化时间来获取有价值的信息。在这样的背景下，营销内容在输出上一定要针对用户的具体情况，投其所好，将内容做得更加精练，更加有价值。

美丽说在微博、微信、QQ空间中经常给用户提供各种小技巧、小常识，切中了很多女性用户的痛点。如不会搭配衣服的问题，爱美女性的衣柜中总是有很多衣服，每件单拿出来也特别时尚、漂亮，但穿在身上就没那么完美了，关键就是不会搭配。针对这一需求，美丽说在微信公众平台适时推送一些衣服搭配的小文章，方法简单实用，大多数一学就会。

（3）去功利化

在信息过剩的时代，如果赤裸裸地推广产品、促销信息，结果很可能事与愿违。很多企业在拥有大量"粉丝"之后过于急功近利，大肆向"粉丝"推送产品或相关信息，结果导致"粉丝"大量流失。

做内容避免功利性太强。"粉丝"需要了解的不仅是产品，更重要的是产品背后的企业文化、品牌定位、核心价值观等。因此拥有"粉丝"之后一定要换位思考，站在"粉丝"的角度去考虑他们可能需要什么样的内容，而不是直接卖产品。

2. 通过活动提升体验

开展"粉丝"营销，本质上是从社交中挖掘红利，那么红利大小是由什么决定的呢？有这样一个公式：社交红利="粉丝"数量×互动次数×参与度。可见，要获取更多社交红利，必须大量积累"粉丝"，同时也要考虑"粉丝"与品牌之间的互动次数、参与度等。

增加"粉丝"量、互动次数以及参与度，最好的方法就是举办活动。活动形式有很多种，如交流性的、促销性的，线上的、线下的。

2016年，长安马自达举办了一系列主题为"Live it不辜负"的"粉丝"交流会，如"Live it 不辜负'粉丝'盛典""Live it不辜负'粉丝'沙龙"，并对外公布了"'粉丝'会员制度"。其中，"'粉丝'沙龙"是国内车企举办的首个用户峰会，全方位展示了长安马自达深耕"粉丝"群体、倾听"粉丝"心声的经营思维。

长安马自达的一系列活动在"粉丝"与企业之间搭建了一个沟通平台，从情感层面强化了"粉丝"与品牌的关系。为什么活动可以大大提升体验感呢？最主要的原因就是可以让双方产生互动。互动是提升体验的秘诀。很多企业在吸引"粉丝"之后，只有内容的推送却忘记了互动；即使有也只是冷冰冰的机器语言，如自动回复等，结果往往适得其反。

对"粉丝"而言，只有参与其中才能有所体验。对于参与感，雷军最有发言权。他曾经说过："从某种程度上讲，小米卖的不是手机，而是参与感。"实际上，参与感是提升品牌黏性和忠诚度的重要手段。为什么参与感如此重要？原因就在于在移动互联网时代，消费者的购买行为与传统的购买行为有了很大的不同，只有了解才能互动，只有互动才能分享，而分享才能带来新的销售力。

值得注意的是，参与过程仅停留在线上是不够的，还必须走到线下，让"粉丝"多在现场参与。现场参与是一种更加有效的互动方式，可让参与者近距离地、真切地感受到品牌、产品的价值。

▌4.1.3 如何打造忠诚的"粉丝"

在认识到"粉丝"对营销的重要性之后，接下来就是如何真正地拥有"粉丝"，并最大限度地发挥他们的作用。发挥"粉丝"的作用重在管理。对"粉丝"的管理主要有两种途径：一种是利用好社群思维，另一种是精细化管理。

1. 利用好社群思维

"粉丝"有鲜明的群体特征，这也是"粉丝"与普通消费者最大的区别。普通消费者购买产品之后绝大多数是独享，如王小姐买了一套化妆品，用后感觉很好，而她认为仅仅自己感觉好就够了，很少甚至不会与亲朋好友分享；而"粉丝"则不同，在用过之后，如果感觉很好，他们会去分享，让更多的人知道、体验。

普通消费者与"粉丝"这样一种迥异的消费状态，看似是个人差异，实则是理念的差异。普通消费者在消费过程中是相对独立的存在，他们的理念就是自我消费；而"粉丝"的消费是一个群体相互交叉的过程，他们的理念是群体消费或口碑消费。

这也是企业常常以社群形式聚拢"粉丝"的原因，如海尔的"粉丝"会，海信的"信封俱乐部"（见图4-2）。

图4-2 | 海信的"信封俱乐部"

社群十分有利于品牌的口碑传播，形成二次传播和多次传播。因此，对"粉丝"进行管理的前提就是打造一个社群，而做好"粉丝"营销的关键就是运营好社群。社群又不同于普通群，最根本的区别是必须基于一定的社交关系。社群是社交+群体的组合，人人网、微博、微信，以及其他社交平台上的群，背后都承载了多个社交关系网，并形成复杂的联系。总之，有了社交的群才能称为社群。

2. 精细化管理

为避免"粉丝"的流失，除了建立社群外，还需要对"粉丝"进行精细化管理。如果说社群只是把"粉丝""圈养"起来，储存起来，达到"量"的目的，那么精细化管理就是对"粉丝"进行"质"的提升，通过科学、有效的管理去伪留真、去粗取精。对"粉丝"进行精细化管理的流程如图4-3所示。

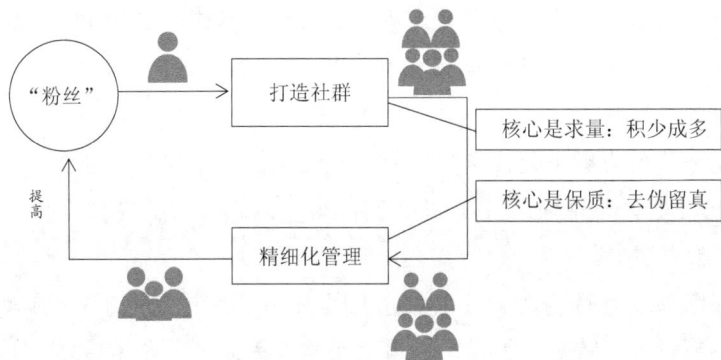

图4-3 | "粉丝"精细化管理流程

所谓精细化管理，就是在对"粉丝"进行管理的过程中要重视对其需求的挖掘，对数据进行积累、分析及应用，以达到对"粉丝"忠诚度的提炼。

对"粉丝"进行精细化管理首先要挖掘需求，找准"粉丝"的痛点，做痛点营销。"粉丝"对品牌、产品的接受程度一定是基于自身某一个痛点的。痛点营销现在是营销界非常热门的一个营销门类，尤其是互联网企业非常爱用。痛点是指消费者在体验产品或服务过程中，因没有达到预期效果而造成的心理落差或不满，这种落差或不满由于始终无法得到解决，最终形成了负面情绪。痛点营销正是基于这种"痛"产生的。

所以，要想抓住消费者的痛点，就必须抓住他们的核心需求，让其感觉到不得不买你的产品和服务。当然，人与人的痛点是有差异的，有的人可能单纯对各类优惠活动有兴趣，有的人则可能关注产品或行业的信息。只有在管理过程中不断记录每个互动"粉丝"的偏好（也就是将每个互动"粉丝"标准化），才能投其所好，通过"粉丝"的传播实现营销效果的最大化。

精细化管理还需要注重各种数据的积累与分析。在微博、微信等自媒体时代，不仅需要将"粉丝"标签化，同时还需要记录下"粉丝"的所有互动行为，既要知道是谁在互动，还要知道他们在什么时候互动、互动了哪些内容。为了得到更精准的结论，在后续的运营中需要不断测试，这样的结论才可能更接近于事实。

4.2 展开病毒式传播

案例导入

全球最有影响力的女性品牌之一——多芬曾推出过一部视频短片《我眼中的你更美》，据统计，推出后仅一个月观看量就突破了1.14亿。超高的观看量也极大地带动了多芬的品牌影响力和产品销量。

这部短片之所以能够获得如此成功，最大原因便是其病毒式的传播和扩散。为了让更多的人知道这部短片，官方将短片翻译成25种语言，在33个频道播放，全球超过110个国家和地区的用户都可以观看。

更重要的是短片的内容（人像专家与受访女性做了一个实验，证实一个女人在他人眼里要比在她自己眼里美丽得多）真正切中了目标用户的需求，促使很多人不断看、重复看，并主动分享和转发。

短片打动了很多女性的内心，在其推出后的第一个月就获得了380万次转发、分享，引发了线上一系列讨论。随后，纸媒、广播也竞相报道，又引发了一轮线下传播。

案例点评：

多芬的视频营销是病毒营销的一次巨大成功，利用多渠道的传播让产品变得无处不在，人人皆知。病毒营销的"杀伤力"在于让消费者自动传播"病毒"，通过相互"传染"主动对产品产生认同和购买兴趣。

4.2.1　病毒营销的概念及特点

移动互联网时代的营销唯有求变求快，才能迅速占领市场，占领消费者的心智。因此，及时、快速地向外推广是取得良好营销效果的重要保证。这就需要展开病毒传播。

病毒营销是一种利用公众的积极性和人际网络，让营销信息像"病毒"一样传播和扩散的营销方法。它能够像"病毒"一样快速复制，迅速传播，将信息短时间内传向更多的受众。

实验表明，"病毒"在导入初期真正的"低免疫力"人群其实很少，因为市场对一个新事物的接受进程总是循序渐进的。"病毒"的扩散也是一个逐步递增的过程，随着"病毒"的散播，"感染者"才开始大面积地显现。一旦"中毒"人群达到一定的规模，"病毒"本身所携带的产品和服务信息的作用就开始真正显现。受众一般都有爱屋及乌的特点，很自然地将自己对"病毒"的迷恋迁移到它所随身负载的产品或服务中去，从而形成产品或服务本身的自然销售。

网络上盛极一时的"流氓兔"证明了病毒营销的传播能力。1999年，韩国金在仁先生为某儿童教育节目设计了一个新的卡通兔形象，这只兔子没颜值，还诡计多端，爱占便宜，却成为商场中一款非常受欢迎的玩具。

后期"流氓兔"被制作成Flash，相继被发布在各大BBS论坛、Flash站点和门户网站中，吸引了不少"粉丝"，他们纷纷通过聊天工具、电子邮件进行传播。如今这个"网络明星"衍生出的商品已经达到1000多种，成了病毒营销的经典案例。

在移动互联网时代，病毒营销已成为一种高效的信息传播方式，而且这种传播是受众之间自发进行的，相对于其他营销策略性价比更高。病毒营销的优势主要体现在以下几个方面。

1．成本低

病毒营销是无成本的，它利用了一些媒体的自发性和大众口碑，很多时候媒体和大众都是自愿参与到后续传播中的。

这样一来，原本应由企业承担的推广成本就转嫁到了外部媒体或受众身上，它们在传播中充当着免费媒介。

2．传播速度快

很多营销方式中信息的传递大多是"点状"的，以某个点为中心，向四周辐射。这样辐射范围非常有限，且向四周辐射的力度会随着范围的扩大而逐步减弱，到了一定程度根本无法确定信息是否真正触达目标受众。而病毒营销是"网状"辐射，它可同时、无差别地传递给每一个人，且有及时的、互动性的反馈。

例如，一个人在朋友圈上看到一则有趣的、好玩的H5游戏广告，他的第一反应就是转发、分享，甚至将其一对一转发给某个好友、同事。他的好友、同事感觉好玩，又会再次转发，一传十、十传百，当无数个个体参与进来，"转发大军"便构成了传播的主力。

产品和品牌信息通过这种网状的、有反馈的传播，传播速度会达到几何式倍增。

3. 高效率接收

在大众媒体上投放广告有一些难以克服的缺陷，如信息干扰强烈、接收环境复杂、受众戒备抵触心理严重。以电视广告为例，同一时间段内，电视中有各种各样的广告在播放，其中不乏同类产品"撞车"现象，大大降低了受众的接受度。而对于那些"病毒"，是受众从熟悉的人那里获得或是主动搜索出来的，受众在接受过程中自然会有积极的心态；接收渠道也比较私人化，如手机短信、电子邮件、封闭论坛等。这些优势，使病毒营销尽可能地克服了信息传播中的噪声影响，增强了传播的效果。

4. 更新速度快

每一种"病毒"都有自己的生命周期，在一个周期内"病毒"的传播过程通常呈抛物线形。即开始时传播速度很慢，随着受众的增加逐步加快，在受众达到饱和点时又会慢下来，随之"病毒"的传播力也开始衰减。针对这一特性，企业需要在受众达到饱和临界点时对"病毒"进行及时的更新，以免受众对"病毒"产生免疫，无法达到预期传播效果。

▌4.2.2 制造"病毒"，创建"病原体"

病毒营销的核心是制造"病毒"，创建有感染力的"病原体"，使其成为爆炸性的传播话题。"病原体"是病毒营销的载体，只有创建一个好的"病原体"，病毒营销才可能达到预期效果。

例如，某款刚研发出来的Flash软件准备进行市场推广，于是创建了一个非常有趣的游戏动画，来吸引大众了解和试用。那么这个游戏就是一个很好的"病原体"，人们在玩这个有趣的、很酷的Flash游戏时，还会把它转发给朋友，而朋友也会发给自己的朋友……这样一传十、十传百，很快就会被成百上千的人所熟知。这种滚雪球的方式可以轻松收到较好的营销效果。

"病原体"分为很多种，常见的有情感、利益和娱乐等类型。

1. 情感"病原体"

情感"病原体"即打情感牌，以情感为媒介鼓励受众为品牌、产品宣传和推广。这种迂回策略比较含蓄，不是那种赤裸裸的交易行为，反而受人欢迎。因此，对于企业来讲要善于制造情感"病毒"，从受众的情感需要出发，唤起他们的消费欲望，使之产生心灵上的共鸣。换句话说，就是要寓情感于营销之中，让有情的营销赢得无情的竞争。

2016年里约奥运会期间，可口可乐提出了这样一个主张"将奥运精神回归每个人的普通生活"。它借助奥运重新定义了#此刻是金#，即无关成败胜负，那些不计成败地支持你、激励着你前行的人，才是我们拼尽一切的原因！"金"是我们彼此支持的感动时刻！

那么，可口可乐这一全新的主张，是通过什么手段传递出去的呢？那就是情感。可口可乐与QQ空间进行合作，在QQ空间中利用QQ说说、相册，为每位用户打造了一场专属自己的"时光之旅"。图4-4所示为用户分享#此刻是金#界面截图。

图4-4 | 用户在QQ空间分享#此刻是金#界面

可口可乐充分利用QQ空间沉淀多年的社交关系，以#此刻是金#为爆点，引发了"寻找生命中最重要的人和时刻"的潮流，从而让自己的品牌主张传递到更多人心中。

2. 利益"病原体"

提到营销，利益肯定是最核心的，即一定要给予受众一定的利益，即使是打情感牌也首先是以利益为基础。所以，如果想充分利用受众的口碑，一定不要忘记必须先让对方受益，让对方感到你的产品能为他创造利益。当然，利益不一定是物质利益，而是多层面的，如销售理财产品的可提供一些增值和省钱的建议，做保健养生的可宣传健康的理念和方法，这些都会受到受众的认可。

3. 娱乐"病原体"

随着生活节奏的加快，人们面临的压力越来越大，通过娱乐来消遣、放松已成为现代人最普遍的做法。

有鉴于此，很多企业纷纷将娱乐的元素或形式融入产品中，通过与受众建立情感联系，强化其黏性，从而达到销售产品的目的。

绿源电动车在进行移动营销时特别善于挖掘娱乐热点，利用当下的娱乐资源进行品牌传播。在其微信订阅号中，与娱乐有关的话题层出不穷，各种网络词汇、热播电影等的巧妙运用，为其赢得了高阅读量。

vivo手机的营销模式也是一种娱乐化营销，从产品设计到营销推广无不打上了深深的娱乐烙印。有着"超级网综"之称的《火星情报局》自开播以来，凭借众多明星的参与、脑洞大开的提案和幽默搞笑的节目内容，迅速成为新综艺语境中的一匹"黑马"，赢得了大批观众（尤其是年轻人）的喜爱。在《火星情报局》第一季，vivo手机以特约赞助商的身份亮相节目；第二季则变为"王牌特工"的新标配，使用vivo手机拍照留念，成为每期王牌特工结尾的固定环节；第三季迎来全新升级，围绕"拍照""音乐""性能"，将宣传渗透到节目中去。

娱乐话题一直备受年轻人关注。将时下的热点娱乐话题作为一种营销"病毒"，无疑会给年轻人带来亲切感，引发情感共鸣。从情感营销的角度分析，娱乐营销本质上是一种感性营销，即不是从理性上去说服客户购买，而是通过感性共鸣间接引发购买行为。

无论"病原体"最终以何种形式来表现，它都必须具备基本的感染基因。"病毒"必须是独特的、便捷的，还必须"酷"，并能让受众接受；且这种接受是自愿的，而不是强迫式的，要让受众能够自愿接受并自愿传播。这也是"病毒"存在的最基本条件，或者说病毒营销成立的基础，简单来说可总结为两条，如图4-5所示。

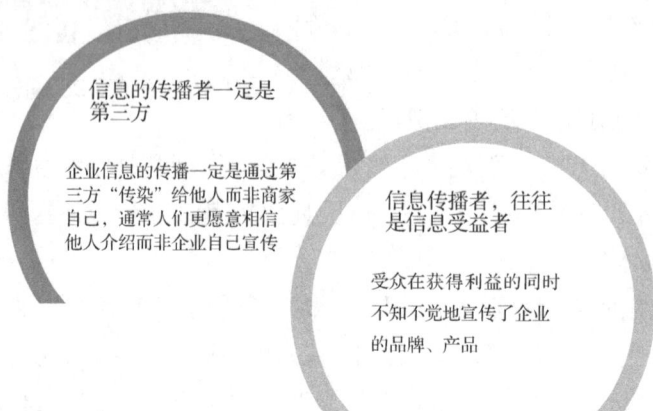

信息的传播者一定是第三方

企业信息的传播一定是通过第三方"传染"给他人而非商家自己，通常人们更愿意相信他人介绍而非企业自己宣传

信息传播者，往往是信息受益者

受众在获得利益的同时不知不觉地宣传了企业的品牌、产品

图4-5｜病毒营销成立的两个基本条件

有了"病原体"并不等于病毒营销就一定能成功。有效的病毒营销需要进行完整的战略规划，"病原体"的制造只是其中一个方面，要想保证营销执行，收到预期效果，还需要在"病原体"的基础上打造有利于传播、扩散的渠道。

4.2.3 打造"病毒"传播渠道

在病毒营销中除了制造"病原体"，还有一点不可忽视，即向传播者提供便捷的信息传递渠道。由于营销费用的限制，企业不可能对"病原体"进行全面的推广和扩散，因此在设计病毒营销方案之后，最关键的工作就是创建"病毒"感染途径，打造畅通无阻的传递渠道。

结合本书所讲的移动互联网来看，最主要的渠道还是移动端。要充分利用现有的移动端通信网络资源，如移动工具等，然后在此基础上再结合传统互联网渠道、线下渠道等。

1. 移动工具

移动工具永远是移动营销中不可或缺的一部分，由于其具有多种优势，成了现代企业营销的首选。上面提到的可口可乐利用QQ空间传播品牌理念便是一个典型案例，其实类似的例子还有很多，如在微信、微博、QQ以及各种App上展开的各种营销。具体案例在本书中后序章节需要会讲到很多，这里不再一一列举。

2. 网络平台上有影响力的人或意见领袖

所谓有影响力的人或意见领袖，就是在某一领域、某一行业内比较有威望、有权威的人。选择意见领袖并非选择购买产品的目标消费群体，而是那些最容易接受"病原体"，并能最大限度感染给其他人的人。传播的对象应该优先选择这部分人，使其成为首批"感染者"和传播者。只要这部分人接受了，他们就会利用自身的魅力和影响力进一步影响到更多的人。

3. 大众的公共行为

移动营销并不意味着要彻底放弃其他途径，尤其是对于大众依赖性比较强的病毒营销、口碑营销，要想收到好的效果，往往都是多种途径齐头并进。因此，我们在进行病毒营销时除了要利用线上资源外，还需要通过其他有效的渠道为"病毒"预埋管线。

4. "病毒"更新

值得注意的是，"病毒"有一定的期限，超出这个期限就会变质，成为真正的"病毒"了。为了防止"病毒"变质，必须赋予"病毒"自我激活功能，或者积极创新制造新的"病毒"。

在制造新"病毒"方面，腾讯做得非常成功。QQ之所以成为一款社交爆品，就是因为腾讯长期以来坚持病毒营销，通过各种"病毒"（QQ功能）逐步确立自己在用户心中的影响力和地位。那么QQ是怎么做的呢？

初期，QQ主要通过在各大主流网站上建立链接和QQ软件下载进行传播和扩散。其推广力度相当大，也许很多人还记得那句经典口号"别Call我，请Q我"。到了中期，随着QQ的影响力越来越大，再喊口号、靠软件下载进行传播就略显单薄了，于是出现了QQ网络社区。有了QQ网络社区，用户便可以建立自己的网上社区。这一举措让QQ一族有了更强烈的归属感。QQ网络社区就是一个"病毒"，是腾讯通过文化手段建立的更具杀伤力的"病毒"。

通过初期、中期的病毒营销，QQ迅速凝聚了第一批种子用户。为了增强这部分用户对QQ的忠诚度，腾讯在传播路径上不断优化，并进行新的尝试，相继制造了QQ游戏、QQ课堂、QQ直播、QQ广告等。这些都是基于自身资源优势而创造的新"病毒"，不断推动着QQ这款产品向前发展。

QQ的案例说明，病毒营销尽管非常有效，但"病毒"周期非常短，必须经常更新，否则受众就会产生免疫，这样一来传播效应也会弱化。

4.3　营造良好的口碑

案例导入

相宜本草是国产天然本草类化妆品品牌之一，有美白、保湿、控油三重功效，用心呵护肌肤的内在健康，一直是其最大的卖点。尽管其产品品质优良，但初创时期市场认知度极低。

在投入有限的情况下，如何取得较好的营销效果呢？相宜本草采用了网络社区口碑营销，即利用网络社区的优势和已有消费者的口碑，实现低成本的传播。他们当时选择了唯伊网作为传播载体，构建了以唯伊社区为中心，以本地社区、线下高校资源为辅助的、线上线下相结合的营销网络。

唯伊网，国内新兴的化妆品品牌社区，由国内知名互联网企业高管和化妆品资深人士创建。该社区汇集了大量的试用达人、化妆品消费者、忠诚"粉丝"和意见领袖。用户人群以年轻人为主，年龄多在20~30岁，有较大的热情尝试新鲜品牌、新鲜产品，由此唯伊社区也形成了特有的"小白鼠"氛围。

整个营销过程大致分为两个环节。

第一个环节是免费提供新品试用装。他们利用免费的利益驱动和人们对新鲜事物的好奇心，为品牌造势、聚集人气。对女性消费者而言，申请新品试用装的诱惑力是非常大的，可以免费使用产品、享受贴心的服务。在试用过程中，她们便会不由自主地关注品牌，对品牌产生好感。

第二个环节是收集申请者的数据资料（包括真实姓名、性别、住址、邮箱、电话、QQ、消费习惯等），以便进行数据挖掘。在这一过程中，相宜本草充分利用数据资源，对潜在消费者进行了电话回访，并邮寄了相宜本草的会员杂志。这些举措都使消费者对相宜本草这个新品牌产生了信任。

案例点评：

口碑对一个企业的生存、发展有着很大影响，就像雪球越滚越大。无论是一个企业，还是一个名人，甚至是一个普通人，都可以通过口碑来表达自己的思想，影响他人。据调查，超过90%以上的企业相信，他人推荐和网民意见在影响消费者是否购买的决定性因素中名列前茅。77%的网民在购买商品前，会参考他人所写的产品评价。

4.3.1 口碑传播的概念与特点

口碑传播与病毒式传播本质上是一样的，但侧重点不同。病毒式传播注重的是"病毒"本身的制造、发布和更新，侧重点在营销载体的打造上；口碑传播注重的是大众的口耳相传，侧重点在营销信息传播过程的优化上。两者互为一体，相互影响，缺一不可。

口碑营销是传播学上的一个概念，本是指口口相传引发的一种社会效应。只是企业利用这种效应进行营销，久而久之就形成了一种营销模式——口碑营销。商业领域比较一致的看法是，口碑营销是消费者在消费过程中获得了满足感、荣誉感后，形成的对外逐步宣传的过程。

与其他传播渠道相比，口碑传播有着其无法比拟的优点。其中最大的优点就是低门槛、开放性。也正是因为如此，企业与企业之间在享受用户资源上才更加"平等"。无论是传统"大佬"万达、互联网"龙头"阿里巴巴，还是微信平台上的微店，都可在同一个层面上竞争。

这种低门槛、开放性，还表现在传播者之间。移动互联网使得每个人都是相对独立的媒体，而不像传统营销中传播者、消费者、传播媒介之间的界限十分明确，即信息由传播者发出，通过媒介的传播才能到达消费者手中。在互联网时代，传播者、消费者、传播媒介三者的界限逐步模糊起来，一个人既可以是信息的传播者，也可以是消费者，还可以开设自己的传播媒介。

4.3.2 引发口碑传播的5种策略

顾名思义，口碑传播就是通过大众的口碑达到传播的目的。那么如何获得大众的良好口碑，并让他们自动自觉、心甘情愿地去传播呢？这就需要所提供的产品或服务有足够的价值，能让他们受益。

因此，进行口碑营销最核心的工作就是提供高质量的产品或服务，引导大众主动去扩散、传播。通常来讲，可通过以下5种策略来引发口碑传播。

1. 提供免费服务

一些大型的网站或公司会提供免费的二级域名、免费空间、免费程序接口、免费计数器等资源，在这些资源中可以直接或间接地加入用户的链接或者相关产品的介绍、广告等。由于这些服务都是免费的，对用户来说有着很大的吸引力。当用户在使用免费服务并对外宣传的时候，也为提供该服务的公司做了免费宣传。

2. 提供便民服务

便民服务不像免费服务，更适合小公司或个人网站。便民服务包罗万象，可以结合自身的产品或服务有针对性地选择、提供。例如，对于日常生活中经常会用到的一些查询功能，如公交查询、电话查询、手机归属地查询、天气查询等，把它们整合起来，能给用户提供极大的便利，自然会得到良好的口碑，也就能很快地在网民中推广开来。

3．定期发送节日祝福

每到节日时，可以通过QQ、微信、E-mail等向用户发送祝福，同时附带链接地址或产品信息。由于节日里大家都很高兴收到来自朋友的祝福，相对而言也就很容易接受其中附加的信息，甚至转发信息。

4．鼓励"粉丝"分享和转发

分享和转发是在移动媒体上进行口碑营销的主要方式。传统的口碑营销可以通过口耳相传来进行，而移动互联网时代人与人之间的空间距离拉大，口碑营销中"口""耳"的功能被大大弱化，取而代之的是转发、分享。

如很多微信公众号在文章的开头、结尾处会留下个人微信号、二维码，其目的就是鼓励"粉丝"在阅读的同时转发、分享出去。为了保证转发分享的效果，有时需要采取一些鼓励措施，如转发有礼、转发送红包等。

5．构建人际关系网络

某社会学家指出，"我们每个人都生活在一定的人际关系网络中，不会有任何一个人生活在人际关系网络之外"。在移动互联网时代，一个人的人际关系网不再局限于周边的亲朋好友、同事同学，而被空前放大，尤其是不再受地域、年龄的限制。如今，一个人的人际关系网已由实体走向了虚拟，且人数不断扩大，少则几十，多则几百，甚至数千人。如现在很多微商通过朋友圈与客户联系、沟通、洽谈，结交新朋友，人数最多的可达5000人。

要做好口碑营销，需要我们真正认识到虚拟人际关系的重要性，充分构建稳固的人际关系，并把自身信息置于这一交织各种关系的网络之中，从而将信息扩散到更大的范围。

▌4.3.3　做好口碑营销的5个关键

谈到口碑营销，很多人有这样一个误区：只要有产品，就能通过一些营销技巧想办法让消费者满意即可。其实这是片面的，产品只是口碑营销的最基础保障，虽然必不可少，但仅仅如此还远远不够。口碑营销作为一种营销模式，还有很多工作需要做，如营销方案的策划、对用户的引导、信息传播渠道的优化等。

具体来讲有5个关键需要注意，分别介绍如下。

1．方案的策划要有创意

同样一件事情、同样的表达方式，第一个人做是创意，第二个人做就成了"跟风"。如果再有第三个人去做同样的事情，可以说就没有任何价值了，甚至会遭人反感。创意是策划的精髓，独创的计划是最有价值的。"跟风"有时也可以获得一定效果，但也要在前者的基础上进行相应的创新才能更吸引人。

最有效的口碑营销策划是独具个性的，带有自身鲜明的特点。因此，在方案策划时，要特别注意将信息传播与营销目的结合起来，如果仅仅是为用户带来了娱乐价值（如一些满足个人兴趣的创意）、实用功能、优惠服务而没有达到营销的目的，这样的口碑营销对企业或商家的价值就不大。反之，广告气息太重，可能会引起用户的反感，影响信息的传播质量。

2. 对信息源和信息传播渠道进行必要的设计

虽然说口碑营销主要是靠用户自行传播，但是信息源和信息传播渠道都需要提前规划和设计，通过引导让用户有秩序地传播。

例如，要发布一个节日祝福的Flash，首先要对这个Flash进行精心策划和设计，使其看起来更加吸引人，并且让人们愿意主动传播。仅仅做到这一步还是不够的，还需要考虑信息的传播渠道，如是在某个网站下载（引导用户传递网址信息），还是用户之间可直接传递文件（通过电子邮件等），或者是这两种形式的结合。传播渠道确定后，要对信息源进行相应的配置。

3. 信息的发布要有技巧

信息的发布并不是发布出去就万事大吉了，还需要有一定的技巧。不要看口碑传播最终的范围很广，但最先都是从比较小的范围内开始的。如果希望口碑营销可以很快地传播，那么必须先着眼于小范围的传播，做好小范围传播的工作。此外，认真筹划原始信息，优化发布流程和途径，对最先传播者进行激励等，都是信息发布的技巧。

4. 选择口碑传播者

口碑传播，由谁来传播是关键，即要找准传播者。通常来讲，口碑传播者有3类，如图4-6所示。

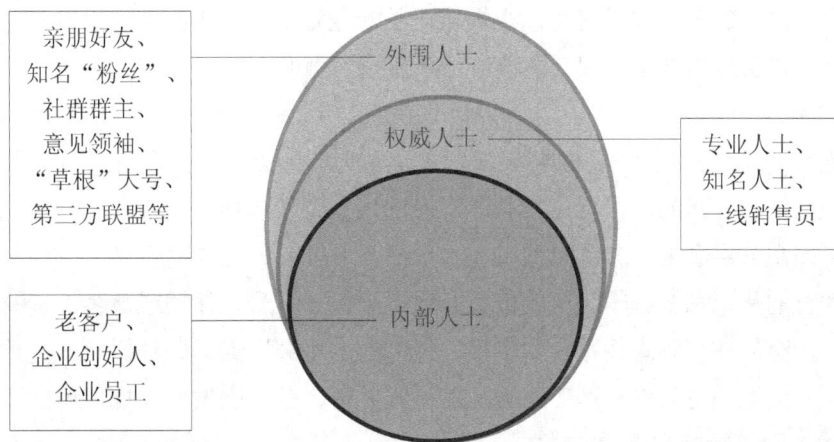

图4-6｜口碑传播者的类型

处于最核心圈层的内部人士是首选，也是必选；而后是行业内的权威人士；最后的选择才是外围人士（团队影响者）。但这并不意味着外围人士就不重要，由于其数量大、人际关系广，对传播效果起决定性作用的往往都是处于第三圈层的人。

（1）内部人士

内部人士包括老客户、企业创始人和员工。

首先是老客户，老客户是最值得依赖的客户资源。据统计，20%的老客户贡献了80%的收入，55%的新客户是由老客户推荐而来的。

除了老客户外，内部人士中最具影响力的莫过于创始人。在互联网时代，每个CEO都要成为"网红"。如小米、360、锤子、黄太吉、雕爷牛腩等，都是通过创始人让自己的品牌享誉全国。因此，企业的创始人要主动带头宣传，通过网络让更多的人及时了解企业和产品的独特优势，培养品牌的知名度和美誉度。当用户认可了创始人和企业文化价值后，就会自然而然地在行动中支持新产品。

此外，员工的口碑力量也不能忽视。衡量一个公司有没有前途，就是要看有多少员工能够积极地分享自己的产品，若连自己的员工都不参与，即使企业花费巨资去营销，效果也可想而知。

（2）权威人士

权威人士主要包括专业人士、知名人士和一线销售员。

专业人士是指对商品或服务具有权威评价资格的人士，如资深牙医、营养学专家等。他们在其专业领域里就是意见领袖，大家都很信任他们，这就是佳洁士通过资深牙医来宣传其品牌、小米手机营销要动用手机发烧友的原因。

知名人士如演员、歌手、作家、运动员等，他们在大众中很知名，一举一动都会引人关注，他们对某产品的认可和追随会影响一大批支持者和"粉丝"。

权威人士也包括一线销售员，他们具有本产品的专业知识。亨得利盛时表行的钟表管家系统使得全国6000名一线员工可以根据自己的专业知识，在手机端开设自己的商城，集团统一供货，员工自由选货上架，消费者下单后员工赚佣金。

（3）外围人士

外围人士（团队影响者）主要指在职场、学校、社团、社区等团队中有很强的影响力，并且在新信息的最初阶段就对它有所反应的人，主要包括亲朋好友、知名"粉丝"、社群群主（如微信群群主）、意见领袖、"草根"大号、第三方联盟等。

这些人有的是记者、编辑，有的自己开设了个人公众号、微博或博客，有的常年混迹于知名论坛，有的在视频直播平台做主播。他们有一个共同点，即都拥有一定数量的"粉丝"。因此，当他们对某些品牌产生强烈的认同感时，就会引发一大批"粉丝"的追随、购买、传播。随着社会化媒体的发展，这类人会越来越多。他们是一群展示个性的影响者，也是企业品牌的优质传播者。

5. 及时对营销效果进行跟踪管理

有了完美的方案还远远不够，接下来的执行环节才是整个口碑营销过程中的重中之重。只有严格执行，落实到位，才会有良好的效果。在执行过程中，有很多东西是无法控制的，这就需要对营销效果进行跟踪。

跟踪对口碑营销效果的达成非常重要，不仅可以使企业及时掌握营销信息传播所带来的反应（如网站访问量的增长），也便于从中发现这项口碑营销计划可能存在的问题，以及可能的改进思路，从而为下一次口碑营销计划提供参考。

4.4 主动扩大社交

案例导入

2015年1月26日，京东众筹推出了以"众筹回家路"为主题的活动，目的是帮助一部分无法顺利回家的人返乡团圆。

用户登录京东众筹移动端，然后参与分享，就有机会享受宾利/保时捷机场接送服务，而且还可以享受高达数千元的机票报销机会，这样的春节礼遇可谓难得一见。不仅如此，还可以免费获得一定额度的路费和新奇、好玩的众筹产品，在玩的同时还省了一大笔钱。这些都极大地激发了用户的参与热情。

京东众筹相关负责人表示，新年回家是刚性需求，通过移动社交平台，不仅解决了很多人回家买票难的问题，还普及了众筹这种全新的生活方式，宣传和推广了京东众筹这个平台。

随着移动互联网的进一步发展，京东众筹一直在探索社交营销这种方式。其实此类活动并非首次，早在2014年"双12"期间，京东众筹就曾在移动端发起过一场"全民众筹——筹你所想，给你所爱"的活动。

案例点评：

围绕"社交"组织营销、推广活动，既可以充分展示品牌、产品信息，也可以增加活动的趣味性，激发参与者投身其中。京东"众筹回家路""全民众筹——筹你所想，给你所爱"都将社交元素完美融入营销中，既解决了用户遇到的问题，还让京东众筹这个平台更加深入人心。

4.4.1 社交即互动，互动即营销

社交，本是人与人之间的一项社会活动，但在互联网、移动互联网的推动下逐渐与企

业营销融合，形成了一种独特的营销模式——社交营销，或社交媒体营销。社交（媒体）营销是基于社交平台开展的一系列商品销售、品牌推广活动。这种方式与传统营销方式的最大不同就是互动性，不仅可以卖东西，还可以与消费者进一步互动，如文字图片聊天、语音传情、群发礼品、建立兴趣小组等。

这种带有社交思维的营销，是移动互联网时代企业所必须掌握的，它有助于品牌、产品在一个轻松、愉快的氛围中传播，潜移默化地影响消费者的心理。这是因为，在移动互联网高速发展的今天，社交成了主旋律，各式各样的社交平台把人与人紧紧地连接在一起，一切都可以在社交平台上完成。

换句话说，企业在营销时再也不能像以往一样赤裸裸地打广告、冷冰冰地吆喝了，必须带温度地、带情感地推销，让消费者聊聊天、玩玩游戏，心甘情愿地接受推销。

在万圣节期间，北京移动发起了一个"赢4G送流量"活动，但它没有直接"送"。为了让用户享受到更好的体验，北京移动将该活动巧妙地与游戏相结合（见图4-7），并通过移动App、微信公众平台等发布出去。其目的是让"粉丝"进一步参与，在了解活动规则、信息的同时，加深对企业、服务的感情。

如今，社交平台越来越多，功能越来越强大，使用越来越方便，商业化趋势越来越明显。"社交+营销"模式在移动互联网时代大有可为，发展前景好，甚至会改变整个营销的格局。

社交平台是"社交+营销"的主要载体，要想做好移动社交营销，首先必须了解和精通多种社交平台。移动互联网时代常用的社交平台有微博、手机QQ、微信、移动App、直播平台等。

图4-7 | 北京移动"赢4G送流量"活动与游戏的结合

4.4.2 常用的社交平台：微博移动端

微博（国内主要指新浪微博）是PC端、移动端重要的社交工具之一。随着移动互联网的普及，很多用户已养成在移动端使用微博的习惯。据统计，2015年年底，微博移动端打开率已经超过PC端，占到近80%。

微博移动端的商业价值更大，数据显示，微博用户打开电商应用的比例明显高于其他应用的用户，占比高达44.4%；紧随其后的是视频类应用爱奇艺和优酷的用户，分别占比33.5%、33.2%，如图4-8所示。

微博用户打开电商应用的比例明显高于其他应用的用户

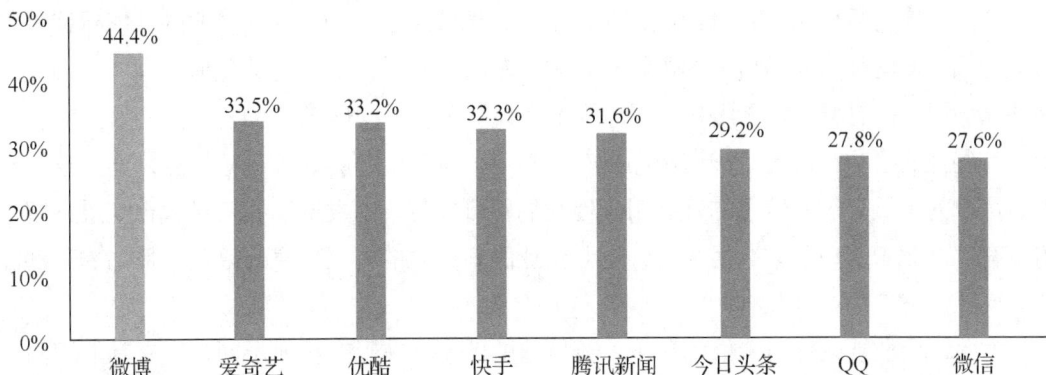

图4-8 | 各大App的用户打开电商应用的占比

为什么微博用户与电商应用的联系如此密切呢？这源于微博用户的特性。微博用户在一二线城市人群中的占比非常高，且以年轻人为主，在女性购物、旅游、视频、音乐、游戏等领域表现得尤为突出。

同时，微博用户的覆盖率、留存率也较高。其覆盖率在所有的资讯类应用（包括新闻类、视频类、阅读类、直播类，以及其他移动资讯类应用）中居首，高达12.43%，具体如图4-9所示；留存率也非常高，微博用户转化为忠实用户的比例是腾讯新闻的2倍。

微博覆盖率稳居移动资讯类应用首位

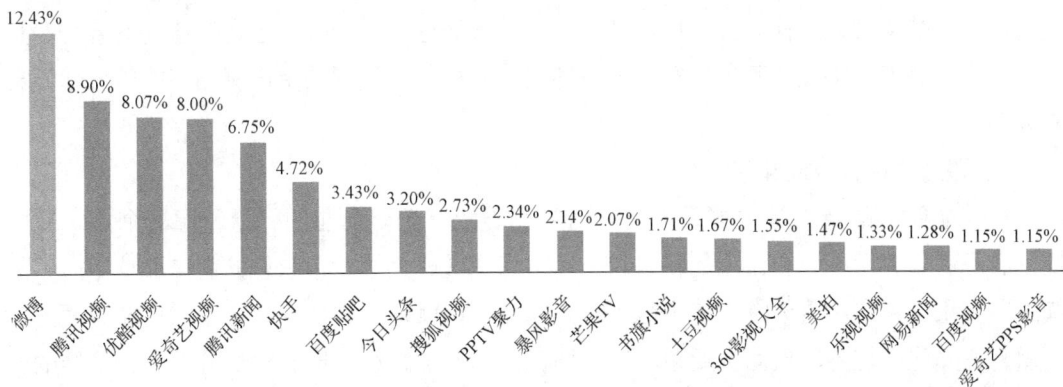

图4-9 | 微博在移动资讯类应用中的排名

从微博用户的特征、覆盖率和留存率等指标来看，微博的商业价值不可小觑，完全具备构建独立的社交营销体系的条件。对企业来讲，必须要认清这个事实，积极打造移动端的微博平台，完善自己的营销网络。

企业在打造自己的移动端的微博平台时应该注意以下8个方面。

1. 提供有价值的信息

你的微博对目标用户越有价值，对其掌控力也就越强。一个人人喜欢的并能持续吸引大众光顾的微博，肯定是可以提供给对方感兴趣的、有价值的信息的微博。同样，企业的移动端微博也是这样，需要给目标用户提供有趣、有价值的信息。

有些企业喜欢在微博上推送新品发布、限时抢购、优惠券、赠品等信息，作为宣传与吸引用户的手段。这些信息的确有用，但我们不可能每天都发送这些信息，否则最终留下的只有"专业领奖户"。久而久之，这对企业品牌形象的树立、宣传以及销量的提升都没什么实际促进作用。

为此，企业要改变对价值的认识。有价值的信息并非只有物质层面，也有其他层面。例如，发布用户感兴趣的相关资讯、常识、窍门等供其阅读；将其他平台如俱乐部、同城会等链接在微博上，以扩大用户的社交圈；打通线上线下，让微博承载更多的线下功能，构建一个O2O平台。总之，要让用户感到浏览你的微博是有收获的。

2. 连续性的内容输出

就像一本随时更新的微型电子杂志，移动端微博需要有连续性的内容输出。只有定时、定量、定向发布内容，才能吸引目标用户；同时也便于目标用户养成浏览的习惯，当其登录时总能够看到最新的动态并有所收获，用户才会继续关注。如果天天更新很难做到，至少要做到经常出现在用户面前，久而久之便可成为他们的一个习惯。

定时、定量地发布微博可以在一段时间内占据用户的微博首页，至少不会被快速淹没。但是一定要保证微博的质量，在质量和数量的选择上一定要做到质量为先，避免出现大量低质量的博文，那样只会让用户感到失望，敬而远之。一个缺乏有价值的信息、多是垃圾内容的微博，不仅达不到传播目的，还很可能被不胜其烦的用户删除，或压根就不会有人关注。

3. 塑造个性，互动起来

移动端微博的特点是"关系""互动"，要让人觉得企业的微博就像一个人，有感情、有思考、有回应，有自己的特点与个性，切忌做成官方发布消息的窗口那种冷冰冰的模式。如果让用户觉得你的微博类似于官方网站，那就是不成功的。微博从功能层面上就要做到差异化，在感性层面也要塑造出个性，做到不可替代，形成独特的魅力，这样的微博才能保持很高的黏性，持续积累"粉丝"与关注。

移动端微博的魅力在于强互动性。拥有一群不说话的"粉丝"是很危险的，因为他们慢慢地会不看内容，直到离开。因此，互动性是移动端微博持续发展的关键，一般企业宣传信息不能超过微博信息的10%，最佳比例是3%～5%；更多的信息应该融入用户感兴趣的内容之中。

"活动+奖品+关注+评论+转发"是目前微博互动的主要方式，但实质上，人们更多的都在关注奖品，对企业的实际宣传内容并不关心。相比赠送奖品来说，微博经营者如果能够认真回复留言，用心感受用户的想法，则更能唤起用户的情感认同，就像是朋友之间的交流一样，时间久了就会产生一种微妙的情感连接，而非利益连接，这种连接持久而牢固。当然，适时结合一些利益作为回馈，用户会更加忠诚。

4. 系统布局和运作

任何一个营销活动要想取得成功，都必须具有系统性。微博营销之所以对很多企业来说效果有限，就是因为很多企业认为微博可有可无，或者只是将其当作纯粹的引流方式来做。其实，微博作为一种全新形态的社群平台，潜力十分巨大，关键是需要运营者去系统性地布局和运作。

戴尔公司坚信微博可以创造更高的销量，未来的前景十分乐观，于是把微博营销纳入整个营销体系的建设中，并将其提升到企业战略的高度进行系统性布局和运作。也正因为如此，戴尔的微博营销创造出了年销售额几百亿美元的奇迹。

如在Twitter上，戴尔公司有一个专门以优惠价出售存货商品的微博，该微博的关注人数高达150万，通过这一渠道卖出了很多产品，如个人计算机、计算机配件和软件等，总额高达650万美元。

戴尔利用微博进行营销并取得成功，完全是因为其相信微博会创造出这样的业绩，同时也将微博放在企业战略的高度进行系统性布局，集中人力、物力、财力来运作。

5. 提高微博的管理水平

移动端微博的布局很重要，但管理更重要，只有专业化管理才可能超越对手。微博不是企业的装饰品，做不到专业，就只会陷于平庸。很多企业都对移动端微博不屑一顾，尽管有些企业已经开通微博，但没有派人去专门管理、更新维护。对于移动端微博，应该设置专人负责网络营销，或由企划部文案策划人员负责，有内刊的企业则由内刊编辑负责。如果是规模较小或没有这方面经营能力的企业，可以委托专业公司来做。

6. 对微博进行有效控制

移动端微博的传播范围和传播速度非常惊人，常常迸发出惊人的力量。但这种力量可能是正面的，也可能是负面的。负面信息与不良的用户体验很容易迅速传播开，给企业带来不利。因此，必须对微博这柄"双刃剑"进行管控。

（1）对发布前的内容进行检查、管控。一篇微博看起来只有短短的百字，但撰写难度非常大，需谨慎推敲，以免不慎产生负面问题。

（2）对于网友的信息反馈，也不可掉以轻心，必须积极对待。微博是一柄"双刃剑"，企业既然决定拿起这把"剑"，就要谨慎并用心地去挥舞。

（3）一旦出现负面问题，必须做好公关工作。要及时跟进、积极引导，以控制局势，千万不可放任自流，因为网络参与自由度非常高，如果任由网民的主观意愿肆意发泄，往往会导致事态向难以掌控的方向发展。

7. 模式创新

移动端微博这一新生事物在全球范围内都是刚刚商业化应用不久，加之其自身非常高的扩展性，使得微博营销的模式具有很大的探索空间。抓住机会，有效创新，就可以从中轻松获益。国内外很多企业已经利用微博取得了显著成效，如戴尔、星巴克、凡客诚品等。我们应该多参考、借鉴这些成功的案例，并结合企业自身特点与客观环境进行创新。

星巴克在微博上推出了"自带环保杯可以免费获得一杯咖啡"的活动，网友纷纷上传自己领到免费咖啡时的照片。数以百万计的传播为星巴克的品牌形象做了一次大力宣传。

凡客诚品官方微博@VANCL"粉丝"团在2009年11月初发布了由徐静蕾设计出品的配饰。同时，VANCL送给姚晨两条围脖。不久，姚晨在自己的微博上贴出了围脖的照片，收获500多条评论。当晚，VANCL助理总裁@许晓辉转发了微博并评论："想免费得到和姚晨一样的围脖吗？跟帖第190楼、290楼赠送同款围脖一条。"结果在24小时内评论就超过300条。

8. 提升服务

对企业来说，移动端微博同时也是一个服务平台，要尽可能为用户提供良好的服务。例如，企业可将其作为售前咨询、售后服务的窗口。在企业内部管理中，管理者也可以通过微博了解员工的心声、和员工拉近距离等。

可见，移动端微博不仅是一种传播媒体、一种娱乐工具，还有着巨大的商业价值。只要善于利用，大力推广，就能在产品宣传和销售方面发挥重大的作用，甚至可以直接转化为经济效益。

4.4.3 常用的社交平台：手机QQ

QQ是我国最大的即时通信软件，是网民必备的社交工具之一。目前，QQ的注册用户已经超过10亿人，同时在线用户突破2亿人。覆盖率如此之大、用户如此集中的平台，从营销传播的角度来说效果一定会很好。再加上随着移动互联网的发展，QQ移动化的趋势日益增强，很多用户开始放弃PC端而转向移动端，使用手机QQ，因此，利用QQ进行移动营销的优势不断增大。手机QQ营销的优势具体如下。

1. 重新定位

曾几何时，QQ是国内年轻人使用最多、最活跃的社交平台之一，这也是QQ的最大价值所在。然而，2010年微信的出现，如同一声惊雷让所有的人对移动互联网有了新的认识。一时之间，几乎所有人都淡忘了QQ的存在，转而去追逐微信，并且将其视为腾讯拿到移动互联网的第一张"船票"。

对于一个产品来说，抓住一代年轻人不难，难的是能够抓住每一代的年轻人。在旧有思维里，一个新产品的横空出世，势必意味着老一代产品会"香消玉殒"。那么微信的出现会不会让人遗忘QQ呢？答案是否定的，原因就在于腾讯针对移动用户对QQ重新做了定位，让其与微信产生差异化。

重新定位后的QQ走的是娱乐社交战略路线，主题为"越娱乐、越社交"（该主题是在2016年腾讯的一次合作伙伴大会上被提出的）。

娱乐社交战略路线的具体内容包括：一方面，QQ通过布局影视、动漫、游戏、文学领域，不断完善娱乐化内容的布局，做好"内容承载器"；另一方面，通过QQ上的群、兴趣部落、直播、QQ看点、日迹等功能，让娱乐内容通过社交创造影响力，当好"社交放大器"。

微信让社交更有效率，QQ让社交更有乐趣。用户通过手机QQ可以享受更多的趣味产品、娱乐内容，如日迹、Now直播、QQ看点、视频特效、QQ表情等。

当QQ和微信形成差异化的时候，就意味着QQ成功留住了原有的年轻用户，同时也可吸引更多的新用户。用户在使用这两个平台时，目的和心态是不一样的。或许两个平台上的社交链会有重叠，但即便是同样的社交链，放在不同的场景下，也会呈现完全不一样的状态。这也在一定程度上证明了镶嵌理论，即每个人都是多元化的存在，在不同的场景下会将自己不同的状态"镶嵌"进去，进而让社交链出现一种看起来一样但实际上却不一样的情况。

2. 操作更容易

与其他营销方式的专业性和繁杂程度相比，手机QQ营销更加便捷。只要下载手机QQ客户端即可随时随地使用，且所有的操作都可以与PC版保持同步。

3. 近乎零成本

手机QQ推广起来也非常简单，准备一部智能手机，利用原有的QQ账号或新申请的账号皆可以操作；与其他动辄几十万、上百万的营销项目相比，几乎是零成本。

4. 持续性

QQ推广的第一步是先与用户建立好友关系，成为好友后企业就可以对用户进行长期、持续的推广。这一优势是其他营销推广方式所不具备的，如网络广告，根本不可能知道是谁看了广告、是男是女、叫什么名字，以及其看完后有何感受；而在QQ上则可以明确地知道用户是谁，从而可在第一时间给予反馈。

5. 效率高、方法多

QQ推广的精准性、持续性，使其最终的转化率要高于其他网络的推广方法，大大节省了时间与精力，提升了工作效率。另外，利用QQ营销的方法相对比较多，可以开展多种形式的营销，如一对一聊天、QQ签名、QQ群、QQ空间等，每一种形式用好了都可以成为一种独特的营销方法。

QQ营销各功能的优劣势如表4-1所示。

表4-1　QQ营销各功能的优劣势

功能	优劣势
一对一聊天	优势：一对一交流，进行小范围营销。这种方式可对用户进行精准、有针对性的推广，甚至可以根据用户的不同特点进行个性化沟通，多用于特定人群或相对固定的人群 劣势：信息无法更大范围地传播，沟通效率较低
QQ签名	优势：在手机QQ营销中，QQ说说成为最主要的信息传播渠道，这是由于这一功能使用起来比较便捷，在首页界面即可直接编辑；内容可碎片化呈现，少则一句话，多则几百字，可时时刻刻不间断发布 劣势：QQ签名的内容是以叠加的方式显示在好友动态中的，即时滚动，后面更新的内容很容易覆盖前面的内容
QQ群	优势：可实现一对多的交流，信息可同时推送给多人。这种方式有利于信息的大范围传播，也有利于群成员相互交流，展开二次传播 劣势：群内发广告，很容易影响到用户体验，发送的信息也容易被群成员屏蔽，甚至被群主禁言或踢除。因此，在QQ群中发广告要注意方式方法：先建立感情，后推广；避免直接发广告，可在聊天中植入或上传到群文件；自建群或申请成为管理员，实行精细化管理
QQ空间	优势：这是QQ营销的主体功能，也是最有利于社群形成的一个功能。QQ空间营销效果最好，运用最多，在用户引流上也展现出了惊人的威力。很多大企业，如小米、蘑菇街、美丽说的QQ空间都非常有代表性。 劣势：管理难度较大，需要高质量的、稳定的内容输出，个性化的页面设计，以及科学的管理和运营

美丽说的QQ空间做得就像营销网站，如图4-10所示。美丽说利用QQ空间每天为店铺导入的流量在400万左右。为什么会有这么高的流量？这与其独特的QQ营销思维和模式有关。下面为大家一一分享。

图4-10｜美丽说的QQ空间动态

（1）微博、官网的相互导流

美丽说有官方网站、新浪微博、腾讯微博，而且这些平台上的"粉丝"量都相当惊人。而这些"粉丝"也成了QQ空间的第一批用户，因为"粉丝"通过美丽说的微博、官网就可以直接进入QQ空间。也就是说，美丽说的微博、官网与QQ空间是相通的，这些导入到QQ空间的用户基本上都关注了QQ空间。这样一来，美丽说在QQ空间发布说说、日志或者相册，用户都会第一时间收到。

（2）高质量、持续的内容输出

美丽说每天都会在QQ空间发布时尚服装、时尚日志，内容备受QQ空间好友的喜爱，经常被转载。假如一个QQ空间好友的转载可带来100个访问，那么1000个转载、10000个转载呢？这种流量无疑是很大的。

（3）QQ空间投票专区、互动专区

有很多人的QQ空间是静态的，而美丽说则不同，它在QQ空间设置了投票专区、互动专区，通过投票以及多种形式的互动活动（如"怎么搭配最迷人""美丽说陪你美丽每一天""有任何意见就反馈吧"等）进行交流，并通过置顶来满足用户的需求。

这些互动大大强化了用户的参与性，增加了黏性。从中可以看出美丽说其实还是重点在做用户心理、用户需求的，而这也正是社群营销的本质。

本节重点对微博、手机QQ这两个平台进行了详解，至于自媒体、微信（尤其是微信公众平台）、移动App、移动直播平台等相关内容，将在后面的章节分别介绍。

4.5　充分利用自媒体

案例导入

腾讯营销平台是当前主流的自媒体平台之一，该平台通过整合腾讯资讯、娱乐、社交资源，为用户构建了一种全场景、强互动的营销体系。与其他自媒体平台相比，其优势在于可覆盖用户的每个生活场景，为企业、品牌提供全人群渗透、全渠道覆盖、多方位体验。

全人群渗透是指基于微信、QQ两大平台的庞大用户群体（据悉这两大平台的月活跃账户数达到9.38亿，再加上腾讯的其他产品，占据超过55%的中国用户移动消耗时长），能使企业、品牌得到最大化曝光。

全渠道覆盖是指渠道的广泛性，即可以覆盖PC端、移动端全渠道各端口。再加上腾讯成熟的数据管理、强大的数据分析能力，可实现广告的智能化投放，满足企业、品牌多样化的投放需求，达成品效合一的营销效果。腾讯营销平台在QQ和微信朋友圈投放的广告如图4-11和图4-12所示。

图4-11｜腾讯营销平台在QQ上投放的广告示例

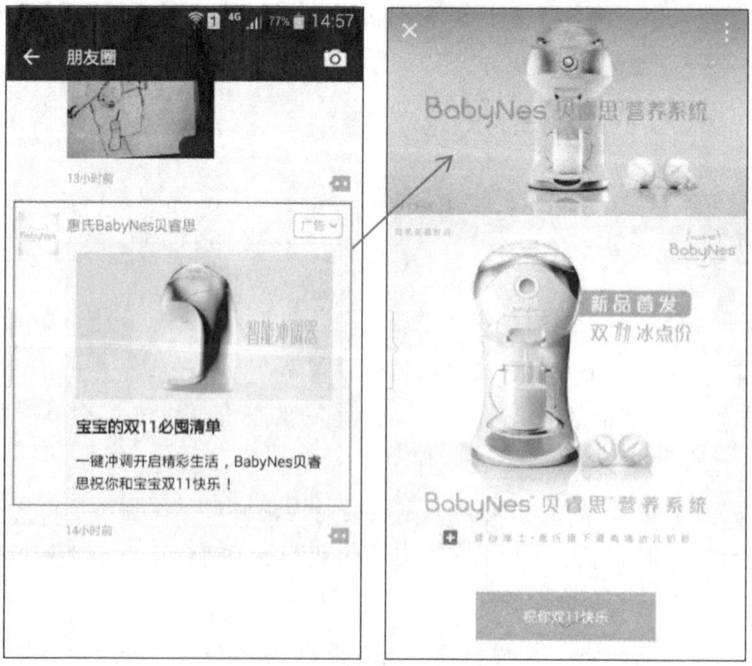

图4-12｜腾讯营销平台在微信朋友圈中投放的广告示例

多方位体验是指微信、QQ类似真人社交的关系链。依托腾讯专业的媒体属性及客观、真实的优质内容，企业、品牌可以更好地塑造品牌形象，提高公信力。腾讯拥有规模宏大的内容产品矩阵，持续生产着新闻资讯、娱乐资讯、购物、出行、社交、通信等多维度内容，可满足用户多样化的内容营销需求，为企业、品牌捕捉用户每一时刻的消费机会提供了很大便利。

基于这些优势，腾讯营销平台赢得了很多大企业、大品牌的青睐，并与之进行了深入的合作，如大众汽车、宝马、可口可乐、麦当劳、方太、美赞臣等，如图4-13所示。

图4-13｜部分企业、品牌与腾讯营销平台合作示例

案例点评：

上述案例表现出自媒体强劲的传播能力和良好的推广效果。这种能力和效果源于自媒体平民化、"草根化"的定位，有利于用户最大限度地参与，充分地表达自我。

随着移动互联网的到来，人们的注意力正在从传统纸媒、计算机屏幕向手持设备转移，信息的产生、发布、传播、消费也都在经历巨大的变革。很多人，尤其是年轻人获取信息早已不再看报纸、杂志，也很少浏览传统的新闻网站，而是痴迷于刷微博、看朋友圈，通过分享、转发、评论、点赞行为来表达自己与信息之间的关系。自媒体是信息化的产物，致力于在新的信息时代给人们提供一个与众不同的、高效简洁的信息获取和分享的平台。

4.5.1 常用的主流自媒体平台

自媒体是移动互联网时代企业营销的主流媒体，这是移动营销区别于线下营销、PC互联网营销的最显著的标志。线下营销、PC互联网营销所依赖的主要是大众媒体，如广播、电视、电话、传统网络等；而移动营销的主战场则是自媒体。自媒体具有平面化、个性化、自主化等特点，更适合移动互联网时代的营销。

提到自媒体，很多人会想到博客。博客是第一代自媒体平台，第一次让大众有了自由表达自我意愿、思想与观点的机会。因而，在博客最火的那几年，涌现出了一大批自媒体人。后来的微博，更凭借着开放式的信息架构、社交网络式的分享功能及转发、点赞、评论、私信、投票等多形式的互动，将自媒体推向了新高度。然而，真正让自媒体实现质的飞跃的并不是博客，也不是微博，而是微信。微信的出现，在自媒体的发展历程中具有划时代的意义，标志着自媒体开始从PC端走向移动端。

目前，我国的自媒体平台有很多，而且大部分开通了移动端，在智能手机上可以全程操作。下面就列举几个用户常用的、影响较大的主流平台。

1. 微信公众平台

微信公众平台是微信中的一个功能模块，于2012年8月23日正式上线。该平台是目前最受欢迎的自媒体平台之一。依托微信这个超级App，微信公众平台的注册用户已达千万。只要成为注册用户，便可通过PC端、移动端同步发布、查询、管理信息。图4-14所示为公众平台安全助手。微信公众平台支持企业和个人进行一对多的媒体活动，同时又通过接入第三方平台，为运营者提供多样化的增值服务。

与其他自媒体相比，微信公众平台具有很多优点。

（1）自主性强。只要不违反官方的规定，运营者可以根据自己的喜好发布内容。

（2）私密性很强。运营者发布的内容除订阅用户外，其他人看不到。运营者还可以根据自身需求，选择将内容推送给所有的订阅用户，也可以选择推给其中一部分或特定的用户。

（3）一对一互动性强。运营者可与用户通过自定义回复、打赏、留言等形式进行互动。

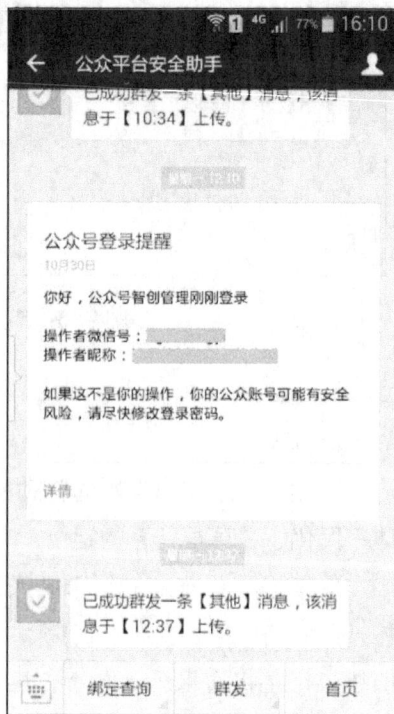

图4-14 | 公众平台安全助手

不过，微信公众平台也有其缺点。过强的私密性导致平台内容无法完全公开，非公众号订阅用户很难看到。这使得运营者想提高公众平台上的阅读量变得十分困难，对企业营销工作来说也是非常不利的。一旦没有大量忠诚的订阅用户，产品、品牌信息很难得到扩散和传播，再优质的内容也可能被埋没。

2. 今日头条

今日头条创建于2012年3月。这是一款基于数据挖掘的推荐引擎产品，旨在为用户推荐有价值的、个性化的信息，提供连接人与信息的多种服务。

在今日头条创立之初，张一鸣就将其定位为新型媒体的探路先锋，致力于在新的信息时代给人们提供一个与众不同的、高效简洁的信息获取和分享的平台。在随后的发展历程中，今日头条始终坚持这一方向，努力践行。所有的付出都是值得的，如今的今日头条已发展成为移动互联网上的主流媒体之一。

现在，越来越多的人不再订阅传统的报纸、杂志，甚至已经不再浏览传统的新闻网站，而是将更多的时间花在手机上。作为国内新媒体领域成长最快的平台之一，今日头条的表现充分证明了这一点。据官方资料显示，截至2017年6月，今日头条的用户已多达3.2亿人。

今日头条的申请比较容易，没有任何门槛的限制，同样可同时在PC端、移动端（见图4-15）登录和发布内容。

需要注意的是，申请进入今日头条的新用户需要度过比较艰难的"新手期"。在新手期间，用户每天只能发布1条信息，新手期限过后则可以增加到每天5条。与微信公众平台不同，今日头条是一个开放的平台，其内容不但可以通过各人搜索引擎搜索到，还专门针对搜索引擎做了优化，使搜索体验更好。因此，今日头条上的内容订阅用户可以在登录后阅读、浏览，非订阅用户也可通过搜索引擎搜索阅读。

另外，今日头条有一个智能推荐功能，可以根据文章的标题、内容进行自动分类，非常有利于内容的精准传播。例如，一篇与财经有关的文章，若

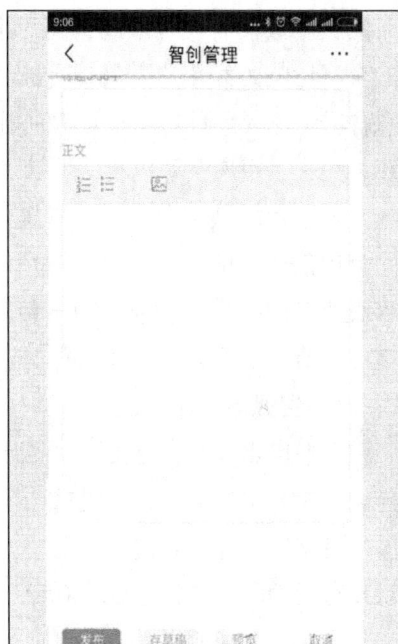

图4-15 | 今日头条发布信息界面

放在科技类别下发表，今日头条会自动将文章的分类改成财经类。

今日头条的缺点在于，文章的阅读量主要由其推荐量决定。如果今日头条通过自己的引擎计算，认为你的文章质量不高，它就不会推荐。不被今日头条推荐的文章，即使经过修改也不会被推荐。在这种情况下，用户无论在客户端还是通过搜索引擎（搜索引擎不收录），阅读量都会很低。

同时，今日头条对发布的内容要求非常严格，必须是首发内容。如果在其他网站发布过，则很难通过审核。

3. 网易媒体开放平台

网易媒体开放平台是网易新闻推出的自媒体平台，其上的文章可以出现在网易新闻手机客户端中。作为老牌门户网站，网易新闻拥有一批忠实的用户。据官方数据公布，截止

到2016年6月，网易新闻客户端累计用户量已经达到5亿。

网易媒体开放平台的申请也比较容易，只需将网易新闻移动App（见图4-16）下载到移动设备上，开通账号即可。同样，申请通过后并不意味着发布的内容可以马上被用户浏览。按照规定，必须发布3篇以上的文章才可申请上线，通过审核以后所发布的内容才会显示出来。

网易媒体开放平台的优势在于，平台对每天发布的文章数没有明确限制，同时也可依托网易新闻的市场影响力和用户基础提升阅读量。此外，网易媒体开放平台可以自动从其他自媒体后台抓取文章，免去了用户手动更新的烦恼。

该平台的缺点在于，网易媒体开放平台是承载网易内部产品的一个平台，对用户产生的自媒体内容没有专门的推荐功能，而一篇自媒体文章在没有推荐的情况下阅读量是很难提上来的。

图4-16 | 网易新闻移动App

4. 搜狐自媒体平台

搜狐自媒体平台是搜狐网推出的自媒体开放平台。与今日头条、网易媒体开放平台一样，它是一个内容平台，重在帮助运营者打造高质量的内容，提供相关的服务。搜狐自媒体平台是自媒体人必选的平台之一。之所以这么重要，是因为该平台对每天发布的文章数量没有明确限制，且可推荐3篇。

另外，在搜狐自媒体平台上，每个账号还可以设置自己的广告。PC端平台有两个广告位，移动端平台有一个。这足以保证运营者在发表内容时可链接相关的产品或品牌广告。

5. 企鹅自媒体

企鹅自媒体是腾讯公司于2016年推出的自媒体开放平台。虽然上线时间较短，各方面的功能还有待完善，但由于背靠腾讯公司，该平台在内容生产能力、用户连接、流量变现能力上丝毫不亚于其他任何平台。此外，在该平台上发布的内容也有足够的曝光度。据悉，企鹅自媒体平台的内容可同时在腾讯新闻客户端、微信新闻插件、手机QQ新闻和天天快报等多个相关平台上推荐，相当于使用一个后台有多个展示窗口。

企鹅自媒体还可兼容微信公众平台上的内容。通过设置，用户可以将自己微信公众平台上的文章自动发布到企鹅自媒体上，节省了大量分发的时间和精力。

6. 知乎

知乎是在PC端知名度非常高的一个网络社区，早在2010年年底就上线了。随着移动网络的兴起，其在移动端也开始发力，成为独树一帜的问答类平台。该平台上的用户以专业、高端著称，聚集了一大批行业精英，甚至有很多专家、学者、行业资深研究者、企业CEO等。用户间彼此分享着各自的专业知识、经验和见解。

内容是知乎的"金字招牌"，质量一般或是观点不够突出的，很难登上知乎平台，更难以被其用户认可。所以，在知乎发布内容前，运营者需要考虑所发布的内容是否足够新颖，是否有独特的观点，是否适合知乎的阅读群体。

自媒体平台还有很多，如腾讯营销平台、一点资讯、凤凰号平台、淘宝头条、简书、UC订阅号等，这里就不一一介绍了。每个平台都有自身的优势和劣势，有自己的目标用户群，所以，如果想做好自媒体营销，还需要根据自身需求进行有针对性的选择。

4.5.2　自媒体更适合移动时代

自媒体又称"公民媒体""个人媒体"，是对一类新媒体的总称。这类新媒体与众不同，是由私人化、平民化、普泛化、自主化的传播者，以现代化、电子化的手段，向不特定的多数人或者特定的单个人传递规范性或非规范性的信息的媒体。

顾名思义，自媒体就是个人自己的媒体。其最大的优势是用户自己创造内容，并自己发布和传播。这也使得"主流媒体"的声音逐渐变弱，人们不再接受被一个"统一的声音"告知对与错。微信、微博、今日头条等这些自媒体的代表，聚集了来自四面八方的信息，大大丰富了信息的内容，拓宽了信息的来源，同时也使得信息传播的途径越来越多元化、越来越个性化。

在移动互联网时代，自媒体的价值得到市场的认可和应用，表现出了自身独特的优势。自媒体的优势具体表现在以下4个方面。

1. 平民化

移动互联网时代是一个"人人是媒体，人人可参与媒体"的时代。在全民营销体系中，每个人都是一个渠道，可以把自己也当作一个品牌来经营。如今，拥有一个自媒体非常简单，不需要专业机构、专业资质，无论机构还是个人都可以申请。

2. 个性化

自媒体运营更多是以个人形式体现的，带有浓郁的个人色彩，个性化非常鲜明。

3. 自主化

自媒体由于没有机构、公司在后边管理，所以具有很强的自主性，自媒体人对自媒体拥有完全的决定权。

4. 多样化

目前可以自主发布内容的平台包括博客、微博、微信、今日头条、一点资讯、搜狐自媒体等。每个平台侧重的内容、形式都不尽相同，这就使得自媒体具有多样化的特点。

在互联网、尤其是移动互联网高度发达的今天，自媒体开始成为企业营销、品牌传播的主要媒介。有了自媒体的参与，企业、品牌的形象可通过多途径去影响用户；更重要的是信息的传播模式发生了变化，从根本上改变了用户的消费理念和习惯。

传统模式是先建立品牌的知名度、美誉度，让大众认知和认可，再通过使用和体验，培养用户忠诚度；自媒体则反其道而行之，即先培养用户忠诚度，然后再通过"粉丝"利用口碑、社群去扩散、传播，建立品牌知名度和美誉度，如图4-17所示。

图4-17｜传统媒体与自媒体在渠道中的作用过程

利用自媒体进行产品、品牌营销，符合移动互联网时代短、平、快的传播要求。有了自媒体，每个人都可以成为相对独立的渠道，且可在整个过程中充分参与。这样的传播形式便于信息在各个个体之间畅通无阻地流转、分享，每个传播个体也可随时向信息源进行反馈，从而形成一个完美的交流闭环，如图4-18所示。

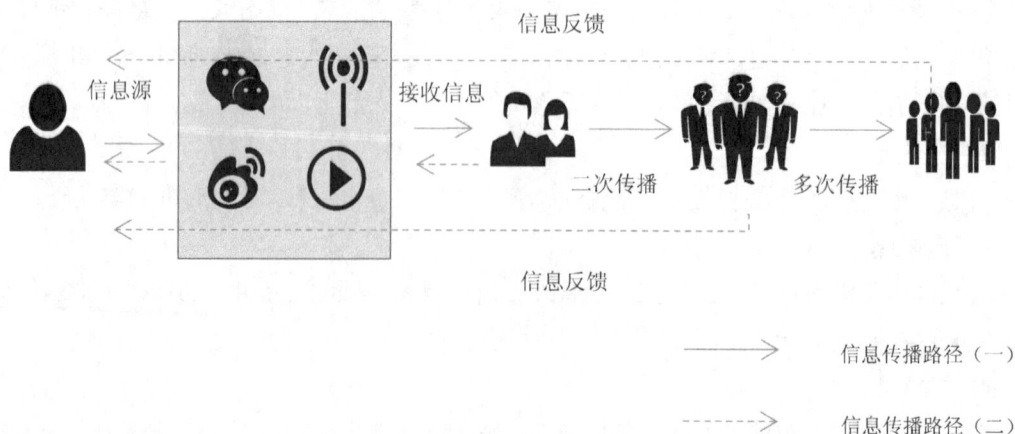

图4-18｜自媒体的传播形式

4.5.3 做好自媒体，内容是关键

进行自媒体营销的核心是做好内容，内容好才能引发用户的共鸣，促使用户点赞、转载、分享。自媒体在内容上具有得天独厚的优势。它与广播、电视、平面、门户网站等传统媒体的最大不同，在于内容的生产方式。传统媒体基本上都是专业团队或机构在做，内容也大多出自行业精英、专家、学者、记者、采编人员这些专业人士、业内人士之手。而自媒体的内容更多的来自普通大众，大众自己生产内容，并自主编辑、发布和传播。2010年之前的很多网络媒体，其实基本上仍在走专业人士、业内人士生产内容的老路；到了自媒体时代，内容才真正实现了平民化、私人化。

少了专业人士、业内人士的参与，内容质量是不是会下降？恰恰相反，自媒体内容由于来源更多，内容厚度和广度大大增加。如大家关注一个社会热点话题，在传统媒体中可能只能听到一种声音或者类似的声音；而在自媒体平台上则会引来几百人、几千人，甚至更多人的参与讨论，每个人都有各自的看法、观点，当参与的人多了，看待问题的角度不同了，解决问题的方法自然也就更多。

从这个层面来看，做好自媒体的关键就在于做好内容输出。这就要求企业新媒体的运营者具备一定的内容策划和运营能力，同时能充分调动用户的积极性、主动性，引导他们参与，进而扩大内容的"生产线"。

某旅游服务的一位项目推广人员是这样利用自媒体的：

公交车站旁，一位乘客正在等待公交车，同时不断翻阅着各大搜索平台，查询最便捷的回家路线。此时，一个搜索网站上弹出一条消息："你想知道回家换乘的最短路线吗？"

这可谓该乘客目前最需要解决的问题，于是他果断进入界面，原来这是一家旅游公司的官方移动网站。进入网站后，该公司的后台人员就会收到系统提示有用户访问，接下来就会主动与用户打招呼，如"亲，您正在等候公交车吗""您一定需要更便捷的回家路线吧"等。

由于这些信息大多是用户最迫切需要的，因此通常都能吸引用户继续回复。通过简单的交流，公司后台获取了更多的需求信息，然后就会从数据库中搜索到最便捷的公交路线图、地图导航等，为用户规划出一条最佳路线。

用户收到消息后，兴趣被进一步激发，通常会主动询问："你们是什么公司？是做什么的？为什么要给我规划回家路线图？"

此时，后台人员就可以进一步互动，进入正题，告之"我们是一家旅游服务公司，专门为您提供服务"等更具体的信息。这些信息可以囊括公司所有的产品和服务，以使该用户对公司有个全面、深入的了解。

如果用户感到这些信息有用，就会收藏，或者上传微信朋友圈、微博等。这样一来，一定会有更多的人转发和分享。在一次次转发和分享中，公司的信息无形中就得到了曝光

和扩散，为获取更多的用户奠定了基础。

通过案例发现，这个互动的过程就是公司运营人员和用户共同创造内容的过程。公司运营人员在这里是从营销的角度出发，有意识地制造内容（话题），引导用户关注自己的企业、产品和服务；而用户则是在需求的驱使下，无意识地制造内容（享用公司提供的服务、了解公司的信息等），充当了内容的制造和扩散者的角色（分享朋友圈、上传微博等）。

这样就形成了一种良性循环，丰富了内容制造的渠道，为内容输出注入了新鲜血液，效果远远高于运营者单方面地制造内容。

内容是构建自媒体营销体系最基本的元素，也是产品承载服务的最基本形式。自媒体营销归根结底就是内容营销，只有高质量的、有创意的内容，才能为用户带来利益，培养用户的忠诚度，让用户长期不流失。具体来说，就是要善于将营销和大众参与进行深度融合，以极富创意和观赏性的内容打动用户，从而引发用户发自内心的一种认同，而非强行推送广告。

4.6 充分利用热点、达人、明星效应

案例导入

"明星效应+网络传播"是雕爷牛腩打造品牌形象采用最多的一种方法。很多网游在即将上线之前通常都会组织"内测"，邀请玩家来试玩，目的是找出不足并加以修正。这一招被雕爷牛腩借鉴到餐厅经营中来，在开业之前，雕爷牛腩就邀请不少明星艺人、微博"网红"、美食达人等来"内测"，即试吃，并在微博上发表"吃后感"。一时间，微博上关于雕爷牛腩的话题被疯狂转发，一股神秘之感在普通消费者中弥漫开来，消费者的消费欲望也全面爆发。

长达半年的"内测"，使雕爷牛腩不但优化了产品结构，还扩大了知名度，打开了市场。毋庸置疑，雕爷牛腩已成为"互联网思维+餐饮"的成功典型。品牌建立是从邀请明星、名人试吃开始的。明星、名人试吃后，一方面他们会将意见反馈给生产者，生产者根据他们的意见加以改进，以提高产品质量；另一方面，明星、名人也会在互联网平台上分享，通过"粉丝效应"在消费者与品牌之间建立一种感性关系，让更多的人接触、认识品牌，进而熟知、传播品牌。这既是一个分享的过程，也是一个品牌共建的过程。

作为一个毫无餐饮行业经验的新手，仅凭两家店，雕爷牛腩就已获得6000万元的投资，风投给出的估值更是高达4亿元。

案例点评:

营销与明星的结合是当下营销界最流行的做法之一。对电视广告稍加注意的人都知道,如今的电视广告越来越丰富,除了普通广告外,更多的是主打明星广告、公益广告等。其实,这是一种广告艺术,即借助社会上一些地位、学识、声誉比较高的人来提升产品的影响力,塑造企业或品牌的形象。

在移动互联网时代,明星效应的作用更大。一是因为面对的消费者多为有着明星情结的年轻人群;二是消费者的消费理念发生了重大变化,已不把价格、质量当作头等需求,更看重产品的品牌力、知名度、配套服务等附加值部分。基于此,企业应该懂得重点培养消费者对产品的感情、情怀,以赢得消费者的追捧。而利用明星或社会事件营造产品的明星效应,无疑是最好的方法。

4.6.1 借助名人或社会热点打造事件营销

借助名人或社会热点来营销可以理解为是一种事件营销。所谓事件营销是指通过策划、组织和利用具有新闻价值、社会影响的人物或事,来吸引消费者关注,提高企业的知名度、美誉度,树立良好的品牌形象,并最终促成产品或服务的销售。

简单来说,事件营销就是利用具有较大影响力的事件、名人,制造关注度,并通过具体操作,让这一事件得以传播,从而达到广告的效果。由于这种营销方式具有受众面广、突发性强,在短时间内能使信息达到最大、最优的传播效果,为企业节约了大量的宣传成本,因而越来越被企业所重视。

借事件进行营销应该注意以下3点。

(1)事件与产品属性相同或关联。如某产品拟邀请某影视明星做代言,那么该产品的潜在消费者与这位明星的调性(如经历、曾扮演的角色、"粉丝"群体等)之间必须存在某种共性,才能借助该明星影响到目标消费者,并吸引新的消费者来关注。

(2)事件的内在与产品向用户传递的价值观一致。借用社会事件、名人来宣传产品,其实就是发挥社会事件、名人的特定影响力,告诉用户"我们和那个名人有共同的价值观"。假如价值观不对称,就无法令用户信服,还有可能起到反作用。

(3)借事件营销时最好附带一定的活动,如转发抽奖,这样才能最大限度地激励用户进行分享和转发。

4.6.2 如何策划事件

事件营销的本质就是让事件成为新闻,那么事件必须符合新闻的要求。事件营销的切入点大体上分为3类,即公益、聚焦和危机。这3类事件都是用户关心的,因而具备较高的新闻价值、传播价值和社会影响力。

1. 支持公益活动

从公益上切入，是指企业通过对公益活动的支持引起人们的广泛注意，树立良好的企业形象，增强用户对企业品牌的认知度和美誉度。随着社会的进步，人们对公益事件越来越关注，因此公益活动也体现出巨大的广告价值。

在营销战略同质化的今天，许多企业想到了通过公益活动来传播品牌。支持公益活动，不仅能够增加社会的公共利益，企业也能从中受益，树立起良好的品牌形象。因此，很多大公司在制定长远战略时都会将公益事业作为一项重要内容来考虑。从这一点上来看，公益活动已经成为企业经营策略中一个不可忽视的组成部分。

2. "搭车"聚焦事件

聚焦事件是指用户广泛关注的热点事件。企业可以及时抓住聚焦事件，结合企业的传播或销售目的开展新闻"搭车"、广告投放和主题公关等一系列营销活动。随着硬性广告宣传、推广的公信力不断下降，很多企业转向了公信力较强的新闻媒体，开发了包括新闻报道在内的多种形式的软性宣传推广手段。

在聚焦事件里，体育事件是企业进行营销活动的一个很重要的切入点。企业可以通过发布赞助信息、联合运动员举办公益活动、利用比赛结果的未知性举办竞猜活动等各种手段制造新闻事件。

金六福借助各种体育盛会获得了极大的曝光度，在广大消费者心目中树立起了良好的形象。如与中国奥委会建立了长期战略合作关系，通过支持多个奥运项目，获得第二十八届奥运会、第十九届冬奥会中国体育代表团唯一指定庆功白酒的资格。另外，金六福也积极参与非奥运项目活动，如第二十一届大运会、男足世界杯等，这一系列举措都极大地提升了品牌的知名度和美誉度。

公众对体育竞赛和运动员感兴趣，很容易关注到参与其中的企业品牌。同时，公众对于自己支持的体育队和运动员很容易表现出比较一致的情感。企业一旦抓住这种情感并参与其中，就很容易争取到这些公众的支持。

3. 危机公关

在变幻莫测、竞争激烈的商业环境中，企业时刻面临着不可预知的危机。如果能够进行有效的危机公关，那么所谓的危机事件不但不会危及企业，反而有可能带来意想不到的宣传、推广效果。

危机公关是指应对危机的有关机制。一般来说企业危机有两大类：一是社会危机，二是企业自身的危机。社会危机是指受企业外部因素影响而出现的危机，如社会动荡、自然灾害、人为破坏等。企业自身的危机是指受企业内部因素影响而出现的危机，如企业高层频繁更换、管理人员经营不善等。

当企业面临内、外部危机的威胁时，可通过危机公关化危为安，化被动为主动，以达到缓解危机造成的负面影响、重塑企业良好社会形象的目的。危机事件如果处理得好，甚至会给企业带来特殊的发展机会。

以洗手液品牌威露士（全球著名消毒品牌）为例，该品牌在"非典"期间大力宣传良好卫生习惯的重要性，一举打开了洗手液市场。

通信企业中也不乏这样的案例。在数次自然灾害中，手机成为受害者向外界求助的重要工具。中国移动利用这样的事件，打出了"打通一个电话，能挽回的最高价值是人的生命"的广告语，高品质的网络感受自然深入人心。

4.6.3 哪些人或事件是借用的好素材

哪些人或事件是事件营销的好素材呢？这取决于构成整个事件的客观事实、社会需求、社会关注度等多种因素。一个成功的事件营销至少要具备4个特点，且特点越多，被关注的概率越大。

1. 重要性

这里指事件内容的重要程度。判断内容重要与否的标准主要看其对社会产生影响的程度。一般来说，对越多的人产生越大的影响，其新闻价值越大，重要性越高。

2. 接近性

越是心理上、地理上和利益上与用户接近和相关的事实，新闻价值越大。心理接近包括职业、年龄、性别等因素。一般人对自己的出生地、居住地和曾经给自己留下过美好记忆的地方总怀有一种特殊的依恋情感，所以在策划事件营销时必须关注到用户的接近性的特点。通常来说，事件关联的点越集中，就越能引起用户的注意。

3. 显著性

新闻中的人物、地点和事件的知名度越高，新闻价值越大。与国家元首、政府要人、知名人士以及历史名城、名胜古迹等有关的事件往往都会成为大新闻。

4. 趣味性

大多数用户对新奇、反常、特殊、有人情味的东西比较感兴趣。有人认为，人类本身就有天生的好奇心。

一则事件只要具备了一个特点就具备了新闻价值，同时具备的特点越多、越全，新闻价值自然越大。当一件新闻同时具备所有的特点时，那它所具有的新闻价值是相当大的，也会成为所有新闻媒介竞相追逐的对象。

第5章

微信营销：开创移动营销的新时代

"工欲善其事，必先利其器"，想要做好移动营销，必须熟练掌握相应营销工具的使用。有了工具的辅助，我们才能将企业信息、品牌信息、产品信息快速传递给用户。本章将介绍移动营销所需的重要工具之———微信。我们可以通过个人微信、微信公众平台、微信小程序建立自己的专属渠道，从而将产品推向市场，赢得更多的用户。

5.1 个人微信

案例导入

　　2015年5月的一天，一篇名为《杭州史上最小别墅》的微信文章刷爆了杭州人的手机，仅4天阅读量便超过48万。原来，这是由某售楼处的微信号发布的一条卖房消息。该项目位于杭州城西，定位为微墅，即小型别墅。项目刚刚落地，完整的销售方案尚未出炉，官方网站也没有正式公布，甚至连最基本的推广都还没来得及做。发布这条微信的目的也不是为了向公众公布这一信息，纯属内部员工的好奇心所为。

　　"无心插柳柳成荫"，令他们没想到的是，这样一篇简短、清新的文章，竟引发了很多人的关注。几分钟后就有电话打来咨询，24小时阅读量就高达28万，4天后超过48万。在此后一个多月的时间里，销售处的热线每天都要接到几百个电话，甚至一度陷入了瘫痪。仅用了一个月的时间，200套房子就被抢购一空，要知道，这可是原定一年的销售指标！

　　回过头来分析一下，这篇文章为什么能在如此短的时间内引发那么多人的关注？主要原因是它出现在了微信中。假设这篇文章刊登在当地报纸上，或者投放在网站、BBS论坛上，效果不一定有这么好。

案例点评：

　　上述例子告诉我们，不花一分钱做广告依然可以傲视广告圈。微信作为一种新的传播媒介，在传播速度上独具优势。微信本是腾讯公司开发的一款社交工具，但随着其影响力的日益增大，已经成为很多企业进行营销的首选。

5.1.1 个人微信营销的特点

　　2017年8月，腾讯公司官司方数据显示，微信和WeChat合并月活跃用户数已达9.63亿人。如今，这一拥有近10亿用户的移动应用已经不仅是个通信工具，而正在向商业化平台转变，并深刻影响着企业的商业模式和营销模式。

　　每个平台都有自己的特点，微信也不例外。企业想要借助微信开展营销工作，就必须充分了解图5-1所示的微信特点。

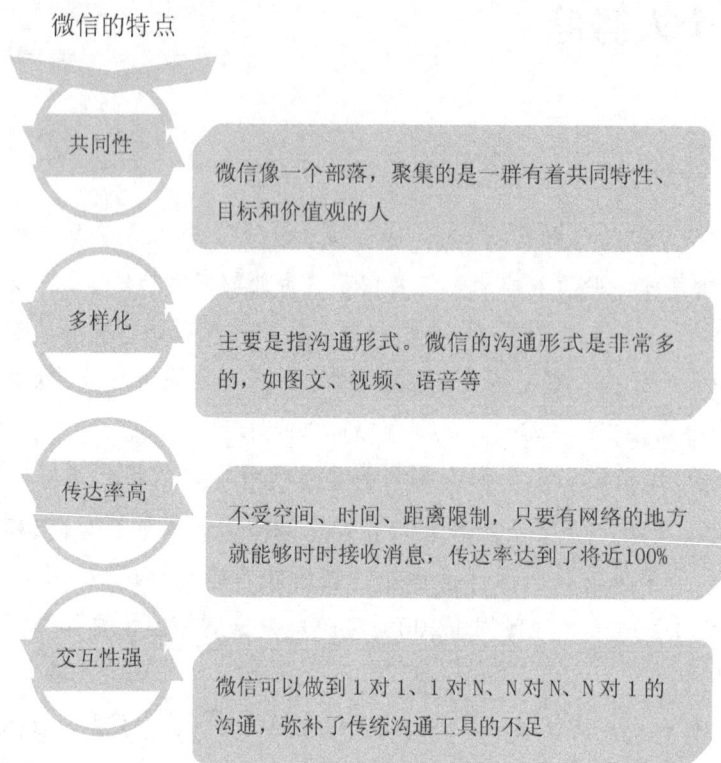

微信的特点

共同性：微信像一个部落，聚集的是一群有着共同特性、目标和价值观的人

多样化：主要是指沟通形式。微信的沟通形式是非常多的，如图文、视频、语音等

传达率高：不受空间、时间、距离限制，只要有网络的地方就能够时时接收消息，传达率达到了将近100%

交互性强：微信可以做到1对1、1对N、N对N、N对1的沟通，弥补了传统沟通工具的不足

图5-1 | 微信的特点

5.1.2 朋友圈和微信群营销

微信已经成为企业进军移动互联网领域的主要"武器"，尤其是朋友圈、微信群等功能，更是得到了重度开发和应用。

1. 朋友圈

朋友圈是微信的主要功能之一。很多人之所以乐此不彼地玩微信，多数是喜欢发朋友圈、看朋友圈。同时，朋友圈也是企业、商家进行移动营销最常用的微信功能。现在只要打开朋友圈，总能看到各式各样的产品推广与宣传，图5-2所示为朋友圈上官方发布的广告，图5-3所示为朋友圈上微商发布的个人广告。

无论是官方广告，还是个人广告，均属于朋友圈上最常用的宣传和推广方式，对于扩大品牌知名度、增加产品曝光度，以及提高销量都有重要的促进作用。不过，朋友圈营销并不是那么简单的。因为很多人并不十分认可朋友圈的商业属性，他们坚持认为朋友圈就是社交、聊天、情感联系和沟通的地方，大量出现的广告已经打破了这种平衡。由此可见，想要做好朋友圈营销，不仅是要刷广告，还需要掌握必要的方法和技巧，尽量避开大多数人的固有认知和心理障碍，最大限度地迎合他们的取向，满足他们的需求。

图5-2 | 朋友圈官方广告

图5-3 | 微商发布的广告

那么，企业、商家该如何利用朋友圈进行营销呢？最有效的方法就是实现内容与需求的对接，精准推送。微信朋友圈具有特定性，企业、商家在发布产品或服务信息时可在对用户需求进行精准分析的基础上有针对性地推送。这样不但可以提高推销的有效性，还可以避免骚扰到没有需求的用户。

具体有3种方法可实现朋友圈精准营销。

（1）谁可以看

在朋友圈发布产品或服务信息时，为了与好友需求精准对接，可以对内容进行进一步选择。朋友圈有两大选择功能，分别为"谁可以看""提醒谁看"。

①"谁可以看"是根据内容类型、用户需求等对用户进行限制，只有一部分人或指定人能够看到。

②"提醒谁看"是在所有人都可以看到发布内容的基础上，精准地提醒特定的人来看。

例如，准备在朋友圈中发送"开学季图书大促销"这样一个互动活动。该活动主要针对的群体是学生及其家长，也就没必要面向朋友圈中的所有人。此时就可以利用"谁可以看"功能进行限制，不让那些没有需求的人看到它，如图5-4所示。

（2）提醒谁看

如果所推送的信息与某一人群的需求特别吻合，就可以提醒对方及时查看信息。例如，公布获奖名单可以通过"提醒谁看"功能提醒中奖人员；又如有新品上市需要及时告知老客户，也可以通过"提醒谁看"功能来完成，以达到二次销售的目的。

在图5-5所示信息编辑界面中，单击"提醒谁看"，即可选择提醒的好友。值得注意的是，该功能最多可选择10位好友，因此需要谨慎选择。

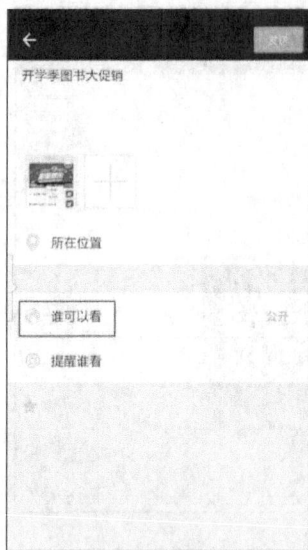

图5-4 | 在发布内容时选择"谁可以看"

图5-5 | "提醒谁看"功能信息编辑界面

（3）所在位置

之前讲过LBS对移动营销的重要性，LBS的核心就是地理位置的分享。在微信朋友圈中，"所在位置"同样有提供地理位置的功能。这个功能对于企业、商家做朋友圈营销非常实用。当用户看到带有地理位置的信息时，会自然而然地对企业和产品产生信任感，进而了解更多的信息。如某企业销售海南特产，当用户看到其所发布的产品信息也同样来自于海南某地时，该产品在他们心目中的可信度就会大增。因为地理位置信息间接地告诉用户，该企业销售的是真正的海南特色产品。

同时，地理位置对线下销售来说，也是一种间接的引流。如杭州某一品牌的真丝夏凉被享誉全国，口碑非常好。如果在朋友圈中看到其带有的地理位置信息，用户便会慕名前去线下实体店参观或购买。

2. 微信群

微信群是微信推出的一个多人聊天服务平台，通过邀请微信内的好友参与形成一个相对封闭的小圈子，形成一个群，群内好友可通过网络快速发送语音、视频、图片和文字等，也可共享图片、视频、网址等。

微信群最大的好处就是可以进行一对多的沟通，而且基于熟人关系，沟通的盲目性大大减少，效率非常高。这为企业、商家进一步宣传和推广产品提供了很好的平台，是企业、商家进行微信营销不可忽略的渠道。

（1）积累人脉

每个微信群都相当于一个人脉圈，这个圈子里的每位成员都有着类似的价值观、内心诉求及兴趣爱好，如图5-6所示。

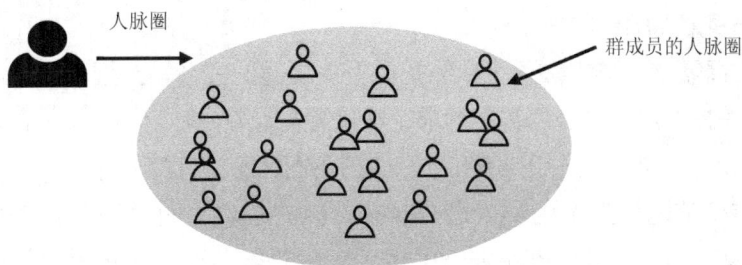

图5-6｜微信群人际关系模式

（2）沟通价值

传统的沟通方式总会受到这样或那样的限制，如地域、时间、人数等限制；而在微信群里则不存在这些问题，群主可以随时发起会话，而且群成员之间也可以无障碍地沟通，如图5-7所示。

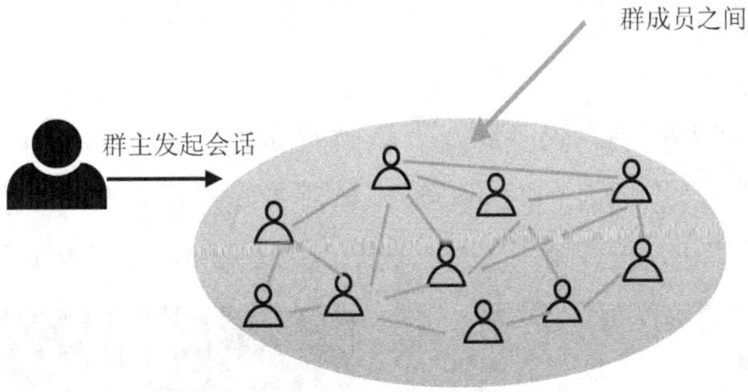

图5-7｜微信群沟通模式

（3）裂变式传播

目前单个微信群的人数上限已达500人，这几百个成员就是群主的宣传员，每位成员都可以再次以建群或加群的形式进行传播。例如，群主发送某条信息，群成员A觉得有价值就会转发给自己的好友，好友的好友也许会再次转发，这样一次次地向下传播，就形成了一个完整的链条，而有需求的人如果买东西最终都会回到群主这里，如图5-8所示。

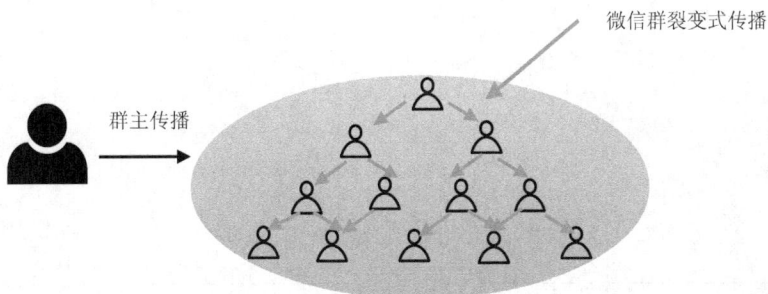

图5-8｜微信群的传播模式

（4）维护良好微信群的注意事项

① 善于挖掘需求。群主必须积极维护与群友之间的关系，挖掘他们的内心需求。群主要时刻想办法挖掘用户内心的真实诉求，这就需要定期或不定期地策划活动让用户参与进来。例如，针对不同产品进行投票和打分，对不同客服进行打分等。

② 提供有价值的信息。为群成员分享有价值的信息，如关于产品或服务的最新消息、分销辅导等，使那些有消费意向的成员及时获取特价或折扣等优惠信息，而那些想"取经"的用户也可从中获得新知识，学到一定的技巧。同时，也要鼓励成员分享，形成一个资源置换的平台。这种及时的分享对于成员们来说是一种福利，也会吸引更多的成员加入，从而构建良好的社群交流环境。

③ 打造良性口碑。微信群是一种非常好的口碑传播工具，利用好了，做到一定程度后，通过群活动让群成员进行良性传播，一定会被更多的人所熟知。如针对群内比较热心、优质的朋友，可送一些小礼物或红包，让他们邀请一些自己的朋友。一般来讲，优质客户的朋友大部分也是优质客户。

3. 其他营销功能

利用个人微信展开移动营销，除了朋友圈、微信群两大主要功能外，还有很多辅助功能可供选用，如漂流瓶、附近的人、摇一摇等。尽管在营销效果上不及前两大功能，但也不可忽视。运用得好同样可以吸引用户关注，推广效果如图5-9和图5-10所示。

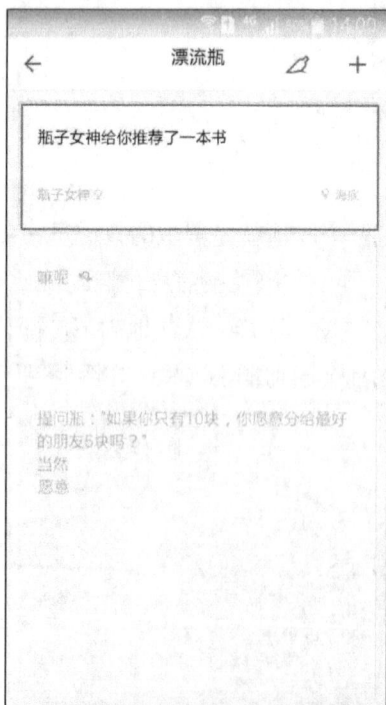

图5-9 | 漂流瓶推广图书

图5-10 | 附近的人推广服装店

▍5.1.3　微信朋友圈营销功能的设置与装修

纵观那些火爆的、"粉丝"众多的微信号就会发现，它们都有一个共同点——良好的形象。形象对一个人来说可能只是个符号，但对于企业来讲则代表着品牌影响力、企业文化和企业价值的传递。微信作为企业移动营销体系中重要的一部分，必须在形象上下一番功夫。微信的形象主要包括3个部分，分别为头像、昵称和个人相册。

1. 头像

微信头像的作用在于便于微信好友的识别和识记，便于在众多微信号中脱颖而出；同时，好的头像也能够向用户传递企业有价值的信息，提升企业的形象，如图5-11所示。

看了上述4个头像后，大部分人都可以很轻松地知道该微信旨在向好友传递什么信息。图5-11（a）所示为珠宝生产与销售，图5-11（b）所示为婚纱摄影。图5-11（c）、图5-11（d）传递的信息虽然不是特别明确，但也很容易判断出个大概。图5-11（c）是销售大枣或与大枣有关的产品的微信，图5-11（d）反映了微信主人的主营业务是为用户提供策划、设计性的服务。

（a）头像1　　　　　（b）头像2　　　　　（c）头像3　　　　　（d）头像4

图5-11 | 各种微信头像

既然微信头像如此重要，那么我们该如何设置呢？具体来说有5个要素，如图5-12所示。

2. 昵称

醒目的头像+个性十足的昵称是衡量一个微信能否扩大知名度的重要标准。掌握了头像的设置技巧，还必须掌握相应的取名技巧。常见的技巧有直接命名法、相似命名法、功能命名法、形象命名法、提问命名法、抽象命名法6种，下面分别介绍。

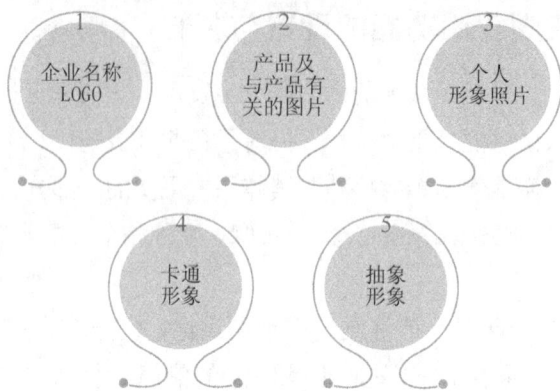

图5-12 | 设置微信头像的5个要素

（1）直接命名法

直接以企业、品牌、产品的名字来命名。这种方法适用于已经有较大影响力或众多"粉丝"的企业或品牌，最大的优势是可借用企业、品牌或产品已形成的影响力，方便"粉丝"搜索和记忆。

（2）相似命名法

"依葫芦画瓢"去模仿，借用行业内影响力较大的、有代表性的微信昵称，然后结合自身的特色进行演绎，也就是我们常说的借势。

（3）功能命名法

根据企业生产、销售的产品功效来命名。这类命名法优势在于范围广、定位准，可最大限度地提升微信的曝光度。

（4）形象命名法

利用拟人、拟物、比喻等形象化的手法，把模糊的事情具体化，或者把无形的事物有形化，如拇指阅读、篮球公园、电影工厂、她生活等。

（5）提问命名法

这种方法可以理解为你问我答或自问自答，问题不是关键，而是如何通过问题吸引更多的人关注。例如，什么能赚钱、今晚看啥、什么值得买等，实则上是没有固定答案的，但却是很多人十分关注的问题。把这些问题作为微信名称，很容易激发起人们的好奇心，进而引导人们去关注，因为关注后就知道答案了。

（6）抽象命名法

这类微信以新鲜、好玩、有趣为主，没有严格的规则和规范，目的只有一个——让"粉丝"感到眼前一亮。这样的微信不胜枚举，如槽边往事、琢磨先生、乐活铺子、小道消息、一些事一些事……

当第一次看到这些微信昵称时，绝大部分人都不知道它们到底在说些什么。然而，人有时候很奇怪，越是不知道说些什么，越有深度了解的欲望。可见，在命名上只要抓住了人的这种朦胧心理，也可以做到以"奇"制胜。这样一来，很多看似昵称稀奇古怪的微信为什么还会有那么多人关注，就不难理解了。

3．个人相册

个人相册主要包括封面和个性签名，打开微信相册即可看到。

封面是个人相册的主要部分之一，也是最显眼的一部分，相当于相册的背景图。其设置技巧与头像部分一样，既要有特色，也要信息丰满，最大限度地展现企业、品牌形象，传播产品或服务信息。

个性签名也是个人相册的一个主要设置点，一般由几个词或一句话组成，概括了该微信的用途、特色、特点或其他。简单来说，就是通过一段话让用户马上知道你是谁、准备做什么、能提供什么价值和服务。在具体设置时，可以把最想传递给用户的信息全部体现在个性签名里。

封面和个性签名的设置还可以弥补头像、昵称的不足。如有些人的微信在头像、昵称上受到篇幅的限制，很难明确定位，表述也比较模糊。那么，此时就可以通过封面与个性签名加以细化、明确。封面与个性签名可以任意设置，还可根据自己的需求随时更换。

个人微信号一定要有独特性、个性化，否则很难在众多账号中脱颖而出。在账号的特色设置中，头像、昵称和个人相册是最不可忽视的。只要做好这三个方面，就很容易给用户留下深刻的印象。

5.2　微信公众平台

案例导入

维也纳酒店创立于1993年，是全球首家以"音乐艺术"为主题的精品连锁酒店。目前，维也纳酒店集团旗下已拥有十大子品牌，如维纳斯皇家酒店、维纳斯国际酒店、维纳斯度假村酒店、维也纳好眠国际酒店、维也纳国际酒店、维也纳酒店、维也纳智好酒店、维也纳公寓等。正如其宣传的那样，"舒适典雅、顶尖美食、品质豪华、安全环保、音乐艺术、引领健康"，维也纳酒店在业界赢得了很高的声誉。2013年微信公众平台营销刚刚起步时，维也纳酒店便意识到了其重要性，并于年初开通了微信订阅号"维也纳酒店"；同年11月，微信服务号也正式上线，利用微信公众平台为客户提供微信订房业务。

维也纳酒店微信公众平台不仅是增加了一项线上订房业务，而且进一步完善了其整个服务体系。由于微信公众平台与订房系统直接相连，客户只要关注微信服务号，通过菜单即可快速预订。预订完成后，后台可立即收到订房通知信息。

维也纳酒店微信公众平台的开通，意味着移动端订房将逐步取代PC端订房业务，客户可以享受更便捷、更周到的订房服务一时之间，更多的人开始知道并关注维也纳酒店。据统计，维也纳酒店微信订房业务上线仅3个月，日订房量便提升了1200％。由以前每天50间房上升到2014年2月的700多间房，到了3月更是高达每天1000余间房，大大增加了酒店的业务量。

案例点评：

通过微信公众平台企业可以向消费者提供更多的信息、更完善的服务；与此同时，消费者也可以更快、更便捷地获取信息、享受服务。这对企业、消费者双方都是有利的。

5.2.1 微信公众平台在营销中的作用

微信公众平台是腾讯针对个人、企业和组织开发的一个用于提供业务服务、用户管理的全新服务平台。使用者在开通平台后，就会拥有一个应用账号——微信公众号。

该号就像QQ号、手机号一样，是使用者唯一的身份标识。登录微信公众号可以在微信公众平台上与消费者进行文字、图片、语音、视频等全方位的沟通和互动。消费者通过关注微信公众号，也可成为该企业的用户，从而享受其提供的产品或服务。微信公众平台运作模式如图5-13所示。

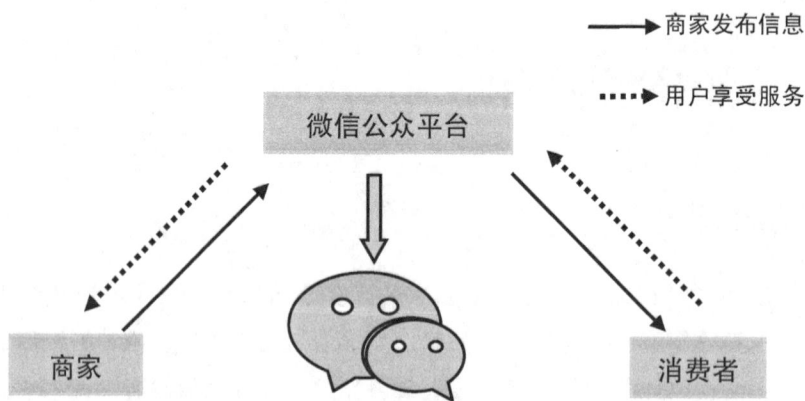

图5-13｜微信公众平台的运作模式

从图5-13中可以看出，通常情况下用户只要关注了某个微信公众号，就可以进一步享受该企业微信公众平台上所提供的所有服务。用好微信公众平台是用好微信，展开微信营销的前提。

微信公众平台营销优势如下。

1. 种类全，功能强大

微信公众平台的信息推送和管理功能十分强大，不但可群发文字、图片、语音、视频等内容，还可以对信息进行高效管理，尤其是接口功能使得信息管理更具优势。这是其他任何平台，以及个人微信所有功能如微信群、朋友圈、摇一摇、二维码等所不具备的。

同时，随着微信公众平台的不断完善，旧有的一些功能得到了优化，如语音功能，而新的功能也在不断增加中。

语音功能支持运营人员在后台添加录制好的语音，然后上传到服务器上，在微信公众平台中调用，用于与用户的交流。添加语音时，可从素材库中添加已有的语音，也可新建语音进行提交。一则图文消息只支持添加一个语音。用户也可用语言功能给微信公众平台留言，如图5-14所示。

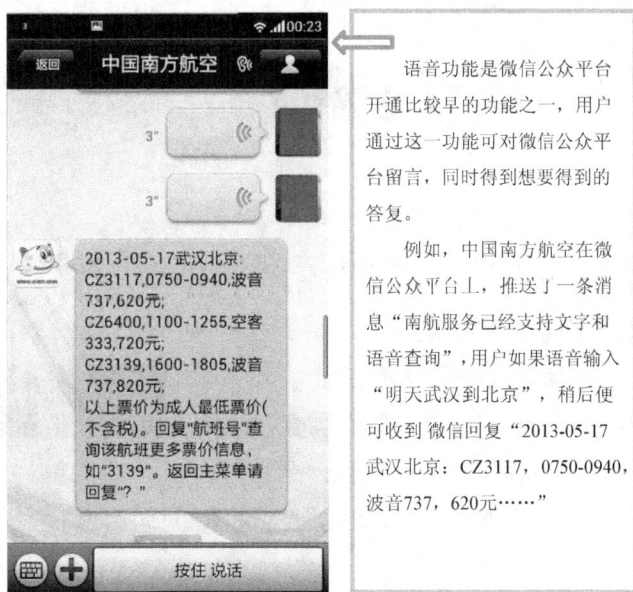

语音功能是微信公众平台开通比较早的功能之一，用户通过这一功能可对微信公众平台留言，同时得到想要得到的答复。

例如，中国南方航空在微信公众平台上，推送了一条消息"南航服务已经支持文字和语音查询"，用户如果语音输入"明天武汉到北京"，稍后便可收到微信回复"2013-05-17武汉北京：CZ3117，0750-0940，波音737，620元……"

图5-14 | 微信公众平台中的语音功能

2. 多层面的沟通

微信可进行多层面的沟通，如私密的、开放的。玩微信群、朋友圈时更多的是一种个人行为，我们称之为私密沟通行为；利用微信公众平台时则上升到集体行为、公众行为，即开放式的沟通。这两种行为分别形成了两种完全不同的营销模式，如图5-15和图5-16所示。

在各自的模式下，推广、宣传方式尽管有所相似，但效果却大相径庭。微信公众平台功能完善、设置人性化，比个人微信更系统、更完善，更有利于营销工作的开展。因此，做微信营销不能局限于使用单一的微信群、朋友圈等功能，更应该打造一个属于自己的微信公众平台。

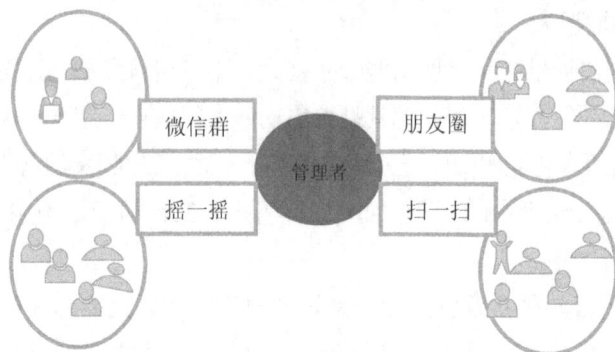

图5-15 | 个人微信管理者与用户点对点式的营销模式

图5-16 | 微信公众平台管理者与用户点对面式的营销模式

3. 实现了PC端与移动端的完美闭环

2015年7月以前，微信公众平台只能在PC端操作，然后再通过平台发送到智能手机、iPad等移动端。2015年下半年，腾讯开通了移动版的公众号管理平台，并进行了公测，从而实现了"PC端—移动端"的完美连接。

移动端管理平台是一个名为"公众号安全助手"的公众号。公众号安全助手的出现，意味着微信公众平台实现了PC端、移动端的同时操作，大大提高了微信公众平台的便捷性。在公众号安全助手上可群发图片、文字和图文等信息，查看留言、评论与赞赏，如图5-17所示。

以上3个优势决定了微信公众平台在微信营销中的地位，没有这个平台，或者不做好这个平台，所谓的微信营销就是不完整的，甚至没有太大的意义。如今那些优秀的企业，或者在微信营销方面取得突出成就的企业都有自己的微信公众号，它们的微信公众号也

图5-17 | 公众号安全助手的功能

赢得了大量"粉丝"的青睐。

5.2.2　微信公众号的类型

微信公众号可分为订阅号、服务号、企业微信（企业号）。企业、商家需要根据自身需求选择相应的账号。三种账号在很多方面存在差异，这些差异会影响到实际的使用效果。具体差异如表5-1所示。

表5-1　三大类型微信公众号的对比

功能＼类型	订阅号	服务号	企业微信（企业号）
消息显示方式	出现在订阅号目录中	出现在好友会话列表顶端	出现在好友会话列表顶端
消息显示次数	1条/天	4条/月	200条/分钟
关注方式	扫描二维码或者通过搜索关注	扫描二维码或通过搜索关注	通讯录成员可关注
信息的分享	可转发和分享	可转发和分享	可转发和分享；也支持消息保密，防止成员转发
高级接口权限	暂不支持	支持	支持
定制应用	部分支持	部分支持	支持
自定义菜单	支持	支持	支持

需要注意的是，一旦成功创建微信公众号，其类型便无法变更。微信公众平台是企业转型新媒体运营的主要工具之一，当决定要开通微信公众平台时就必须选择一种类型，或订阅号，或服务号，或企业号。

5.2.3　公众号应用场景选择

公众号的应用场景分为两个部分：一个是使用主体，即什么人在使用；另一个是应用领域，即应用在哪些行业。使用主体上因账号类型的不同而有所区别；应用领域上则包罗万象，基本涉及所有领域，尤以零售、餐饮、旅游、医疗、电商、互联网等行业为甚。

1. 使用主体分析

前文讲到公众号分为订阅号、服务号和企业微信（原企业号）三大类型，其使用主体存在一定的差异。

（1）订阅号

订阅号的使用主体为个人、媒体、社会组织和企业。订阅号最初的定位，是为满足个人、媒体需求而打造的一个信息资讯开发平台，社会组织、企业并不在范围之内。然而，任何一个平台也正是有了企业的参与，才更有影响力，才更容易被普通大众所认知和接受。于是，后来订阅号也逐步对企业开放。目前，大量企业参与进来，利用订阅号发布企业信息。至此，订阅号形成了一个"四位一体"的用户体系，如图5-18所示。

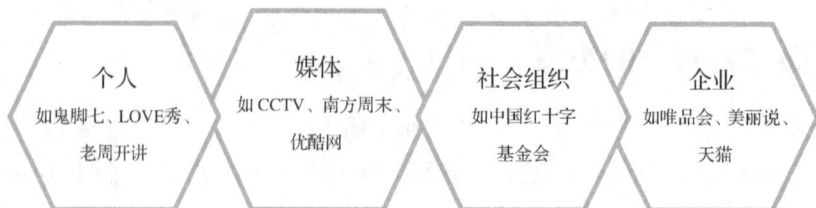

个人	媒体	社会组织	企业
如鬼脚七、LOVE秀、老周开讲	如CCTV、南方周末、优酷网	如中国红十字基金会	如唯品会、美丽说、天猫

图5-18 | 订阅号的使用主体

（2）服务号

服务号针对更多的是企业，包括具有企业性质的媒体、社会组织等。与订阅号相比，服务号的使用主体范围较窄，最大的不同就是不再适用于个人。毕竟，服务号是一个以提供服务为主的平台，偏重于与用户的互动。如一些银行、医院、学校，以及中国移动、中国联通等以提供服务为主的企业，它们需要时刻向用户提供自己的服务，开通服务号再好不过了。

在北京联通微信服务号上，用户只要绑定自己的手机号码，就可以通过下方的导航菜单办理线上所有业务，如话费充值、流量购买、办理卡号、话费余额查询、积分兑换、生活服务等，同时用户也可联系人工服务，如图5-19所示。

（3）企业微信

企业微信，原叫企业号，在使用主体的定位上范围更窄，仅限于某企业内部。通过该平台，企业内部可以很好地连接起来，形成一个移动的、系统的整体。如召开线上会议、管理员工、管理客户等，不必在线下进行，通过企业号都可以轻松、高效地完成。

玫琳凯企业号旨在打造企业内部最小反射弧，通过建立"新闻公告""投票""自助客服"及"人工客服"的内部管控体系，员工可以快速触达公司内部新闻，减少不必要的中间环节；同时，还给所有员工

图5-19 | 北京联通微信服务号

提供了一个可寻求远程技术支持的入口，玫琳凯IT部有职员7×11小时待命，为员工解决技术问题，使企业的工作效率大大提升。

2. 应用领域分析

随着微信公众平台的普及、用户数量的大量增加，以及业务模式的不断完善，微信公众平台的应用领域也前所未有的广泛。可以说，现在其"触角"已经延伸到了所有行业，

没有一个行业不开通微信公众平台的。

当然，不同的公众号性质不同，其用途也不同，并不是任何行业、任何企业都适用，也并不是只要开通了微信公众平台就一定能收到预期效果。该不该使用微信公众平台，该用哪种类型，还需要综合考虑，全盘分析，从实际出发。

这个"实际"一般包括3个方面。

（1）根据订阅号、服务号的特点、优势而定

对比两种公众号的特点，就会很容易发现，订阅号的优势在于信息的传递和互动上。一方面，每天1条的信息发布量能满足运营者的需要；另一方面，也便于与用户进行互动，订阅号发送的信息和资讯会显示在用户的订阅号文件夹中。这类公众号比较适用于媒体、政府机构等，以实现消息推送、信息分享和反馈，如南方周刊、中文在线等。

服务号的优势在于能建立相对稳固的服务模块，为用户提供某种具体的服务。这类公众号比较适用于以服务为主的企业（如餐饮、旅馆、电商平台等），如大众点评、京东等。

（2）根据企业（个人）自身需求进行选择

无论企业微信公众平台，还是个人微信公众平台，一般订阅号是首先必须要做的。至于是否做服务号可视情况而定，当然目前个人还无权开通服务号。是否开通服务号的前提是评估一下自身是否有更多的服务向用户提供？是否一定要通过微信来提供？如果没有就不要勉强，否则达不到4次/月的"露脸"机会，很容易被用户遗忘。

以小米手机微信公众号为例，根据业务需求，小米公司直接在公众号上开通了购机、配件及服务入口，如图5-20所示。这极大地满足了"米粉"们的核心需求，如购买手机配套配件、充话费等；另一方面，对于非小米用户或准用户而言也极具吸引力。

（3）根据企业的运营能力而定

决定是否要同时运营两个公众号，还有一个非常重要的因素，即企业自身的运营能力。尤其是做服务号，需要深层次的技术开发，需要配备足够的运营人员和技术支持，需要系统的功能规划。缺乏运营能力的支撑，即使开通也可能被长期搁置，之所以有很多"僵尸号"存在就是这个原因。

最后给出3条具体的建议，如表5-2所示。

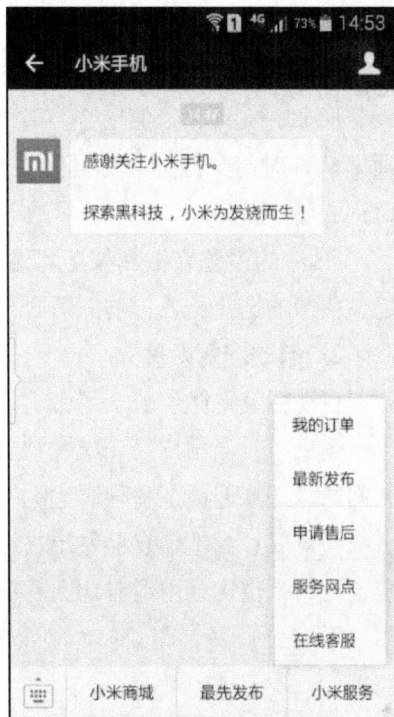

图5-20 | 小米手机微信公众号

表5-2 关于公众号的建议

先做订阅号，再做服务号	对绝大多数企业而言，最好先从订阅号做起。做好订阅号，就能形成好的沟通机制和氛围。当数据量足够大，而很多需求又无法通过订阅号满足时，再升级为服务号，自然水到渠成
服务性企业优先做服务号	对于银行、电子商务企业、航空企业等经常与用户打交道的企业，可以优先选用服务号，可以在用户消费过程中不断给予服务性的提示（如及时提醒订单、行程、路线、航班等信息），并提供实时的在线客服
一定要做在线客服	无论服务号，还是订阅号，都需要做好在线客服。基于实时沟通的在线客服是微信公众平台的价值所在，不能忽视。未来"微信客服中心"很有可能和电话客服中心一样，成为企业新的客服模式

综上所述，无论是从使用主体（企业、媒体、社会团体、个人）的角度来看，还是从应用领域的角度出发，在做微信公众平台之前，都需要好好想想自己的公众号到底能够给用户提供什么、账号的定位和核心功能是什么、能提供哪些独特的价值。

5.2.4 微信公众平台的基本设置

微信公众平台的基本设置包括头像和名称的设置、自动回复设置和自定义菜单设置3个方面。具体设置步骤、技巧分别介绍如下。

1. 头像和名称设置

头像和名称是微信公众号给人的第一印象，可能只是一个符号，但对于企业来讲却代表着形象、文化和价值核心。头像和名称作为微信公众平台的重要组成部分，在设置时必须要认真对待，因为它如同企业的名称、品牌或产品的名称一样，会让更多的人记住、识别。

具体的设置方法和技巧可参考个人微信，两者有异曲同工之妙，这里不再赘述。总之，头像的选择和名称的拟写必须掌握一定的方法和技巧。

2. 自动回复设置

自动回复是微信公众平台的一个重要设置选项，主要应用在两个场景当中。

场景一：当用户第一次关注公众号时，公众号会自动回复一些类似于自我介绍或提示的信息，如欢迎语、引导语等。

场景二：当把信息群发出去之后，经常会收到用户的回复和反馈，这时需要进一步交流、沟通，也常会用到自动回复功能。

微信公众平台有3种自动回复设置，分别为：被关注回复、收到消息回复和关键词回复。

登录微信公众平台，单击左侧的"功能"→"自动回复"选项，进入编辑模式即可对自动回复进行设置，如图5-21所示。

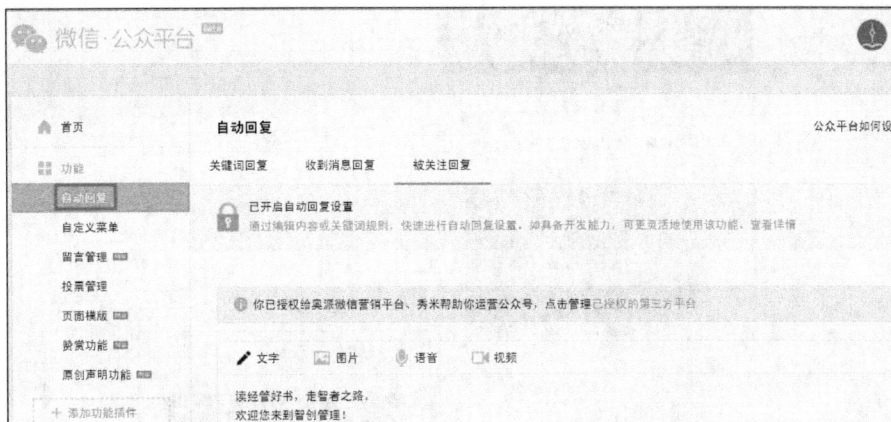

图5-21｜微信公众平台后台"自动回复"设置页面

（1）被关注回复

在后台管理界面中的左侧"功能"列表中选择"自动回复"选项，在右侧弹出的"自动回复"界面中选择"被关注回复"选项卡，即可在下方的文本框中输入想回复的消息。最多可以设置600个字，包括插入文字、声音、图片、视频、链接地址等。该信息会在用户关注微信公众号后自动弹出，用以与用户进行初步交流，如欢迎语、进一步操作提示等。

这里重点介绍一下关于欢迎语的设置。欢迎语，顾名思义就是与用户打招呼以示礼貌，就像平时朋友见面总要打声招呼一样，是自动回复设置中必不可少的内容。在公众号这个特殊的媒介上，欢迎语也不是简单的客套话那么简单，在设置时需要遵循一定的原则。

① 招呼：以亲切的语气、新颖的语言向用户打招呼。

② 定位：对公众号进行定位，让用户知道你是谁、是干什么的、擅长哪些方面。

③ 栏目：向用户展现一部分内容，如一条信息、一篇文章，目的是提起用户的兴趣。

④ 引导：直接引导用户查看历史消息、菜单栏、回复关键词……总之，就是直接告诉用户如何做。值得注意的是，这种引导要简单，越简单越好。

（2）收到消息回复

与被关注回复相同，此处同样可以添加最多600个字的回复内容，包括文字、声音、图片、视频，不同的是不能添加链接地址。这个模块下的信息，只有在用户做出回应时才会自动弹出，否则不会被激活。

收到消息回复一般出现在公众号自定义菜单中，如公众号智创管理设有"智创课堂"菜单，其下又有二级菜单"微课堂"，当用户点击该菜单时就会收到后台推送的自动回复内容，如图5-22所示。

图5-22 | 收到消息回复功能示例

（3）关键词回复

关键词回复功能大大增强了互动性，当用户输入某个关键词，触发自动回复时，后台就会自动推送设置好的内容。仍以公众号"智创管理"为例，输入关键词"我要读书"，就会收到以下自动回复的内容，如图5-23所示。

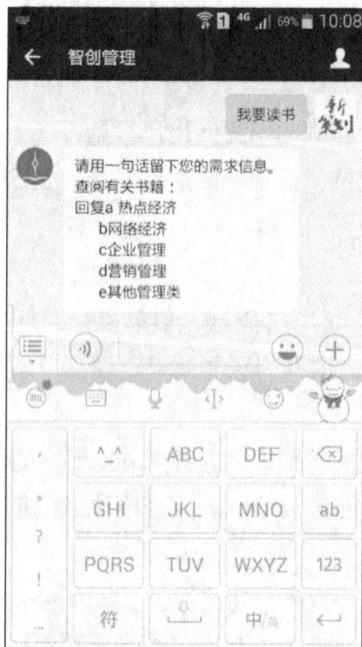

图5-23 | 智创管理公众号的关键词回复内容

在设置关键词回复时需要注意字数限制，平台对关键词字数、回复内容字数等都有严格的要求，具体如表5-3所示。

表5-3 关键词回复设置规定

类别	规则名称	关键词	回复
具体规定	不超过60个字，最多可以设置200条	单个关键词不超过30个字，每条信息最多可设置10个关键词	每条规则最多设置5条回复，单条回复不超过300个字
注意事项	① 关键词回复可以添加文字、声音、图片、视频，链接地址可以输入，但是不支持网页超链接 ② 关键词回复设置规则的理论上限是200条，也就是最多可以创建200条不同的规则，但对此微信官方并没有明确说明 ③ 回复内容可以在界面中进行设置，可以选择每次都推送全部回复，也可以选择仅回复部分内容。若设置了相同的关键字但回复内容不同，系统会随机回复；若设置了多个回复内容（没有设置"回复全部"），系统会随机回复		

3. 自定义菜单设置

微信公众平台的"自定义菜单"是一个机动性极强的功能，主要表现在运营者可根据自己的需求自由设置和开发。如果说上述两个功能只能链接到内部素材，那么自定义菜单则是一个可链接外部素材的功能，如链接到微店、链接到微网站的某一款产品、链接到某一微商城、链接到更多微信第三方应用系统和功能。

如果微信公众平台是一个流量入口，那么自定义菜单就是一个管道，负责把流量导流到外部渠道如微店、产品、项目和服务上去。自定义菜单使公众号变得丰富多彩，更加强大。可以说，如果没有自定义菜单功能，微信公众平台将会陷入千篇一律的境地，毫无特色、个性化可言。自定义菜单界面如图5-24所示。

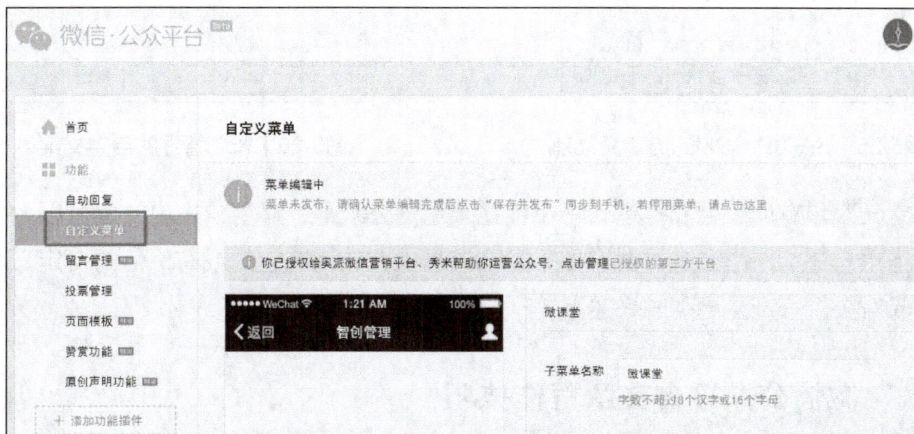

图5-24 | 微信公众平台自定义菜单界面

自定义菜单最大的优点是可以将公众号里的重点信息入口直观地展现给用户，降低用户的认知门槛。当拥有这个功能的开发权限时公众号的信息将会更加完善、更加系统，便于用户更好、更快地获取信息，一目了然地了解相关服务。

目前，利用自定义菜单功能可以设置3个主菜单，每个主菜单下可以设置最多5个子菜单。单击主菜单会弹出该菜单下的子菜单，单击每个子菜单将会触发请求，调出相应的回复信息和链接网页。这也预示着微信营销不再是单纯的消息推送和回复（该功能暂不支持未认证的订阅号）。

京东JD.COM、智创管理很好地展示了"自定义菜单"的强大功能，实现了公众号的个性化定制。京东针对"双11"分别设置了"11.11狂欢""新用户礼包""我的服务"3个菜单；智创管理根据业务需求设置了"智创课堂""我的服务"等菜单，如图5-25和图5-26所示。

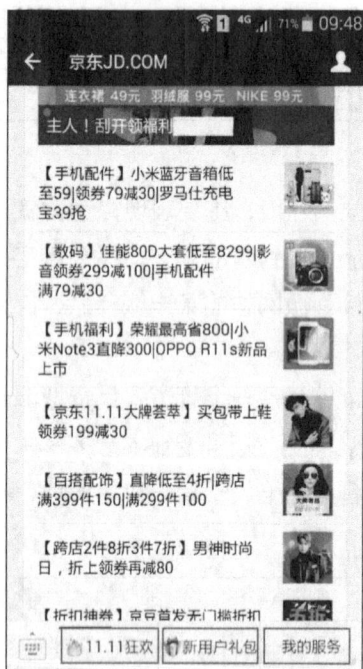

图5-25 | 京东JD.COM的自定义菜单

图5-26 | 智创管理的自定义菜单

自定义菜单有助于企业打造一个个性化十足的公众号，对用户来说，则可以大大丰富体验。当用户添加一个公众号时，如果发现该号上有较为有趣的或有价值的自定义菜单，就很容易对公众号产生更高的兴趣。

5.2.5　微信公众平台文章写作技巧

文章作为微信公众平台运营的重要部分，直接决定着公众号的质量。高质量的微信公众号一定离不开具有阅读价值的文章。纵观那些优秀的微信公众号，之所以能够吸引众多"粉丝"，最重要的原因就是里面有高质量的文章。本节重在介绍微信公众号文章的群发规则及其构思和写作技巧。

1. 文章的群发

群发功能是微信公众平台的一个主要功能，通过此功能可以实现信息的快速传播。下面将重点介绍如何使用该功能。

在使用该功能时需要登录微信公众平台后台，进入首页后单击"新建群发"按钮，如图5-27所示，即可在左侧"功能"列表中添加"群发"功能选项。

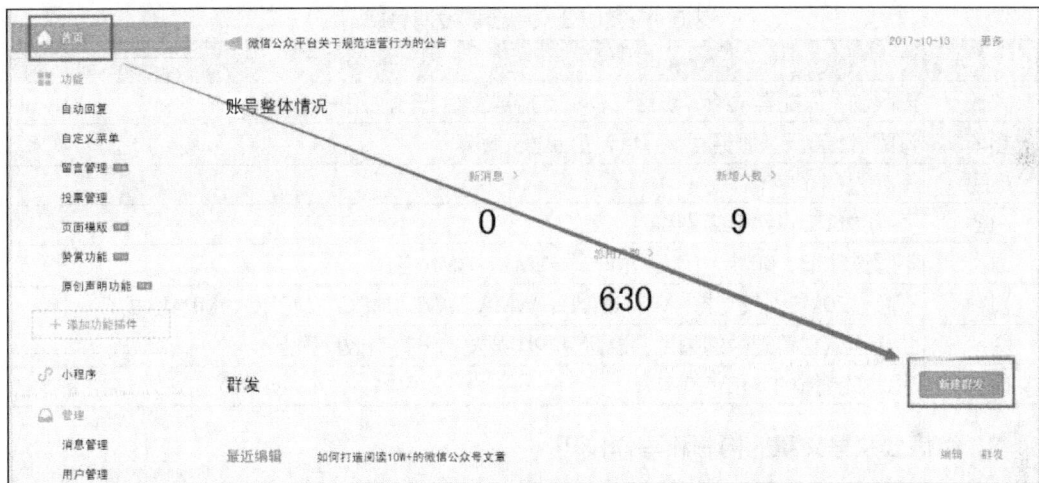

图5-27 | 微信公众平台后台首页

（1）新建发送消息

在左侧"功能"列表中选择"群发功能"，打开"群发功能"界面。其中有两个管理模块，一个是"新建群发消息"，另一个是"已发送"。

"新建群发信息"用于管理员现场编辑发送内容。可在文本框中输入所需要的文字，还可以根据需要插入语音、视频、图片等内容。

"已发送"用于管理员查看、修订已发消息。如果需要对发送的信息重新处理，即可在该模块中进行操作。

之所以设置这两个管理模块，是因为群发消息并不是实时生效的。即在"新建群发消息"模块中输入完内容，单击"群发"按钮后，该消息并不会马上推送给用户，而是自动存入"已发送"列表中，在右边的"发送状态"栏中会显示为"发送中"。"发送中"时间为10～20分钟，这期间管理员可根据需求进行修改。当完成发送时，状态栏会显示为"发送完毕"。

同时，对于已发送的消息可以进行删除处理（正在发送的消息是无法删除的）。当该条群发消息的状态显示为"删除"时，则表示其已经被后台成功删除。

（2）选择群发对象

群发对象分为两种，一种是全部用户，另一种是可选择用户。如果群发对象选择"全部用户"，直接单击"发送"按钮即可；如果选择"可选择用户"，可对性别、地区等进行限制。

（3）注意群发规则

同时，后台也对群发规则提出了很多要求，如人数、频率、内容等，如表5-4所示。

表5-4　微信公众平台群发消息规则

群发类别	要求
人数	无限制；只能群发给"粉丝"，不支持群发给非订阅用户
频率	订阅号1条/天；服务号4条/月；企业号无限制
标题	不超过64个字节
内容	不超过600个字符或汉字
语音	不超过5MB、60秒，仅支持MP3、WMA、AMR格式
视频	不超过20MB，仅支持RM、RMVB、WMA、AVI、MPG、MPEG、MP4格式
图片	上传至素材管理中的图片、语音可多次群发，没有有效期限制
语言	暂时仅支持中文和英文

2. 微信公众号文章的构思和写作技巧

要想写好微信公众号文章，必须综合考量。不同类型的文章，其构思及写作方法有所不同。在此将公众号文章分为以下6类。

（1）设置悬念型

通过设置悬念来激发用户的阅读欲望、兴趣，其核心是把握住"悬"字。设置悬念一般有两种方法：一种是要多嵌入些带有悬念性的、引人思考的关键词，如"原来是这样""万万没想到""据说""秘密""秘诀""真相""背后"等；另一种是多用反问、设问等疑问句，先提出一个问题，抛给用户，暂时不管这个问题有没有正确答案等（这些可隐含在文中），目的就是先引起用户的注意。

某微信公众号上曾有一篇防雾霾的文案《关起房窗，就能将外界雾霾阻绝于门外吗？》，采用的就是悬念式的标题。这样的标题可谓非常到位，只看标题就会让人浮想联翩：在当今雾霾如此严重的情况下，关起窗户真的就能阻挡雾霾吗？这就是该标题留给用户的悬念。因为有悬念，用户心中才会有疑惑和好奇，才能产生继续阅读的兴趣。

（2）直接提问型

直接提问型即用问句的形式来拟写。疑问句、反问句，设问式的、明知故问式的、自问自答式的都可以；如果想拓展一点的话，还可以采用其他类型的提问，如封闭式提问、选择式提问、强调式提问等。问句除了有设置悬念的作用外，一般还能起到引出话题、自我解嘲、启发用户思考等作用。因此，以问句作为标题是一种很好的写作技巧，很容易激发用户的好奇心，并可进一步激发他们去思考，参与讨论。

这样的文章很多，如《你知道你的滴滴里程可以做一件令人羡慕的事吗？》《如果有70万元巨款在你面前，你会这样选择吗？》。

（3）讲故事型

故事式标题是微信公众号文章很常用的一种标题形式，其最主要的特征之一就是体现出了可读性。这类标题可极大地激发用户的阅读欲望和兴趣，引导用户进行更深层次的思考，从而达到自动传播和分享的效果。值得注意的是，尽管故事式标题具有故事性，但受制于字数，并不意味着就像讲故事一样要长篇大论。这里重点不是讲故事，而是要将故事的思维提炼、表现出来。

优衣库微信公众平台上曾有篇文章《那些年傍晚5点，你在电视机前等谁？》就采用了故事式的标题。一看这个标题，眼前会呈现出一个温馨的画面，让人产生阅读欲望。

（4）紧跟时势型

在文章的构思、写作中还有一种方法运用得非常多——紧跟热门事件和人物，即借势，巧妙地与当下最热门的话题、事件、明星人物、流行元素、新闻等结合，给标题贴上热门标签，以此来吸引用户的眼球。

人们普遍对社会热点事件、明星名人趣事等感兴趣。在光环效应影响下，这些事件的传播范围更广、速度更快，受关注度更高，产生的社会效应也更大。因此，社会上的热点事件和人物完全可以成为文案标题策划的素材。在标题中适当加入这些素材，可使文章更应时。

Feekr旅行，因极具"文艺范"而深受年轻人、出行一族的青睐。其在微信公众平台上推送的一篇文章《欢乐颂安迪肤白貌美的秘诀，这个夏天你还缺一顶时尚感满分的草帽》就采用了紧跟热门的拟写思路。因推送时正值《欢乐颂2》热播之际，所以标题引用了剧中主角之一的安迪来做渲染，这也成了这篇文案的一大亮点。

（5）广告宣传型

文章的最终目的是宣传、推广其中蕴含的品牌、产品或服务信息，让阅读到这篇文章的用户接受和认可。因此，文章的策划、创作人员在写一篇文章时必须要有这样的定位，即无论写什么样的文章，首先必须保证文章具有广告的作用，便于宣传。

从某种程度上来讲，微信公众平台上的文章就是广告，只不过广告色彩有的明显些，有的隐匿些。我们把带有明显广告特性、侧重于宣传的文章称为广告宣传性文章。

这类文章有点类似于我们日常生活中看到的硬广告，因为其内容都是围绕着所宣传的产品或服务展开的；但又具有软文"软"的特性，不像硬广告那么直白，赤裸裸地告诉用户该怎么做。这类文章在写作时要遵循软文的写作原则，突出诱导性，起到抛砖引玉的作用——用看得见的利益或好处，激发用户的潜在需求。

（6）情感诱导型

有的文章向用户展示的不是一个故事，更不是一个观点，而是一种情感。感情是能真正触动用户心灵的。我们暂且不说文章，现在很多企业在进行营销和推广时都讲究以人为本、体验至上，某种程度上就是突出了情感的因素。做营销工作，如果能抓住用户的情感那就成功了一半。写文章也是同样的道理，只要抓住"情感"这个核心，以情感人、以情动人，那么就会非常容易俘虏很大一部分用户的心。

写情感诱导型的文章，重在将情感自然、充分地融入所要宣传的品牌、产品中，而不能硬性地捆绑在一起，这样不但不能给人以美妙的感受，还有可能适得其反，影响到用户的心理体验。

这就需要写作人员在写之前善于提炼品牌、产品的核心价值，找到与某种情感的共同点。

① 坚持原创。文章要想打动人，必须坚持原创，写出发自内心的情感。

② 观点独特。无论是何种格式的文章，都要有自己的观点，情感也不例外。观点鲜明、情感独特的文章，更能引起用户的关注。

③ 思考性强。情感诱导型文章在宣传广告对象的同时，要能引起用户的思考，才能在用户的脑海中留下深刻的印象。

④ 结尾开放。情感诱导型文章，最好形成开放式的结尾。与闭合式结尾相比，开放式的结尾更能引起用户参与讨论，引发用户的发散式思维。

⑤ 易于共鸣。情感诱导型文章的最高境界就是引起用户共鸣。只有当用户对文章产生了共鸣，才会转载、传播，实现铺天盖地的宣传效果。

5.3 微信小程序

案例导入

微信小程序功能上线后，各种小程序应用不断涌现，国家邮政局推出的"安易递快递"就是其中之一。该小程序是微信推出的首款寄件小程序，为用户提供发件、查件、实名认证等多项服务。

通过"安易递快递"小程序的寄件功能可实现一键式寄件，如图5-28所示。进入该功能后只需选择快递品牌，在线填写寄件地址、物件名称、取件时间等，足不出户即可寄件。如果不知道收件人的地址，还可以直接分享给对方，让其来填写；完成后还能共享该快递的物流信息，共同实时追踪。为了方便寄件，还可以通过小程序完成实名寄递。操作很简单，只需3步，即点击实名二维码、完善个人身份信息、认证成功并获取专属实名二维码，如图5-29所示。

小程序的另一个功能是"查件"，如图5-30所示。查件也很简单，输入快递单号即可查看快递的现状。

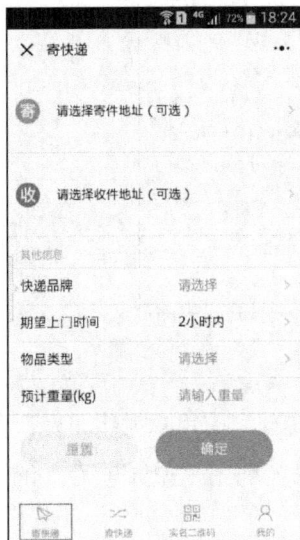

图5-28 | "安易递快递"
小程序的寄件功能

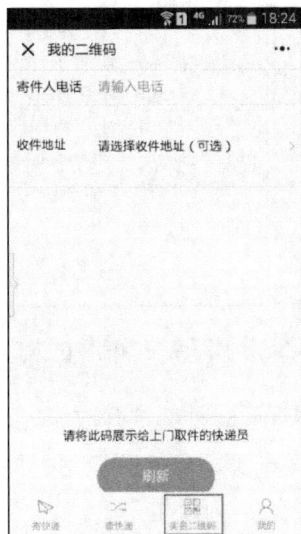

图5-29 | 获取专属实名二维码

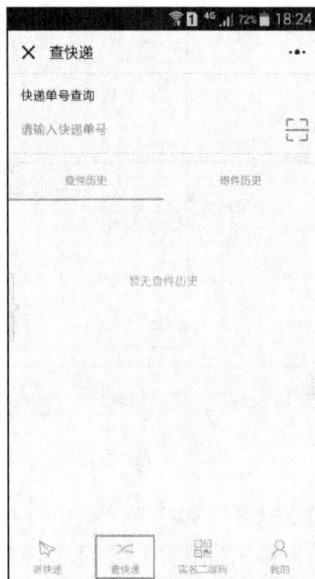

图5-30 | 查询快递单号

另外，该小程序还有扫码功能。用手机直接扫描快递单上的条形码，即可自动匹配快递品牌、返回物流信息；小程序还会自动保存查件历史，避免重复输入或扫描。

案例点评：

国家邮政局推出的"安易递快递"充分体现了小程序的便捷性，用户可直接在微信中搜索使用。自小程序诞生以来，凭借着"无须下载安装"的独特优势吸引了很多用户，有了用户就有了需求。与此同时，很多企业开始关注这块市场，并积极上线了自己的小程序。有了用户与企业的支持，小程序迅速成为重要的移动端应用之一。再考虑到其背后的大环境——微信及其微信公众平台，小程序将来势必成为企业营销的又一利器。

5.3.1 微信小程序的概念

微信小程序是一种不需要下载安装即可使用的应用。该应用最大的特点是嵌于微信公众平台中，使用方便，触手可及，用完即走。

2017年1月9日，微信小程序正式上线。该应用一经推出，即引起业界的广泛关注，如图5-31所示。

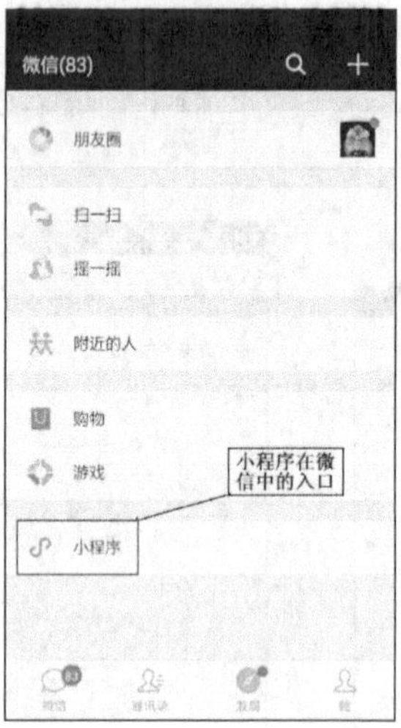

小程序发展历程

（1）2016 年 1 月 11 日，在 2016 微信公开课 PRO 版活动现场，"微信之父"张小龙时隔多年公开亮相，解读了微信的四大价值观。张小龙指出，越来越多的产品通过公众号来做，因为这里开发、获取用户和传播成本更低。拆分出来的服务号并没有提供更好的服务，所以微信内部正在研究新的形态应用号（即后来的微信小程序）。

（2）2016 年 9 月 21 日，微信小程序正式开启内测。

（3）2017 年 1 月 9 日 0 点，万众瞩目的微信第一批小程序正式上线，用户可以体验到各种各样小程序提供的服务。

图5-31 | 小程序在微信中的入口

从运行的角度来看，小程序展现了一种新的开放能力，它实现了应用"触手可及"的梦想，用户通过微信扫一扫或者搜一下即可打开应用；同时也体现了"用完即走"的理念，用户不用关心手机是否安装了太多应用的问题。

对于企业来讲，拥有小程序也非常简单，小程序与订阅号、服务号、企业微信是一个并行的体系。全面开放后，企业、政府、媒体或组织都可以申请。申请步骤如下。

（1）打开微信公众平台首页，在右上角单击"立即注册"。

（2）在弹出的"注册"页面中选择"小程序"选项。

（3）进入"小程序注册"页面，填写用户的基本信息（注意每个邮箱仅能申请一个小程序），之后系统会发送一封确认邮件到所填写的邮箱。

（4）从邮箱打开确认链接，完善注册信息。目前仅限企业、政府、媒体、其他组织注册小程序，个人暂时不能注册。

（5）完善所有信息后即可注册，成功后跳转到登录首页，登录成功后还需要认证企业信息方可使用。

（6）程序信息完善：填写小程序基本信息，包括名称、头像、介绍及服务范围等。

（7）开发小程序：完成小程序开发者绑定、开发信息配置后，开发者可下载开发者工具，参考开发文档进行小程序的开发和调试。

（8）提交审核和发布：完成小程序开发后，提交代码至微信团队审核，审核通过后即可发布。

5.3.2 微信小程序的应用场景

不同的小程序有着不同的定位、不同的用途，应用于不同的场景，如网购、买电影票、餐厅点菜、酒店预订、旅游、查询股票、查询天气信息、查看新闻、收听广播、查询公交、网约出租车、共享单车等。

严格意义上讲，微信上的小程序其实早已有之，如微信的"钱包"中提供了手机充值、生活缴费、酒店等各种功能，如图5-32所示。

腾讯服务			第三方服务		
面对面红包	手机充值	理财通	滴滴出行	火车票机票	酒店
Q币充值	生活缴费	城市服务	美团外卖	58到家	美丽说
信用卡还款	腾讯公益		京东优选	电影演出赛事	吃喝玩乐

图5-32 | 微信上早期未开放的小程序

点击进入这些功能之后，看到的就是一个个网页应用。这些网页应用也可以称为"小程序"，只不过都是腾讯内部提供的。这里所说的"小程序的开放"则是指让其他第三方公司也可以开发自己的应用，这些应用可以在微信中快捷地展示，而不需要到移动应用商店中下载。

随着小程序的正式上线，用户现在可以通过二维码、搜索等方式体验到开发者们开发的小程序。

5.3.3　微信小程序的传播优势

1. 容易搜索和查找

小程序显示在聊天顶部，这意味着用户在使用小程序的过程中可以快速返回至聊天界面，而在聊天界面中也可以快速进入小程序，从而实现了小程序与聊天之间的便捷切换，如图5-33所示。

只要是使用过的小程序，都会以列表的形式呈现在小程序列表中，如图5-34所示。

此外，还可以通过公众号主页进入小程序内。在公众号的主页中可以看到相关小程序，点击即可进入相应小程序。由于处于同一账号体系下，公众号关注者能够更低的成本转化为小程序的用户。

图5-33｜小程序与聊天之间的便捷切换 图5-34｜小程序以列表的形式呈现

2. 操作便捷

微信小程序一经发布，便在业界引起极大的轰动，并迅速发展成为众人"羡慕、嫉妒、恨"的移动互联网"新贵"。任何新生事物都会遇到各种争议，微信小程序也不例外。小程序的最大优势就在于无须安装、使用方便。它是一款即时使用的手机应用，只需要扫描二维码，或是搜一搜，就能立即使用。

就像关注微信公众平台一样，只需要知道某款小程序的名称或得到其二维码，就能快速关注并使用。例如，查询"艺龙酒店"，就可以直接关注其小程序，享受相应的服务，如图5-35所示。如果知道小程序的某一功能，也可通过查找关键字在搜索栏中搜索（只要出现在搜索结果栏中便代表已经开通了小程序），然后再确定相应的小程序。例如，当输入"单车"关键字时，就会出现摩拜单车、链上单车、小毛驴单车等信息，如图5-36所示。

3. 交互性更强

小程序与订阅号、服务号、企业微信是一个并行的体系。相对于公众号，微信小程序提供了更为丰富的框架组件和API接口供开发者调用，基于此，小程序的运行能力和流畅度可以为用户带来与移动App一样的体验。小程序在获取更好的体验的同时，交互性也更好。

这种体验性、交互性体现在两个方面：一个是用户与用户之间的交流互动，另一个是用户与开发者之间的交流互动。

用户与用户之间的交流互动是指小程序具有分享、对话的功能，用户在使用某个小程序时如果感觉非常好，可分享给自己的朋友，如图5-37所示。

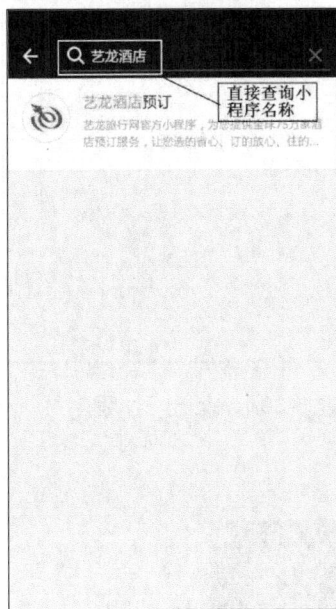

图5-35｜搜索到的艺龙酒店小程序

图5-36｜搜索"单车"后出现的小程序

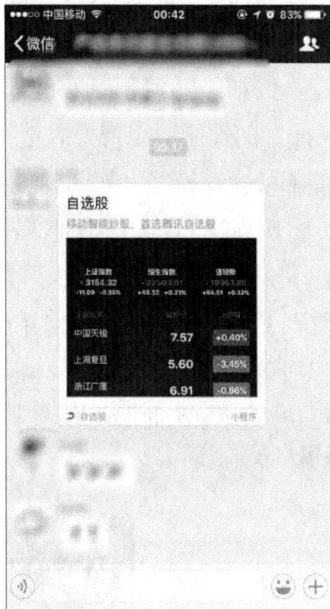

图5-37｜"自选股"小程序分享展示

在用户与开发者之间的交流互动体现在小程序上，就是可对特定功能进行设置。在此以某健身类的服务号为例，该号主要向学员提供健身服务，如推送新课程信息等。这种互动是单方面的，往往是开发者单方面推送、用户被动接收。如果有学员希望根据自己的时间预约某些课程，或预约某位教练进行单独指导等，利用服务号是很难做到的。除非开发者自己开发一个完整的预约系统嵌入其中，让用户下载使用。

当小程序推出后用户就不会再有这样的担忧了，预约会变得非常容易。开发者只要开发出一个具有时间预约功能的小程序即可，用户可以随时随地用这个小程序预约自己想要的课程、喜欢的教练。反过来讲，对运营者来说，也使自己的服务更加特色化、个性化，也更容易满足用户多样化的需求。

4. 性能优越

相比之下，App的流量成本较高，而微信小程序能减少所有产品对用户时间的竞争。小程序是对移动App的进一步简化和优化，开启了Super App（或称为Light App）的时代。从这个意义上说，小程序采用了一种轻App模式。

所谓的"轻"就是可以对某些重要的功能进行优化，使某个功能更加突出。例如，以往在很多App尤其是综合性的App中往往会嵌入很多功能。这样做的缺点是干扰了用户的体验，同时下载后占据的内存空间也很大。而小程序可将App中最核心的功能保留下来，舍弃一些没用的功能。

例如，滴滴出行小程序仅保留了叫车功能，而App中的地图、出行方式选择、用户界面、商城等功能都被舍弃掉了，如图5-38所示。

又如，某自选股小程序仅舍弃了原App中的"资讯"板块，保留了"自选""行情""设置"3个主要功能板块，并且提供了与App中一致的"股价提醒""分享具体股票"页面，用户点击后可快速查看实时股价信息，体验简单且完整，如图5-39所示。

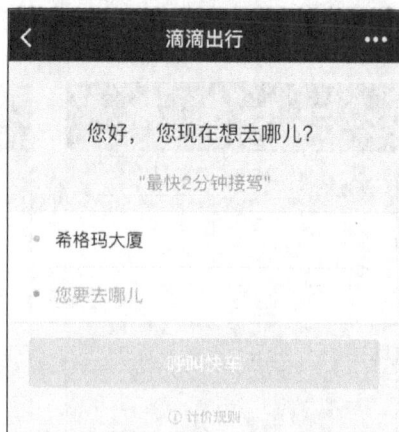

图5-38 | 滴滴出行小程序

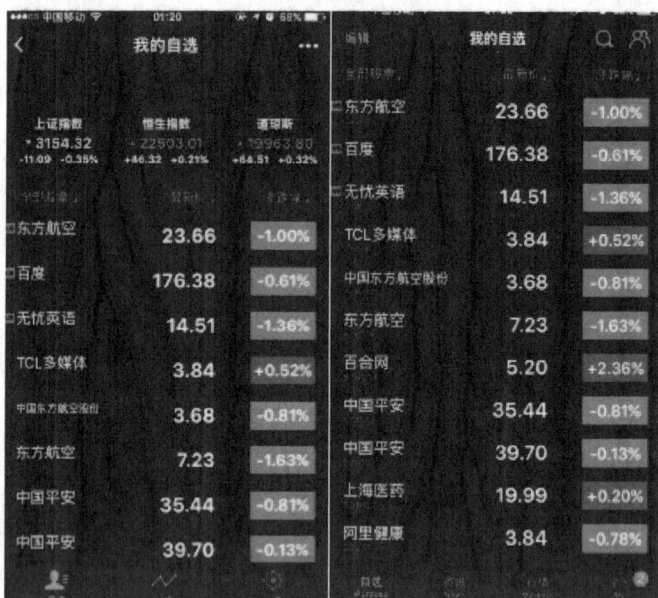

（a）自选股小程序界面　　　（b）自选股移动App界面

图5-39 | 自选股小程序与移动App的对比

第6章

微店/微商城：将实体店"搬进"移动端

　　微店、微商城是移动互联网与移动（智能）设备高度结合的产物，是电子商务发展过程中的又一个创新。它们的出现标志着实体店、PC端网店实现了移动化，有助于买卖双方更便捷、更高效地进行营销和互动。本章主要介绍了微店开通常用的平台及推广、营销技巧，微商城与微店的区别，微商城营销工具的设置，常用的第三方辅助平台。

6.1 微店

案例导入

顺逛微店是海尔集团旗下的微店平台。该平台采用的是三店合一的模式，即将原先各自为政的线下店、线上店、微店整合在一起，优化配置，实现资源和利益的共创共赢。这样既可以为线下店铺提供社群交互工具，也可以为线上店铺、微店店主搭建一个专属的创业平台，创造自主创业机会。同时，也可以为消费者带来场景化的智慧购物体验。

微店最大的优势就是人人可以开店，人人可以创业，降低了创业成本。顺逛微店提供了一键开店功能，开店十分便捷，且针对所有人群开放，包括内部员工、经销商、海尔产品的忠诚用户等。目前，该平台已经成为一个聚集内部员工、大学生、创业青年、全职妈妈等在内的高达6万卖家的大平台。他们依托海尔多年积累的产品优势、技术优势、物流服务等资源，轻松做起了"小老板"；而对于消费者来讲，也可以享受到更多差异化的产品和服务。

案例点评：

目前，微店这一模式得到了广泛的应用，越来越多的传统企业开起了微店，实力较为雄厚的还自建了微店体系。除了上述案例中的海尔之外，比较典型的代表还有国美、苏宁等。开通微店的好处在于：一方面，可以将自己的产品搬到移动端，满足线上市场需求；另一方面，还可以让消费者更多地参与销售（人人都可以成为卖家），从而充分调动大众资源，为销售服务。

6.1.1 微店开启移动营销新时代

微店又称为移动店铺，是一种具有"划时代意义的网店模式。它将电商的准入门槛拉到了历史最低，人人可以参与；运营也非常简单，商品的上架、管理、推广及与客户的互动都不是难事。自2014年年初面世以来，这种"傻瓜式"的开店工具迅速得到了市场的认可，引发了一股个人开店的潮流。与此同时，无论是新型互联网企业、微商还是传统企业，也都纷纷转变营销思路，革新营销方式，转而去做微店。

这种全新的移动营销模式之所以广受欢迎，主要是因为它具有成本低、门槛低，更快、更高效，易管理、易推广等诸多优势。微店为买卖双方提供了一个完美的闭环生态环境：卖家可以自主上传、下架商品，对商品进行分类管理，并利用系统提供的促销工具展开多种手段的促销；买家可以任意浏览所有的商品信息，同时进行购买、支付等。

微店营销的优势主要体现在以下3个方面。

1. 成本低、门槛低

申请开通微店没有任何费用。现在各大微店平台都提供了免费开店功能，基本可以做到一键开通。同时，微店的推广费用也较低，基本是靠用户的口口相传，如微信朋友圈中各式各样的微店广告，有很多都是依靠朋友的转发和分享。这种方式似乎毫不起眼，可很多人能将公司规模做到几百万、几千万，甚至更多。当然，如果想取得更好的推广效果也需要一定的投入，但较之传统店铺的推广费用要低得多。

2. 更快、更高效

人人都可以开微店来赚钱，这是以往任何一个时代都没有过的。传统的商业竞争，都是商业空间的抢占。谁在商业终端的货架、排面和空间占有率高，谁的"赢面"就越大。而今，在移动互联网时代，空间已经不重要了，重要的是时间，看你能不能抢占用户的时间。只有更快、更高效，才能赢得市场竞争。微店做到了这一点。

五格货栈是一家只在微信上卖车厘子的公司。据其老板潘定国自述，只要有一个用户在朋友圈晒一下五格货栈的东西，平均会有5个用户关注他们的公众号。这种传播速度是非常惊人的，就像DNA的复制，是成倍的增长，这是传统营销无法做到的。

3. 易管理、易推广

很多微店都自带管理体系，从铺货到发货，再到收款、服务等，各个流程都非常完善。微店中的商品一经售出即可获得返利。平台配有专属客服解决售前、售后咨询，店主无须担心；商品也是由平台代发，配备闪电物流，为的就是让消费者更满意。这种多样化、人性化的店铺管理解决方案，极大地为店主解决了店铺管理难题。

如云集微店，平台为店主配备了相应的导师、合伙人，专门帮助新人开店，教新手制作专业课件，帮助他们解决从卖货到组建团队的所有问题。这样一来，即使是新手，也能快速成长为销售达人、明星店主。

6.1.2 根据需求选择正确的开店平台

基于不同的平台，微店有很多类型，按照性质可大致分为两种。

第一种是企业内部平台。这类平台大多拥有产品研发、生产、销售、售后等能力，开设微店的目的就是为自己服务。有的平台也对外开放，但对经营范围做了明确限制，店主必须经营平台所提供的配套产品或服务，如前面例子中提到的海尔顺逛微店，国美、苏宁的微店也属于这种类型。

第二种是第三方平台。这类平台以提供店铺经营、推广服务为主。由于没有产品的前后端能力，店主经营范围较广，只要不经营国家政策、平台明令禁止的产品，完全可以按照自己的资源、特长而定，如微信小店、京东微店、口袋购物微店等。

因此，在开通微店前需要先选择一个平台，然后根据平台要求注册账号，申请开通。

由于目前大多数店主都选择在第三方平台上开店，下面将重点介绍几个常用的第三方平台。

1. 微信小店

微信小店是微信公众平台自带的一项附属功能，于2015年5月底正式推出。企业、商家的微信小店开通后即可直接接入微信公众平台中，商品管理、订单管理、线上支付等一系列的销售流程在公众号内就可完成。

微信小店的开通非常简单，进入微信公众平台后，单击"添加功能插件"，然后单击"微信小店"，即可直接开通，如图6-1所示。

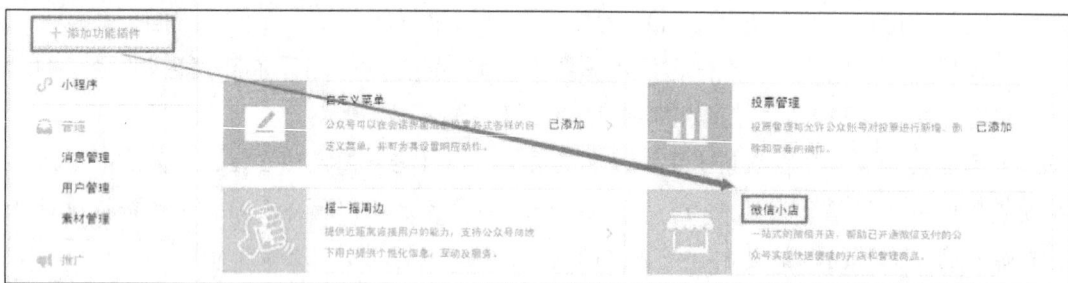

图6-1 | 开通微信小店

需要注意的是，开通微信小店应满足以下条件。

（1）对微信服务号进行认证（认证需要支付审核费用300元）。

（2）提交详细资料（包括商家基本资料、业务审核资料、财务审核资料），缴纳风险保证金。

（3）必须开通微信支付功能。

2. 口袋购物微店

口袋购物微店是依托于口袋购物网的一款购物类移动App，于2014年正式推出。口袋购物微店最大的特色是除了对企业用户开放外，还对个人用户开放，任何人只要提供手机号码即可开通。

登入口袋购物微店官网，或在手机应用商店里直接下载App，安装到手机上后，将其打开。根据提示找到注册模块，输入手机号、密码等信息，注册账号后即可创建店铺。具体开通流程如图6-2所示。

3. 有赞和微盟

之所将有赞和微盟这两个平台放在一起介绍，是因为两者的模式极为相似，都是同时在做B2C、C2C的业务。B2C是商家版，致力于微商城的搭建；C2C是个人版，致力于做微分销体系，如图6-3所示。

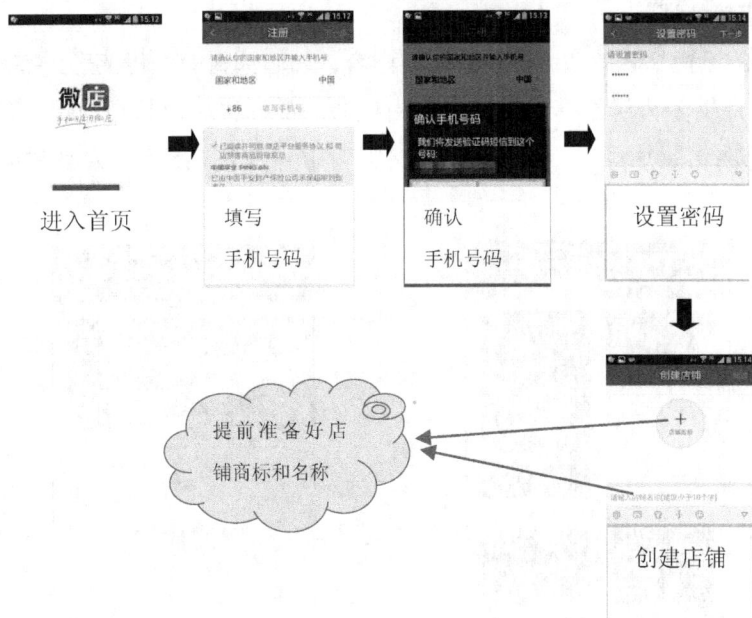

图6-2 | 口袋购物微店的注册流程

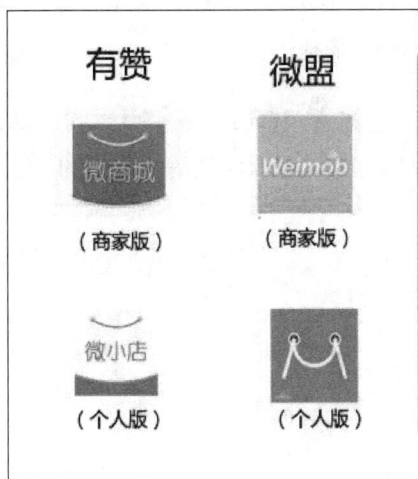

图6-3 | 有赞App、微盟App

6.1.3 打造店铺形象，进行自我推销

微店是企业向消费者展示自我的窗口，展示效果的好与坏将直接决定着店铺在消费者心目中的影响力、知名度，以及商品销量。因此，为了最大限度地吸引消费者，给消费者留下良好的第一印象，店主需要对微店进行"装修"和管理，将产品的亮点、优势展示给消费者。

1. 设置店铺外观

店铺外观的设置是店铺"装修"的主要内容，如店铺封面、货架形式等。一般来说，微店平台都会提供多套封面模板供商家自由选择，商家也可以根据自己的需求自定义组合，如添加个性化照片等。以口袋微店为例，图6-4和图6-5所示为其封面和招牌设计模板。

图6-4 | 口袋微店封面模板　　　　图6-5 | 口袋微店招牌设计模板

有的微店平台还提供了大量的货架模板，商家可以的选择，或根据自己的需求加以组合，以达到多样化地显示商品。图6-6所示为微信小店中的货架模板。

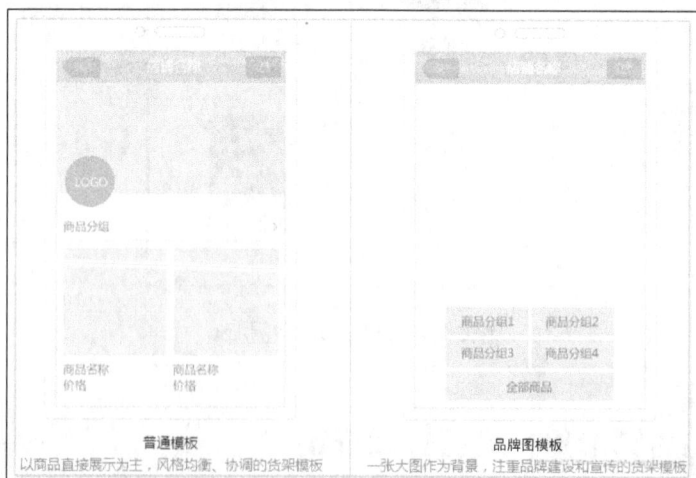

图6-6 | 微信小店商品展示的模板

再如，微盟旺铺为商户系统提供了十余套模板，商家选择某个模板后，系统会自动将其添加到手机预览区，如图6-7所示。

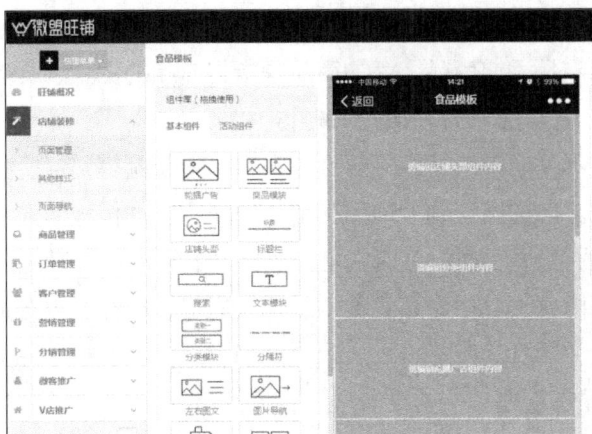

图6-7 | 微盟旺铺提供的模板

默认模板为空白，可对其进行自定义设置。首先将"组件库"中的组件拖曳至手机预览区，如图6-8所示。

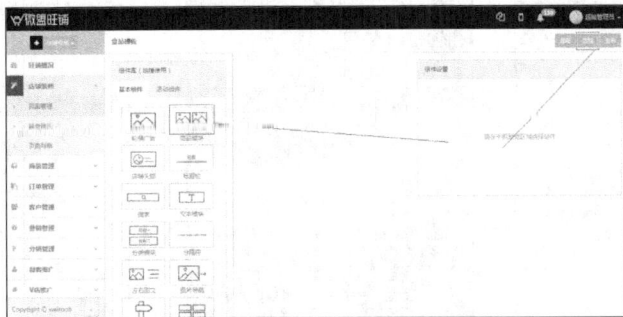

图6-8 | 选定待用模板提交

确定位置后通过"组件设置"来编辑组件样式，提交即可预览页面效果。以图片导航为例，若不满意也可以通过组件右上角的"删除"按钮将其删除；若满意则单击"下一步"按钮，如图6-9所示。

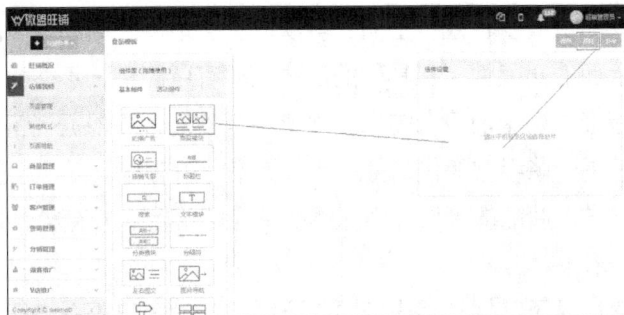

图6-9 | 对模板组件进行编辑

2. 添加商品

"装修"的第二步是添加商品。添加商品是指将商品的图片、文字、音视频等资料上传至微店后台，以供消费者浏览和选购，如图6-10所示。

添加商品时，并不是简单地将商品照片、文字、看视频等资料上传上去就行了，还需要注意些方法和技巧。如选择正确的商品类别，选择合适的模板等。不同的微店平台，通常都有固定的商品类别和展示模板，店主可按照自己的需求进行设置。

另外，商品基本信息（包括商品名称、图片、运费、库存、内容描述等）和商品属性（包括颜色、尺寸等）要填写清楚。

3. 对商品进行动态管理

管理商品主要是对商品的型号、规格、价格、功能及关键特征进行描述，以便消费者更具体地了解详情。图6-11所示为某商家在口袋购物微店上发布的一则面包详情简介。

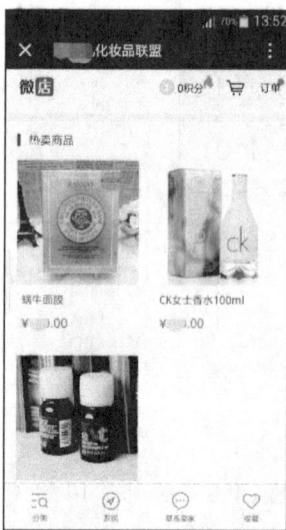

图6-10 | 添加后的商品　　　　图6-11 | 口袋购物微店中的商品详情

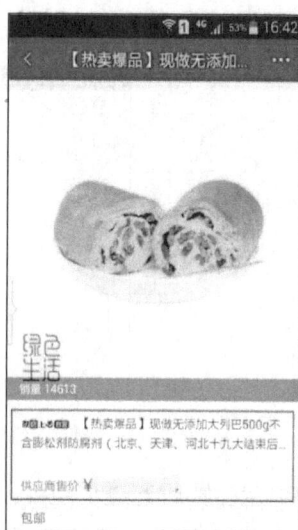

商品详情的填写非常重要，既要全面、客观、真实地反映商品的实际情况，又要突出特色和优势。由于版面的局限性，在具体的描述上要有所侧重，不能面面俱到，盲目追求详细，最重要的是精准，切中消费者需求。需要注意的是，要根据销售的实际情况定期修订，及时更新，尤其是一些经常变化的信息，如价格、库存等。

具体操作方法：进入商品的管理界面，修改商品的价格、库存等，如图6-12所示。

4. 对客户进行管理

客户管理是指商家对已掌握的客户资源或已经建立的客户关系进行分类管理、维护等一系列的工作，目的是强化客户黏性，促使其重复购买。

首先是对客户进行分类（如按照客户的订单、购买频率等指标，对客户进行分类），而后进行有针对性的营销。例如，在图6-13所示口袋购物微店"客户管理"界面中，既可以对客户添加不同的标签，也可以按照重要程度进行分类。

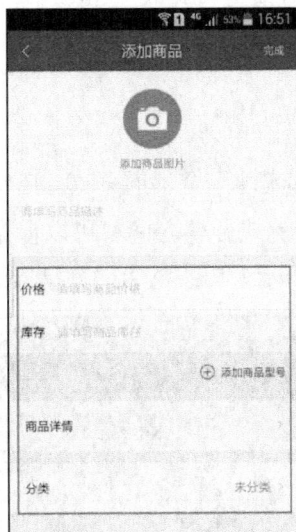

图6-12｜口袋购物微店商品信息修改界面　　图6-13｜口袋购物微店"客户管理"界面

有的微店也可以对潜在客户的行为进行实时监测，如口袋购物微店便提供了统计功能，如图6-14所示。通过该功能，商家可以及时查看昨日浏览量、总浏览量、收藏量、已赞人数，以及访客、订单、金额等情况。

图6-14｜口袋购物微店"统计"界面

6.1.4 微店进行产品推广的3个技巧

微店的营销方式相对比较简单，以分享和直接推送为主，如将商品、促销信息、软文等直接分享在社交平台上，推送给微信好友、QQ好友等。即使可自行设置一些促销活动，如优惠券、打折券之类的，最终也是以推送的方式发布出去。

微店营销的3种具体做法如下。

1. 分享商品

分享是微店营销的主要方式，现在大部分微店都实现了全渠道分享。店铺可与微信、微博、邮箱、QQ等社交平台相连，相连后可实现一键式分享。商家可以根据需求将店铺内的信息分享到微博、QQ空间、朋友圈等。图6-15所示为口袋微店的分享界面。

图6-15 | 选择分享到朋友圈或者QQ空间等

其中，朋友圈是运用最多的，很多商家都喜欢在朋友圈发布商品图片，以达到引流的目的。为了更好地通过发图来为微店引流，微店提供了一种新的工具——商品二维码海报（在商品管理中找到想要分享的商品，单击二维码可以生成二维码海报）。分享后会展示店铺名称和商品主图，以及商品对应的二维码，如图6-16所示。

2. 分享促销信息

优惠券是一种非常重要的促销信息，无论在线下还是线上都是主要的促销手段之一。为了促进销售，很多微店都提供了促销工具的模板，如优惠券、打折卡。商家可以根据自己的需求自定义设置，然后再将这些信息通过分享或链接推送出去，如图6-17所示。

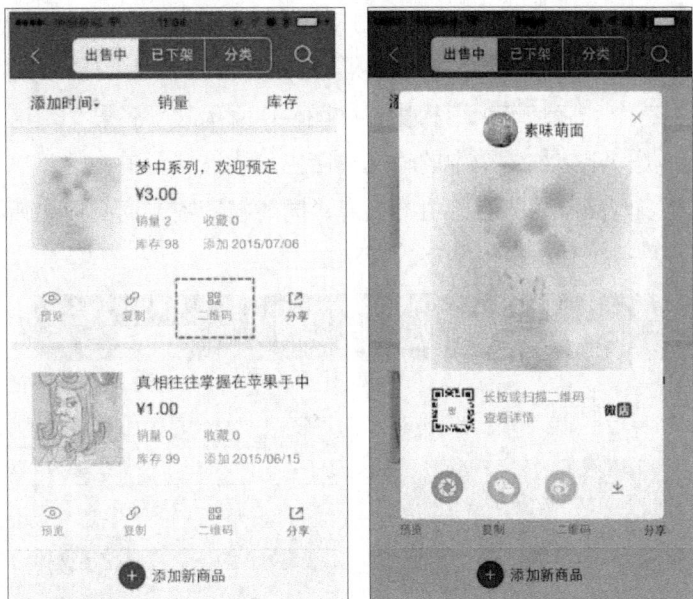

图6-16｜将商品生成二维码海报

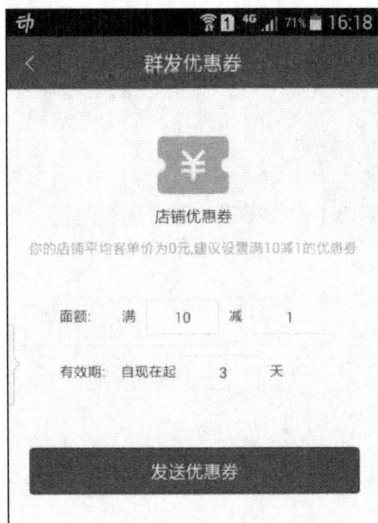

图6-17｜将设置好的优惠券分享出去

3. 分享软文

无论是直接分享商品，还是分享优惠券等促销信息都是赤裸裸的推广，容易招致好友的反感。因为无论微博、微信、QQ，都毕竟是社交平台，上面的好友最直接的需求是社交，或以社交为主，而不是消费。因此，这些人并不是目标消费群体，过多的商品分享反而会引发大部分人的反感。

因此，微店营销最不宜直接去推销，而要善于打情感牌，利用"软文"多多展示店主的个人魅力和贴心关怀，对好友施以潜移默化的影响，激发潜在的需求。这样即使对方没有需求也不至于产生反感情绪，甚至将你拉黑。

如口袋微店中有个"店长笔记"板块，如图6-18所示。顾名思义，这个板块主要是供店长撰写笔记——类似于传统营销中的软文。店主可讲述自己的生活感悟，分享有趣的图片、美景，传递更多商品以外的有价值的信息；同时将店铺或商品信息巧妙地植入其中。这种营销方式更容易被接受，赢得好友的喜欢。

图6-18 | 口袋微店中的"店长笔记"界面

6.2 微商城

案例导入

微盟旺铺是微盟（Weimob）平台推出的一款微信移动电商解决组件，于2014年7月正式上线。通过微盟旺铺，商家可以实现店铺"装修"、商品管理、订单管理、运费管理、营销管理、支付管理及微信帮购等功能，同时满足其在运营上的社会化客户关系管理、O2O落地执行等需求。如今，微盟旺铺已发展成为国内主流的微信店铺搭建系统之一，也是业界使用较多的微信移动电商O2O产品之一。

微盟旺铺的特色是主打服务，为商家提供专业的营销、推广服务。有了这一平台，商家可以轻松地管理自己微信上的各类信息，更好地维护自己的微信公众平台。如在线派发优惠券、会员卡，举办抽奖，刮奖等活动。

以微盟旺铺中的"智慧外卖系统"为例，该系统深度对接商家的微信公众平台，打通了外卖的各个环节，从点餐、支付到配送，都提供了完整的解决方案。由此商家建立起自己的微信外卖平台，摆脱了第三方平台的束缚，提高了外卖效率。同时，该系统完美地整合了营销、会员、外卖、支付等商户经营所需的所有功能，商户可以通过多种渠道吸引更多的新、老客户到店消费。

案例点评：

微盟旺铺是整个微商城市场的杰出代表之一，它的出现预示着电商将进入一个新的阶段——移动电商。微商城又叫微信商城，是被第三方开发者基于微信而研发的一种移动电子商务系统，是一个融移动互联网、微网站、App商城、移动支付等功能为一体的购物平台。利用这个平台，商家可以进行更有效的广告播放、商品展示、商品销售、宣传推广、交易管理、会员管理等，而消费者可以充分享受商品的查询、选购、体验、互动、订购与支付等线上线下一体化服务。

6.2.1　微商城与微店的区别

微商城是微店的进化版，相对而言发展优势会更强。因为微店只是一个App应用，本质上就是商品交易平台，商家通过平台来展示、推广商品，消费者通过平台查看、购买商品。而微商城是一个更完善的系统，虽然其最终目的也是促成交易，但功能相对更完善。它就像一个在线移动3D商场，可为商户提供售前、售中、售后一站式服务，包括在线消费、广告展示、自动定位和搜索、二级（三级）分销、与客户在线互动、在线娱乐等；同时也可以为消费者提供360度、全方位的购物体验，给人以身临其境之感。

那么，微商城与微店有哪些区别呢？

1. 构建方式不同

微店是利用各种第三方App开设的手机店面（手机开店App），商家开店需要先下载App，借用这个App方能运作，消费者在购物时也需要下载该App；而微商城是直接依托微信公众平台而建立，不需要第三方App，无需下载任何辅助软件，只需要商家绑定公众账号、消费者关注该公众号即可。

2. 推广方式不同

微店的推广普遍依赖于分享、发链接等方式，这样做效果比较差，客户黏度也相对较低，因为这些推送往往会对他人形成一定的"骚扰"。而微商城是通过公众号的信息共享进行传播，不需要给别人发送各种链接，自然也不会影响到别人的朋友圈。这种方式在前期运营起来会比较吃力，但是公众号一旦运营起来，客户的黏度反而会大大增加。

3. 功能不同

微店的功能非常单一，主要以卖货为主，相对比较简单。上传两张图片→写好商品描述→设定价格→绑定银行卡，4步基本搞定。而微商城是一款集商品管理、分销、线上支付、线上客服于一体的系统，它需要更多的运营和管理。消费者通过微店基本就是购买商品，而通过微商城不仅可以选购商品，还可以享受额外的服务、体验、互动等。总之，在小小的移动设备上就可以享受购物的全过程。

6.2.2 微商城的3大管理系统

微商城又叫微信商城，是基于微信公众平台而存在的一种商业模式。该模式凭借着众多优势，迅速赢得了市场的广泛认可，很多企业在构建现代化移动电子商务体系、丰富移动营销手段上，不约而同地选择了微商城模式。

图6-19所示为在公众号上创建的微商城。

微信推出的这一款全方位的电商解决方案，是在微网站、微小店原有功能的基础上，经过大幅度优化和改进发展而来的。因此，功能更强大、体系更完善。

那么，我们该如何认识这种模式呢？经总结可以从以下3个系统入手，分别为广告管理、购物管理、会员管理。这3个系统就是微商城的主要功能，或者说核心功能，基本囊括了整个营销流程，包括售前、售中、售后，如图6-20所示。

图6-19｜在公众号上创建的微商城

广告管理系统
负责广告的审核、制作、上传、更新

购物管理系统
多功能的O2O交易系统

会员管理系统
庞大的会员管理体系

图6-20｜微商城的3大系统

1. 广告管理系统

广告是真正产生效益的主要来源。广告管理系统主要负责广告的审核、制作、上传、更新等业务。广告户分为两种，一种是纯广告商户，另一种是分账型广告商户。对于纯广告商户，系统只负责为其展示、推广或链接，如果有会员消费也只能在商家自己的购物系统中进行交易；而对于分账型广告商户，系统除了一次性收取进场费之外，还有一个广告推广费用——会员在商家平台产生消费后，按商议的分成比例进行结算，所收取的费用。

2. 购物管理系统

购物管理系统是一个多功能的O2O交易系统，既可以在线上交易结算，也可以在地面实体店进行交易结算。会员在地面实体店进行消费时，只需在其手机端进入微众公众平台会员中心积分转账页面，再由商家输入自己的编号和密码，会员的消费积分就会自动转入商家的后台。商家后台积累的积分是与微商城结算的唯一凭证。为了保证商家的资金正常运转，所有会员在消费时只能按50%现金、50%积分的比例结算。

3. 会员管理系统

会员管理系统是整个平台的核心部分，也是成败的关键。有了庞大的会员体系，才会有随之而来的广告收益及销售收益。会员体系中有两种会员身份，一种是VIP会员，另一种是普通会员。

所有会员都享受积分奖励，普通会员的积分奖励主要来源于平台的推广链接、有奖型互动游戏、购物返利等；VIP会员除了享受普通会员的积分奖励外，还可以享受公司业绩分红奖励，以及业务提成等。但会员的积分均不能兑现现金，只能在公司平台作为消费券来消费。这也是加盟商家在微信公众平台能产生实际收益的有力保障措施。

6.2.3 微商城营销工具设置

微商城有着较为完善的运行体系，集商品展示、客户管理、渠道分销、商品销售、售后服务等多功能于一体。它不但承担着营销的前端工作——卖货，还承担着营销工作的终端任务——传播与推广。这也是为什么越来越多的企业、商家做移动营销必选微商城营销的主要原因。

那么，微商城中有哪些营销工具呢？下面就列举几种比较常见的促销工具，及其设置的步骤。

1. 优惠券

优惠券是一种"放之四海而皆准"的促销方式，实体店中有，微店中有，微商城中也可以有。商家可以根据需求进行设置，如打多少折、赠送什么赠品、是否需要奖品等。

那么，具体如何操作呢？先以有赞为例：进入有赞微商城后台，在"应用和营销"界面的"优惠券"栏中进行设置，如图6-21所示。

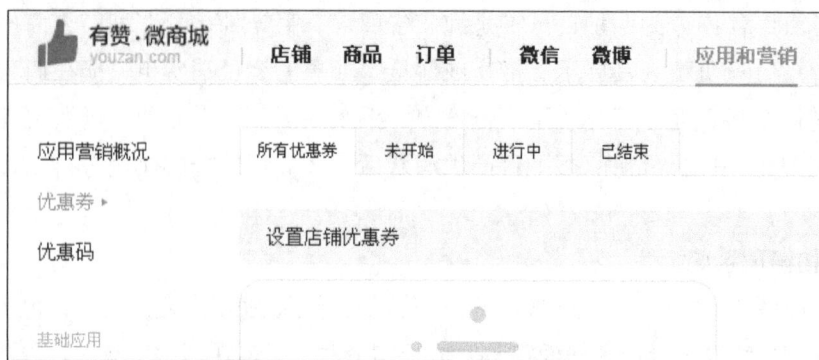

图6-21 | 有赞商城优惠券设置界面

再以微盟旺铺为例：进入微盟旺铺的"营销管理"界面，在"会员营销"一栏中商家可以自行设置具体的支付优惠方式、抵现金额等（可单个使用，也可累加使用），如图6-22所示。

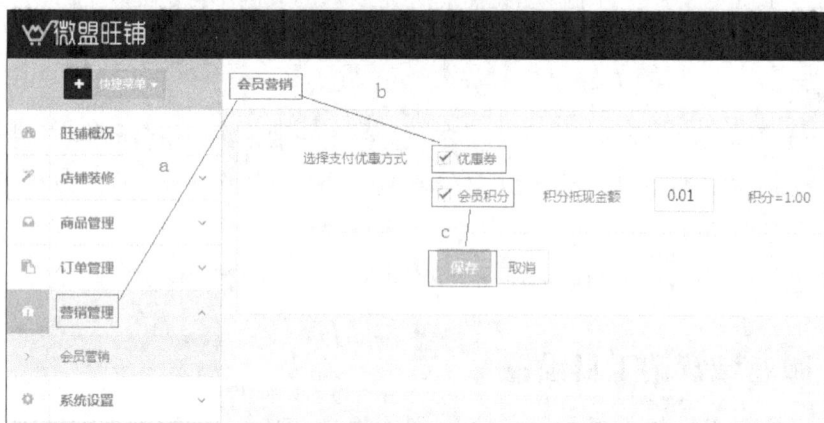

图6-22 | 微盟旺铺优惠券设置界面

① 优惠券面值可以随机选择，如不选择优惠范围则默认为固定面值。

② 可以对领券的会员等级进行相应的设置，如不选择，默认为所有"粉丝"可领取。

③ 可设置为满××元可使用，购物时必须满足条件；也可选择不限制。

④ 选择后，仅在原价时可以使用；如不选择，可以在折扣后使用。

2. 满减/包邮

满减/包邮等促销活动也是很常见的营销工具，即当用户购买金额或购买数量达到一定数额时，可享受减免部分金额或者免邮费的优惠。这一切都可以通过后台设置来实现。

（1）有赞

具体操作仍以有赞、微盟为例进行介绍。

进入有赞微商城"应用和营销"界面，在"活动营销"栏中单击"创建新活动"按钮，进入编辑界面后单击"满减/送"进行设置。步骤与优惠券类似，如图6-23所示。

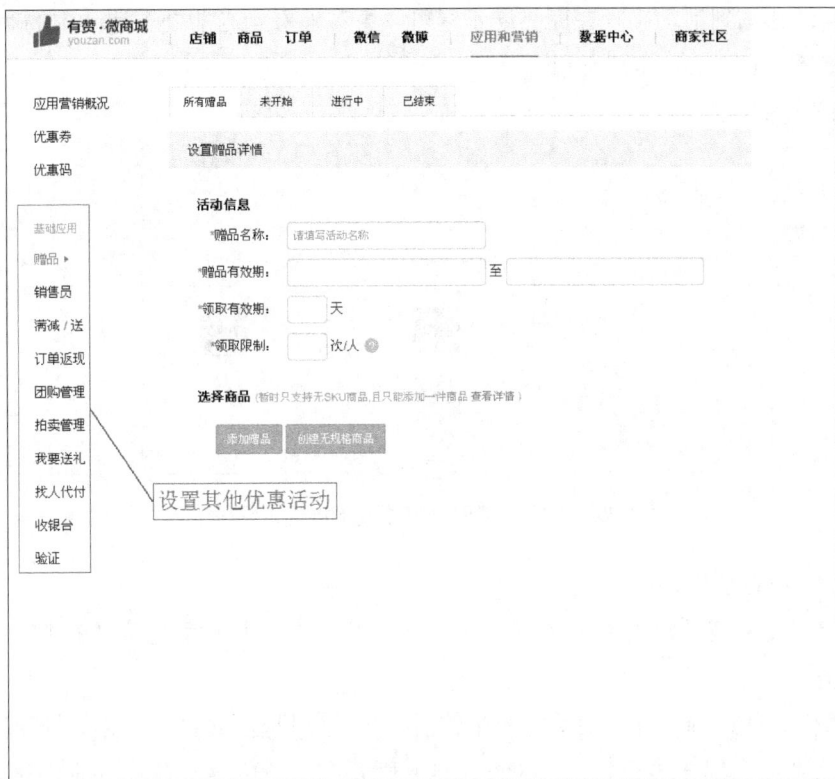

图6-23｜设置优惠活动界面

值得注意的是，在设置优惠券时需要注意以下几个问题。

（2）微盟旺铺

第一步，进入微盟旺铺的"营销管理"→"活动营销"界面，即可设置如活动名称、活动时间、价格标签、活动标签等信息，如图6-24所示。

图6-24｜微盟旺铺满减/包邮活动设置界面

第二步，选择活动商品。

全场参与的活动会直接跳过此页。下架中的商品也可以预先设置在活动中，待商品上架后，会自动参与到活动中。在商品展示区可以直观地看到当前处于活动中的商品、库存数量、价格等信息，如图6-25所示。

图6-25 | 微盟旺铺满减/包邮活动商品设置界面

第三步，设置活动详情。

活动详情主要包括活动条件（满××元或满××件）和活动内容（折扣、减免或包邮）两部分。

活动条件只能选择一种；活动内容中的折扣和减免只能选择其一，同时还可选择是否包邮。可设置多个优惠层级，最多5个。详见页面右上角的活动规则说明及示例，如图6-26所示。

图6-26 | 优惠活动详情设置界面

第四步，设置活动时间和状态。

活动时间和状态需要手动修改。活动状态通常有3种：未开始、进行中、已结束。未开始的活动可以快速添加商品、修改活动信息、删除；进行中的活动可以快速添加商品，修改活动信息、结束活动；已结束的活动可以重启、删除，如图6-27所示。

3. 促销活动

优惠券、满减/包邮等这些相对固定的促销方式，是针对个别商家的，属于商家的自愿行为；且一般为随取随用，只要商家有需求、有意愿，任何时候都可以参加。除了上述方式外，微商城还会不定期组织一些促销活动，如同城活动、中秋节客户回馈活动等。这些活动是针对系统内所有商家的，每家都能参加（不会强求），且只有在活动期限内才可参加。

如某微商城曾经组织过一次亲子同城活动，为了动员商家参与，在活动前夕就统一发放通知，对活动的重要性以及参与流程做了详细介绍，如图6-28所示。

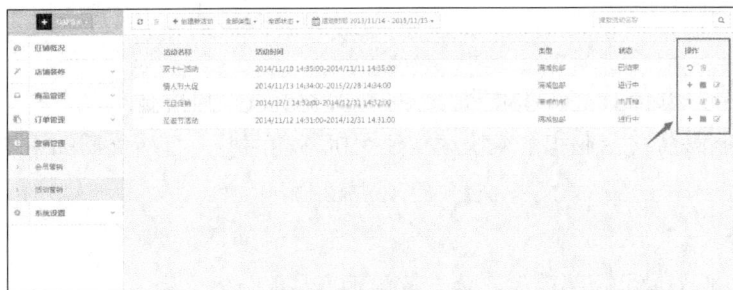

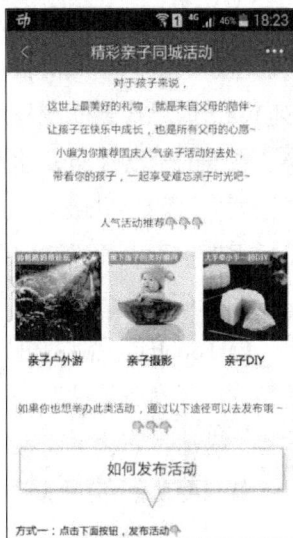

图6-27｜优惠活动时间和状态设置界面   图6-28｜亲子同城活动的通知

对于这类活动，参与起来比较简单，只要注意通知提醒即可。按照通知要求完全可以搞定，这里不再赘述。

6.2.4 微信第三方平台营销功能

微商城的开发主要借助于微信公众平台，但官方平台只提供了最基本的功能。为了使功能更加多样化、个性化，还必须有第三方的参与。目前有很多专门从事微商城开发与应用的第三方服务平台，它们各有特色，如腾讯风铃、微社区、ECTouch、微盟、有赞等。

1. 腾讯风铃

腾讯风铃系统是腾讯官方的首款微信开发工具。通过风铃系统，开发者可以进行基于微信的网站建设。

腾讯风铃的模块非常丰富，包括抽奖、社交、图文、留言、电话、视频、客服、欢迎语、会员卡、优惠券等，基本上囊括了所有的主流需求。另外，也为企业微信提供了丰富的互动方式，包括大转盘、报名、找茬、优惠券、团购等。风铃系统为微网站的开发提供了16种功能，主要分为以下4类。

（1）信息推送：包括图文、视频、欢迎语，用来满足企业的信息曝光需求。

（2）网上服务：包括留言、客服，用来满足企业的客服需求。

（3）互动：包括LBS、报名、调查、社交等，用来满足企业的互动需求。

（4）销售：包括兑换、优惠券、会员卡等，用来满足企业的销售需求。

2. 微社区

微社区是基于微信公众号的互动社区，可以广泛应用于微信服务号与订阅号中。对于微信公众平台运营者来说，这是一种打造高人气的移动社区、增强用户黏性的有力工具。微社区解决了同一微信公众号下用户无法直接交流、互动的难题，把公众号"一对多"的单向推送信息模式变成了用户与用户、用户与平台之间"多对多"的沟通模式，给用户带来了更好的互动体验，让互动更便捷、更畅快。

微社区随后升级为兴趣部落，在手机QQ端也有了入口。同时，只要运营者设置好端口，用户就可以通过微信访问微社区。

3. ECTouch

ECTouch是上海商创网络科技有限公司推出的一款移动商城系统，可以在手机上面卖商品的电子商务软件系统，能够帮助企业和个人快速构建手机移动商城，打造优质的用户体验，搭建生态化电商系统。

其主要功能包括以下8个。

（1）商品相册：轮播相册图片可局部放大，全方位展示产品。

（2）聊天系统：实时聊天系统，与客户距离更近一步，无缝对接。

（3）订单评价：通过晒单展示每一位客户的真实评价，更放心。

（4）快递跟踪：用户可以随时在订单中查看物流的情况。

（5）品牌街：应用于各行业，快速提升店铺内涵，领先一大步。

（6）最新团购：快速提升品牌效应，打破传统营销瓶颈。

（7）积分换购：客户购买商品领取的积分可兑现，继续购物。

（8）我的分享：客户可以将自己喜欢的商品分享给朋友。

4. 微盟

微盟是国内领先的微商城服务平台之一，致力于为企业提供一站式微商城构建和优化服务。其主要功能是针对微信公众号提供与众不同的、有针对性的营销推广服务。服务范围包括实现线上线下的互通（O2O）服务、社会化客户关系管理、移动电商、轻应用等综合类业务服务。

5. 有赞

有赞曾用名口袋通，旨在为商户提供强大的微商城和完整的移动零售解决方案。简而言之，就是帮助移动互联网时代的商家管店、管货、管客、管钱。只要将有赞账号绑定微信公众平台，就可以把店铺经营到微信上；之后，还可以向"粉丝"推送活动通告、上新通知，与"粉丝"直接交流、沟通，"粉丝"可以直接通过微信公众平台进入店铺，浏览商品，并完成最终的购买。

有赞提供了十分强大的客户管理系统（需要微信认证服务号），可以对"粉丝"进行分组，打上特定的标签，有针对性地进行消息推送。

不过，需要注意的是，微商城借助第三方服务平台时，需要与微信公众平台相关联，得到微信官方公众平台的许可，获得接口授权。微信官方公众平台为了便于管理，也为了帮助公众平台运营者快速构建自己的微信公众平台，将多种接口和功能权限进行了授权，如图6-29所示。

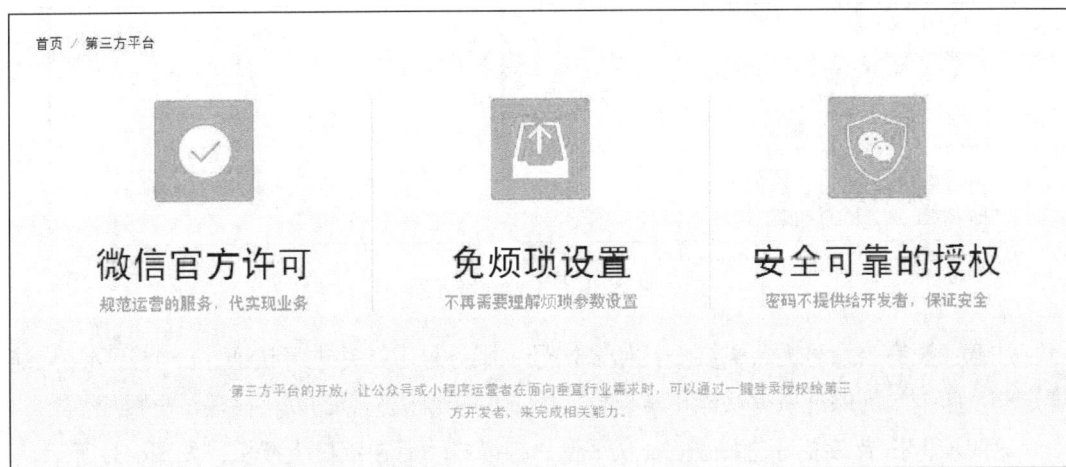

图6-29 | 微信官方公众平台开放第三方接口权限

接入流程也非常简单，在此以有赞微商城与微信公众平台的相连来说明。

第一步，注册，并登录有赞微商城，创建店铺，如图6-30所示。

图6-30 | 登录有赞微商城并创建店铺

第二步，在"常用功能"中找到"微信"，单击进入微信页面，如图6-31所示。

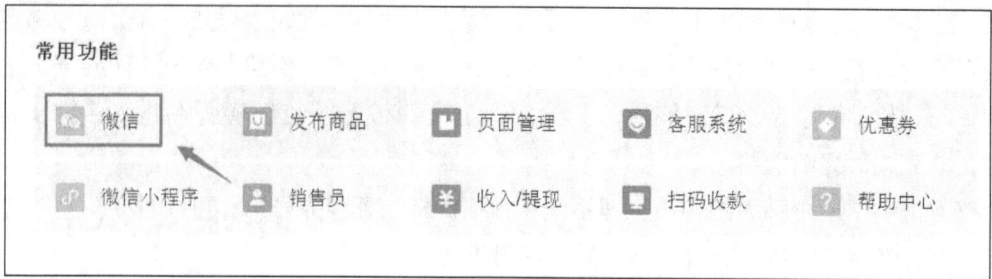

图6-31 | 进入微信页面

第三步，设置公众号。进入微信页面后，单击"我有微信公众号，立即设置"按钮，如图6-32所示。

图6-32 | 设置公众号界面

注意：没有公众号的，需要先注册公众号（服务号），并进行认证。一个公众号只能绑定一个店铺。为保证所有功能正常，授权时要保持默认选择，以将权限统一授权。

第四步，扫描二维码进入微信公众平台，扫描成功后在手机上授权，如图6-33所示。

图6-33 | 授权步骤

第7章

手机淘宝：淘宝电子商务转向移动端的标志

　　手机淘宝作为淘宝网移动化的产物，已经成为移动营销的重要工具。通过手机淘宝，商家可向消费者提供一站式的、多样化的高体验购物服务。本章分为手机淘宝和微淘两大部分，重点阐述了利用手机淘宝进行移动营销的优势和技巧，帮助读者快速打造手机端的淘宝店铺。

7.1 手机淘宝

案例导入

七格格是在淘宝平台上诞生的一个原创服装品牌，也是手机淘宝上运营最成功的品牌之一。其运营团队最核心的是设计团队，设计团队由多名年轻设计师、专业搭配师组成。该团队平均每月至少推出100~150款新品，其店铺内的产品款式长期保持在500款以上。专业、活泼、青春的设计风格吸引了海量年轻女性消费群体的关注。

每次上架新款产品前，设计人员都会先将新款产品图片上传到店铺中，并在手机淘宝同步更新。这样做的目的是让"粉丝"们通过微信、QQ群等对这些产品进行评价。"粉丝"们可以自由地提出自己的建议及意见，客服人员会从中挑选出那些符合消费者需求的意见，并将其交给设计人员进行修改，接着再将修改后的产品图片上传到店铺中。如此循环几次后，产品将正式进入生产、上架等环节。

在七格格产品诞生过程中，消费者成为重要参与者，设计风格及款式将由消费者直接决定。强烈的参与感极大地提升了用户黏性。通过这种用户主导的产品生产方式，七格格仅用半年时间就发展成为长期占据淘宝女装销量排行榜前列的时尚女装品牌。

案例点评：

众所周知，淘宝网是一个综合性的网络购物平台，整合了数千商家和众多品牌，商品品种多，门类齐全，再加上多年来积累的良好信誉、强大的服务能力，在国内电商平台中独树一帜。与淘宝网一脉相承的手机淘宝，既继承了淘宝网所有的优势，还具有很多独特优势。因此，手机淘宝是企业做移动营销不可忽视的重要工具，尤其是淘宝卖家，必须充分利用已有的优势，开展手机淘宝营销。

7.1.1 手机淘宝的优势

手机淘宝是淘宝网官方出品的一款手机应用软件，被誉为手机版的淘宝网。手机淘宝功能强大，使用方便、快捷。

手机淘宝的优势对消费者和商家都是十分明显的，对于商家而言具体有两个方面。

（1）购物更便捷

很多人都有过在手机淘宝上购物的经历，其给人最大的感受便是较之PC端的淘宝网，手机淘宝更为便捷。无论身处何地，只要有信号就能翻看淘宝，发现中意的商品可立即购买，下单、在线支付一键式完成。

同时，通过手机淘宝还可以关注特定的商家。直接进入商家主页，单击相应的菜单按钮即可关注、浏览、收藏或购买。

（2）用户体验更好

手机淘宝充分考虑到了手机屏幕信息的展示方式，制作出适合手机端用户操作的交互界面，更有利于提升用户的购物体验，如可通过页面进行搜索、比价、购买、收藏、查询订单等操作。

对于消费者而言，手机淘宝优势具体表现在以下3个方面。

（1）营销思路的融合

营销型网站的建设思路使得淘宝网的自我营销的能力更强劲，同样，将这种思路深入融合到手机淘宝页面中也显得十分重要。手机淘宝基本沿用了淘宝网的营销思路，如营销活动、促销活动等，可以实现与淘宝网的同步操作。

（2）互动性更好

由于手机淘宝与微信、QQ等社交平台实现了对接，更利于商家与消费者的互动，更有利于品牌的推广、客户关系的维护及资源的整合。

（3）人性化的店铺管理

淘宝店铺上的商品可同步到手机淘宝，同时手机淘宝也提供了强大的商品管理功能，商家可以随时对商品进行分类、下架、置顶、实时查询物流及确认订单信息等管理。

7.1.2 手机淘宝界面设置

为了增强消费者的消费体验，开通手机淘宝后，需要对手机淘宝界面进行必要的设置。设置步骤如下。

（1）开通卖家资格，成为店主。登录手机淘宝后，点击"我的淘宝"，然后选择"更多"，如图7-1所示。

（2）进入"更多"界面后，在下方的"第三方提供服务"栏中选择"我要开店"，如图7-2所示。在弹出的"免费开店"界面中填写店铺名称和店铺描述，然后点击"立即可通"按钮，如图7-3所示。开通店铺后的界面如图7-4所示。

图7-1 | 登录手机淘宝点击"我的淘宝"界面

图7-2 | "我要开店"界面   图7-3 | 免费开店界面   图7-4 | 开通店铺后的界面

以上设置也可以在PC端的淘宝官网进行，步骤如下。

（1）打开淘宝官网，登录淘宝，进入卖家中心，单击"免费开店"（需要注意的是，在这之前要先绑定手机），如图7-5所示。

图7-5 | 淘宝免费开店界面

（2）在弹出界面的上方选择"基础设置"选项卡，然后在"店铺基本设置"子选项卡中填写店铺的基础信息，包括店铺名称、店铺标志、店铺简介、经营地址等（这些信息会在手机淘宝上同步显示出来），最后单击"保存"按钮，如图7-6所示。

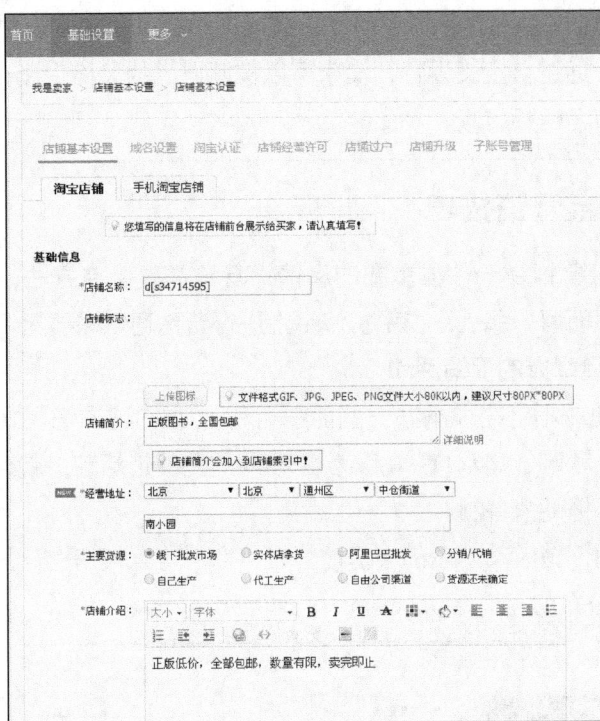

图7-6 | 设置店铺基本信息界面

（3）保存之后，选择"手机淘宝店铺"子选项卡，单击"马上去设置"按钮。在图7-7所示设置界面中有很多项需要设置，如"无线店铺""码上淘""无线开放平台"等。除"无线店铺"外，其他都是辅助营销推广的工具，具体将在7.1.3小节详细介绍。

提示：如果之前对店铺的基本信息做过设置，则可以直接在进入卖家中心后，在界面左侧的"店铺管理"栏中单击"手机淘宝店铺"，如图7-8所示。

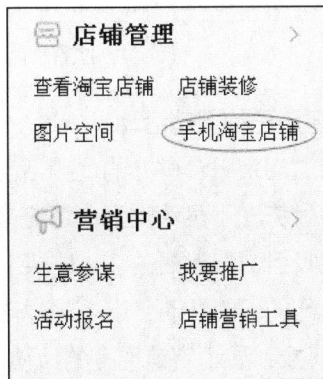

图7-7 | "手机淘宝店铺"设置界面　　　　图7-8 | 单击"店铺管理"栏中的"手机淘宝店铺"

（4）针对无线店铺，平台提供了"立即装修""活动页推广""发微淘""无线视频"等功能。此外，通过自定义设置，卖家可以按照自己的风格去设计店铺，有足够资金的话也可以去装修市场购买装修。

7.1.3 手机淘宝营销技巧

商品经济时代，营销是一件很重要的事情；营销需要讲究方法，只有掌握了方法技巧，一切才能够迎刃而解。那么，在手机淘宝上进行营销通常需要运用哪些技巧呢？

1. 积极参与平台举办的促销活动

淘宝平台会定期或不定期地举办一些促销活动，如9.9元专场、20元封顶等，尤其是在节假日期间，如中秋节、"双11"等。积极参与这些促销活动，就可以借助平台的影响力扩大品牌曝光度，提高销售额。

淘宝平台举办的促销活动一般都会提前公布，商家可以根据自己的需求自愿参加。图7-9所示为淘宝平台公布的促销活动。

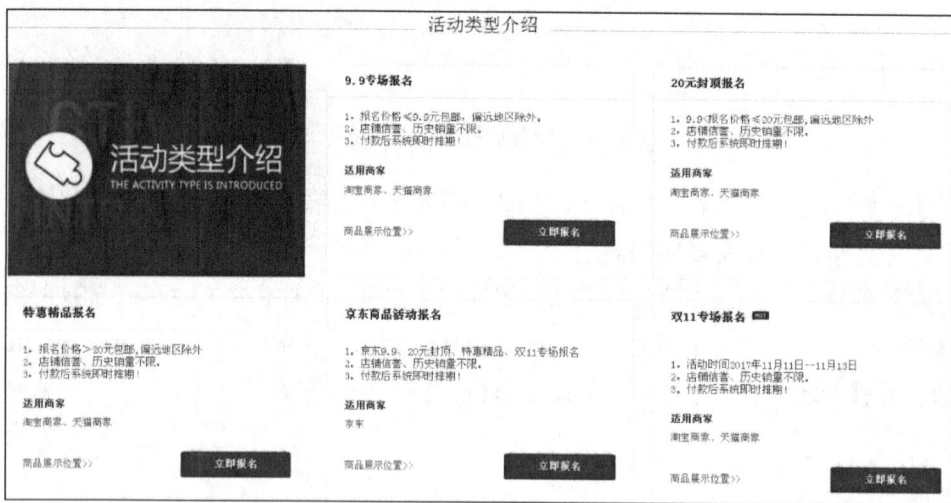

图7-9｜淘宝平台公布的促销活动

2. 创建自己的促销活动

除了参加淘宝平台举办的促销活动外，商家也可以自己创建一些活动。自己组织促销活动最大的优势在于灵活性强，可充分根据店铺需求进行设计。商家应经常性地做一些促销活动，以吸引消费者的关注、购买。

创建自己的促销活动，以下3个部分通常是必不可少的。

（1）海报：展示店铺现有的活动，吸引消费者进一步浏览，如图7-10所示。

（2）店铺优惠券：因为PC端设置的优惠券在移动端是不能领取的，所以如果店铺有优惠券，一定要设置移动端链接并展示出来，如图7-11所示。

图7-10 | 促销活动的海报

图7-11 | 店铺优惠券展示

（3）店铺主宝贝的大图展示：把店铺比较有优势的、热销的宝贝展示到最前面，用主图来吸引消费者的进一步浏览。也可以以海报的形式展示宝贝，并把宝贝促销信息充分展示出来，如图7-12所示。

图7-12 | 主宝贝的大图展示

另外，针对移动端也可以设置手机专享价格。如今，移动端的流量越来越大，在大多数店铺的下单量中，移动端已经超过了PC端，所以设置手机专享价格是必行之路，可大幅增加手机店铺的流量。

值得注意的是，移动端的流量非常碎片化，这与PC端的流量存在高峰期有很大不同。根据数据规律统计得出，移动端的流量高峰期主要在7:30—8:00、12:00—14:00、20:00—23:00；而周末、"五一"、国庆节这种节假日期间则主要集中在12:00—14:00、20:00—23:00。了解这些规律可以有针对性地策划主题营销活动。例如，针对周末和晚上无线流量比较大的情况，就可以策划一个无线周末购、夜场购等活动。

3. 利用营销工具，扩大宣传和推广

淘宝平台上提供了多种适用于手机淘宝的营销工具，如优惠券、积分抵扣等商品促销工具，微海报、橱窗推荐等店铺引流工具，官方买家秀、店铺VIP等"粉丝"互动工具等（见表7-1～表7-3）。

表7-1 商品促销工具

优惠券	商品价格优惠的一种电子券；淘宝平台的优惠券模板数量多达100种；面额最高为1000元；同时也支持自定义设置
单品宝	"限时打折"与"特价宝"的合体，更灵活、高效，可支持按商品的每个颜色、尺寸进行不同的打折、减现、促销；支持过期活动，一键重启
店铺宝	原"店铺优惠"与"满就减（送）"工具合并升级，支持创建部分商品或全店商店的满减/满折/满包邮/满送权益/满送赠品等营销活动，是提升客单价的利器
新搭配宝	店铺商品关联搭配工具，支持固定及自由搭配；加入智能算法，可大大提升客单价和转化率
淘金币抵扣	让利给消费者的同时，商家可收获淘金币
店铺红包	由商家自己设置、供消费者在商家店铺消费时使用的红包
购物车营销	对加购人群进行洞察和定向营销，通过手机淘宝购物车的限时提醒，促进转化
心选	让消费者快速找到与浏览的宝贝可以进行搭配或关联的宝贝

表7-2 店铺引流工具

圈子优惠券	对圈子选中的商品进行专属优惠设置的工具
橱窗推荐	卖家把店铺中最优质、最具核心竞争力的宝贝设置成橱窗宝贝的工具，橱窗内的商品可优先展示在搜索列表中
签到送金币	设置签到活动的工具，用户签到即送金币
微海报	创建移动端商品展示海报的工具，可实现引流，还可用于数据分析
淘短链	设置商品短链接的工具，消费者单击后即可直接进入手机淘宝店铺的相关页面
店铺联盟	淘宝为商家提供的流量互换工具，可大大提升流量效率
淘分享	由商家提供淘金币，鼓励消费者分享微海报并给予金币奖励的营销工具，通过微海报的传播为店铺引流

表7-3 "粉丝"互动工具

官方买家秀	将商家有图评价、试用报告等内容通过后台聚合，并支持分发至微淘、详情、旺旺等渠道的工具
微淘彩蛋	商家在微淘为"粉丝"发福利、发权益的一种工具
店铺VIP	根据一定的标准设置等级，对消费者进行分类管理的工具
优惠监控	商品优惠监控工具
关注送金币	当消费者关注店铺后，即可获得一定金币的工具
淘宝群	用于用户群聊的社群，可在群内设置专属红包、投票、限时折扣等，大大增强了用户黏性
定制工具	平台为商家专门定制的工具，如满就送权益

4. 码上淘推广

为了吸引更多的流量，手机淘宝店铺可以利用码上淘功能进行推广。通过此功能可以创建各种二维码，如商品二维码、品牌二维码、媒体二维码、包裹二维码等，并对二维码搜集的信息进行管理和分析。

二维码的创建有3种方式，分别为通过工具创建、通过宝贝创建、通过链接创建，如图7-13所示。

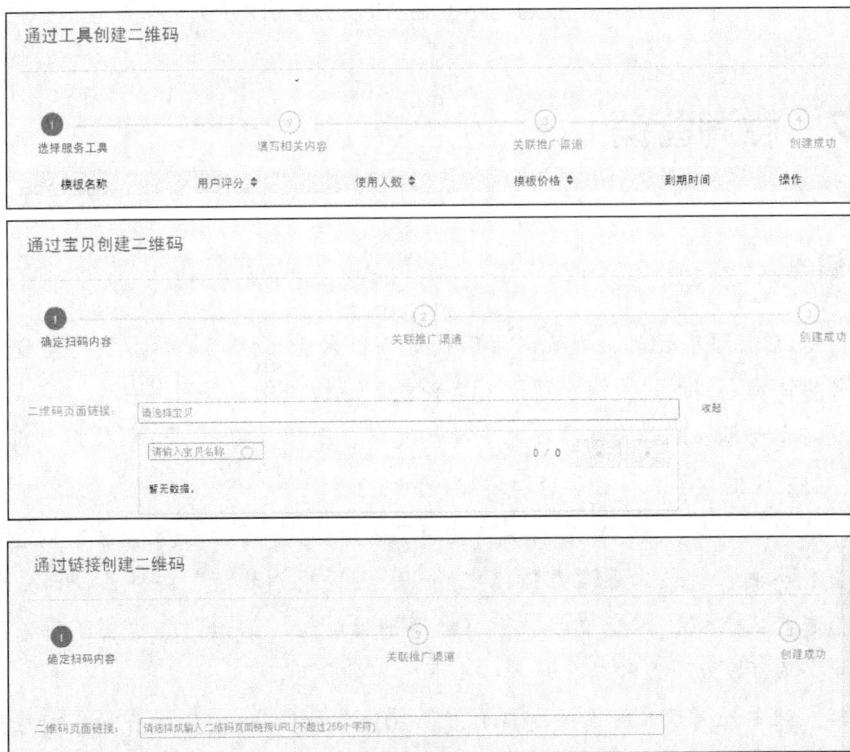

图7-13 | 利用码上淘创建二维码的3种方式

5. 无线开放平台

无线开放平台简称MTOP，是淘宝于2010年12月成立的一个旨在帮助商家创造多种营销场景的应用平台。它的出现使淘宝电子商务基础服务建设得到了进一步完善，极大地推动了无线电子商务生态圈内各参与者的不断创新与发展，促进了无线电子商务新商业文明生态圈的建设。

商家通过无线开放平台提供的各种模板，可以轻松关联促销活动，一键生成无线活动页。该网页不但可让宝贝完美地展现，还可以营造多种多样的营销场景，如限时折扣、直销大特惠、摇一摇抽大奖、潮拍档等，如图7-14所示，这些活动都可大大提升消费者的购物体验。

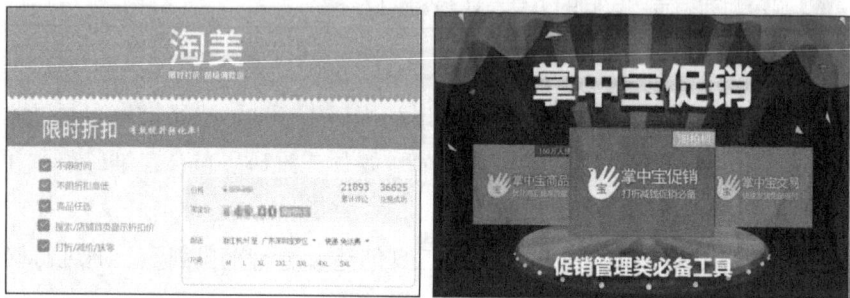

图7-14 | 无线开放平台生成的无线活动页示例

7.2 微淘营销

案例导入

微淘不像PC端淘宝店铺、手机淘宝店铺那样，只是单纯地展示、宣传与销售商品，而是通过引导消费者阅读来加深消费者对店铺或产品的印象，吸引其关注，实现引流。因此，微淘的内容大多是以与店铺、商品有关的文字、图片、视频、故事等形式出现的，类似于微博、朋友圈的内容，如图7-15所示。

因此，做微淘不要做成淘宝店铺或手机淘宝店铺那样，而应把重点放在内容运营上，让内容丰富、丰满、新颖，可读性强，才能够长期吸引消费者的关注。同时，将店铺信息、产品信息植入其中，带有情感、带有温度地展现给"粉丝"。这样既可以强化"粉丝"的黏性，又可以对引流和转化起到一个非常好的作用。

2016年，淘宝加大了对微淘的支持力度，2016年1月，淘宝正式开始了对微淘等级的评定，即根据内容的优质程度和每天的帖子数量对微淘账号进行等级划分。这也从侧面说明了内容运营对于微淘的重要性。

图7-15 | 微淘中显示的商品内容

案例点评：

微淘是淘宝微店的简称，也是阿里巴巴继淘宝网、手机淘宝之后推出的又一个电子商务平台。它是移动互联网时代的产物，通过它，商家可以进行客户关系管理、品牌传递、精准互动、基于位置的导购，及成交转化；而对消费者来说，则可拥有一个私人化、智能化的手机购物帮手，满足消费者省钱、时尚、便捷、放心的购物需求。

7.2.1 微淘的发布与管理

微淘是手机淘宝客户端的一项分支功能，因此微淘账号不用另外申请，开通手机淘宝的商家都可以拥有，商家可通过淘宝手机客户端直接发布和管理微淘内容。

具体步骤如下。

（1）打开手机淘宝，在App底部的导航中即可操作。点击右下角的"我的淘宝"，如图7-16所示。

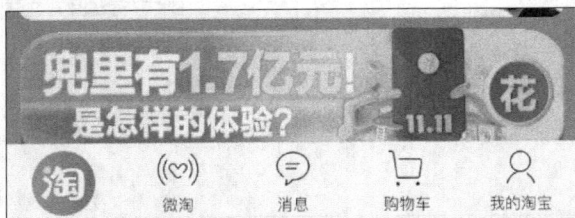

图7-16 | 在手机淘宝中点击右下角的"我的淘宝"

（2）进入我的淘宝，点击"我是商家"，然后点击"发布微淘"，对内容进行编辑后即可发布，如图7-17所示。

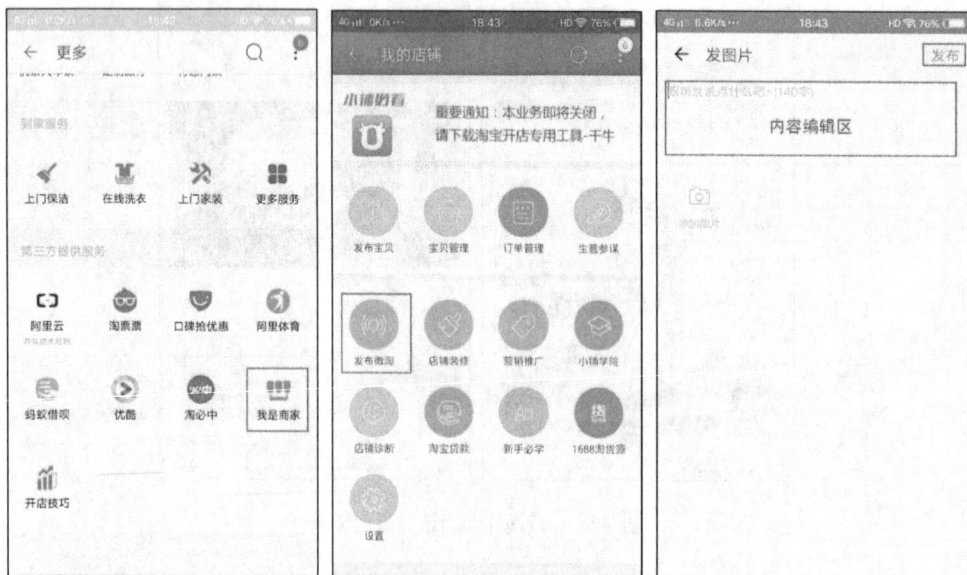

图7-17 | 发布微淘的步骤

发布微淘内容还有另外一种方法——通过PC版微淘页面发布。此外，在PC版微淘页面上还可以对微淘进行设置、数据管理、"粉丝"管理等。

具体步骤为，打开淘宝官网，登录淘宝进入卖家中心，然后找到手机淘宝店铺下的无线店铺即可进入设置。图7-18所示为微淘名称和简介的设置界面，设置完毕后，设置内容会显示在移动端。进入该页面的路径：淘宝官网→卖家中心→手机淘宝店铺→无线店铺→立即装修。

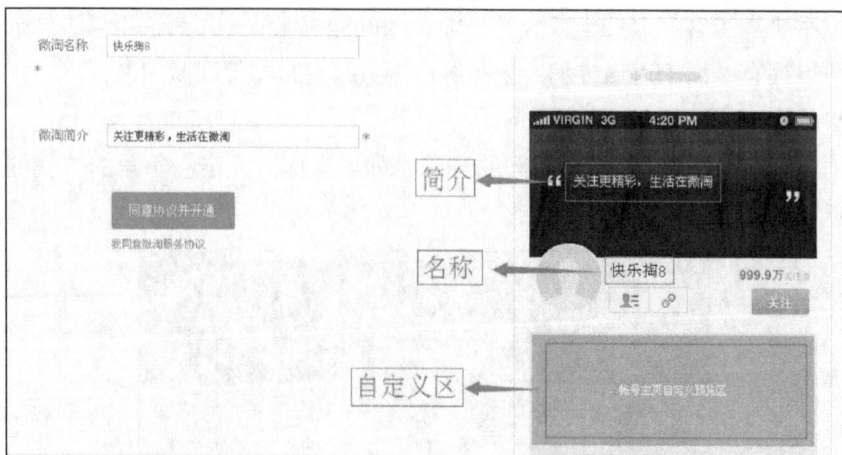

图7-18 | 在PC端设置微淘的界面

图7-19所示为"微淘管理中心"界面，商家在该界面中可对内容进行管理和数据分析。进入该页面的路径：淘宝官网→卖家中心→手机淘宝店铺→无线店铺→发微淘。

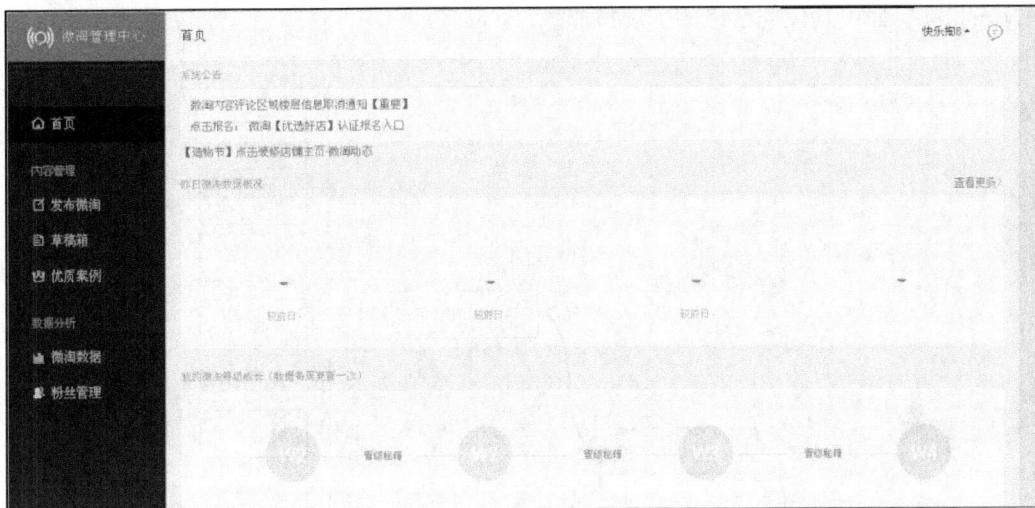

图7-19 | "微淘管理中心"界面

"内容管理"包括"发布微淘""草稿箱""优质案例"。其中"发布微淘"是重点，需要深入理解，熟练操作。目前微淘系统支持发布9种内容，分别为发帖子、宝贝清单、跨店清单、图片、上新、预上新、链接、视频和买家秀。

"数据分析"主要包括"微淘数据"和"粉丝管理"。其中"微淘数据"又包括"整体微淘数据"和"单条微淘数据"，利用该功能可以对这些数据的周、月（也可自定义数据周期）曝光量、点击量、引导成交笔数、成交金额进行查询和分析。

"粉丝管理"功能主要用于对"粉丝"浏览、阅读所发内容的情况进行查看和分析。具体数据包括新增"粉丝"数（人）、较前日取消"粉丝"数（人）、较前日净增"粉丝"数（人）、较前日累计"粉丝"数（人）、较前日收藏店铺用户数（人）。同时也可对周、月及自定义时间内的"粉丝"数量进行查看。

微淘管理中心的具体功能如图7-20所示。

7.2.2　内容是微淘的"吸粉"利器

微淘不同于淘宝店铺和手机淘宝店铺，其运营的重点是内容。事实上，纵观那些运营特别好的微淘账号就会发现，它们的特点就是以内容为主。因此，要想依靠微淘来吸引"粉丝"，达到引流的目的，就必须提高内容的含金量。

1. 内容定位

按照相关规定，在微淘平台上可以发布9种类型的内容，如发帖子、宝贝清单、跨店清单等，但在实际运作中，商家并不是随便发个宝贝清单或者新品信息就可以了，而是要有计划、有针对性地发布内容，且发什么样的内容要完全根据"粉丝"的阅读需求和兴趣爱好来制订，而不是仅凭自己的主观意愿。

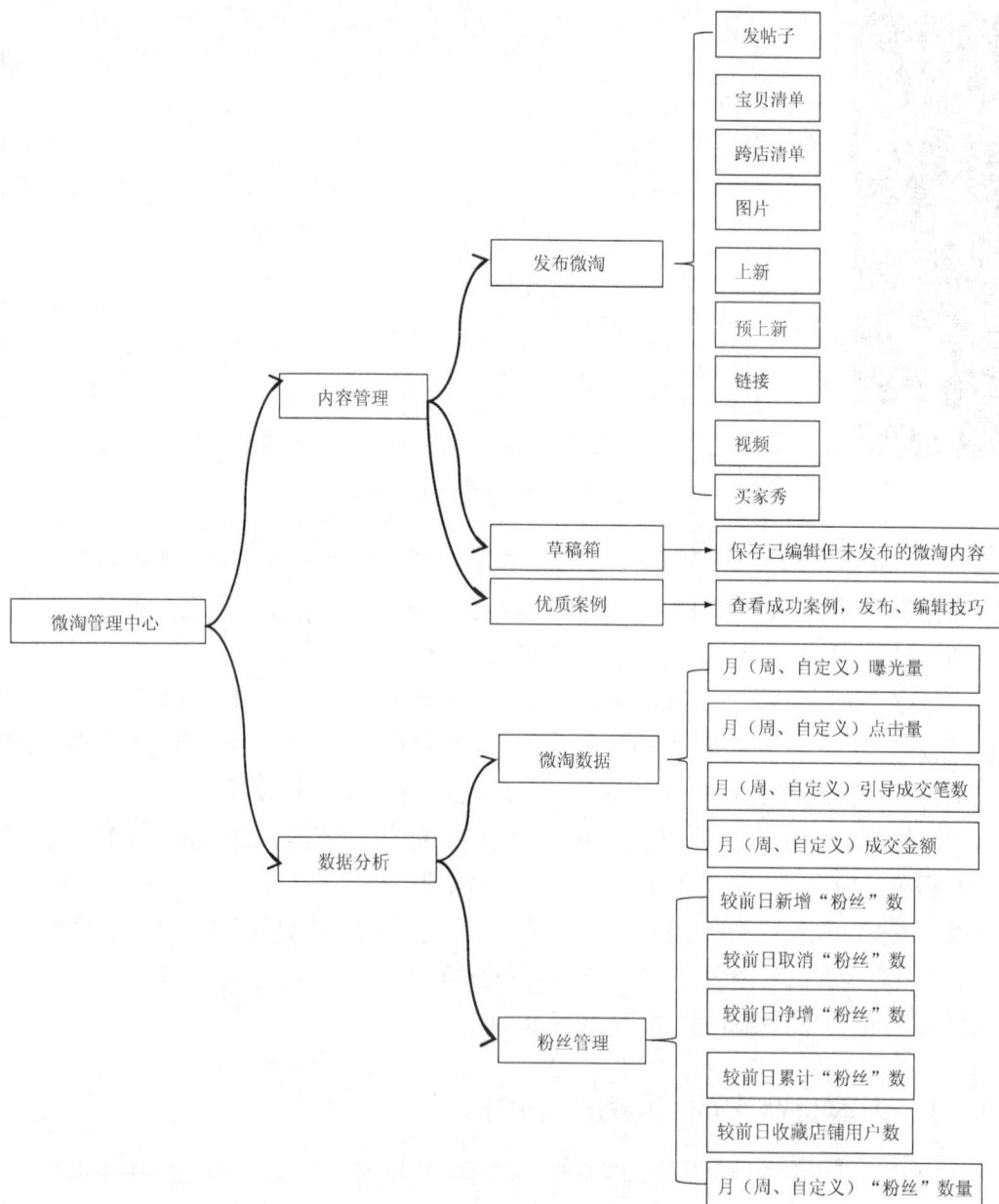

图7-20｜微淘管理中心的具体功能

一般来说，以下这些内容都是微淘中比较常见的内容：宝贝搭配指南（见图7-21），相关产品知识，促销活动，买家秀，盖楼互动（见图7-22），社会热点、重大事件，明星动态、趣事、趣闻，与产品相关、但关联性不是很大的话题。

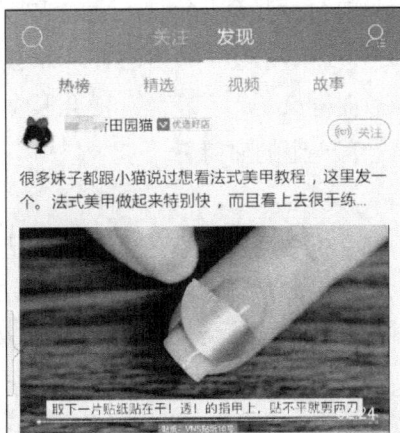

图7-21｜宝贝搭配指南

图7-22｜盖楼互动

总之，内容要根据自己的店铺风格有所差异化；不但要有情怀，还要有格调、有品位。不要搞得与淘宝客服一样，成为解决售后和产品遗留问题的后台，也不要全是冷冰冰的产品图片、赤裸裸的广告。

2. 自建话题

微淘营销与微博营销十分相似。微博中经常有一些热门的、有意思的话题出现，引发用户的大量转发和评论。同样，微淘也需要经常有这样的话题做引子，激发用户的关注兴趣和参与积极性。如某设计公司就发布了一段美女设计师与咖啡馆的情感视频，讲述了一段唯美的情感历程，如图7-23所示。

图7-23｜微淘中发布的情感视频

值得注意的是，如果想要自建话题中带有企业和产品信息，建议用内容推广产品，否则广告性质太强，很容易淡化话题的讨论性、参与性。如卖衣服的店主可写穿衣搭配的内容，然后把自己店铺的衣服链接放进去；卖母婴用品的可写些育儿宝典方面的内容，然后把自己的宝贝巧妙植入进去。这比硬广告效果要好得多。有条件的话还可以考虑系列内容，把周一到周日的计划定下来，每天按计划发布。时间久了，"粉丝"便会形成一种惯性。如果内容做得有意思的话，甚至可以让"粉丝"有一定的期待感。

3. 把握发布时间

对于微淘文章发送的时间点，可参考之前提到的手机淘宝营销技巧。正常情况来讲，7:30—8:40、12:00—14:00、20:00—23:00，这几个时间段都是浏览高峰期。当然，具体的发布时间也要根据店铺的实际情况以及"粉丝"群体的特征来决定。总之，内容营销与付费流量不一样，很难立刻就能看到收益，必须经历一个比较漫长的过程。但是，作为增加流量的入口，微淘还是一个比较值得重视的渠道。以内容为主的微淘配合以流量为主的手机淘宝，做得好的话肯定会达到"1+1>2"的效果。

第8章

移动App：移动营销的中流砥柱

在移动互联网时代，移动App得到了越来越多的企业的重视，并逐步成为宣传、推广和营销的重要工具。尤其是在新型企业中，移动App早已不只是移动（智能）终端上的一个应用软件那么简单，而是充分与企业盈利相结合，成为一种新的商业模式。本章将介绍移动App营销的优势、模式，以及如何打造一款具有吸引力的移动App应用。

8.1 移动App在移动营销方面的优势

案例导入

美特斯·邦威是消费者比较喜欢的休闲服装类品牌，也是较早运用移动App辅助营销的传统企业之一。邦购商城App是美特斯·邦威为iPhone和iPod Touch移动端用户打造的一款手机购物App。进入该App后，用户可以在线浏览、搜索商品信息，并可以网上支付、购买。同时，该App也会根据不同的主题给出提示，如商品推荐、活动促销、购买优惠等，为用户打造快捷、方便、省钱的购物环境。图8-1所示为邦购商城App截图。

图8-1 | 邦购商城App截图

为了吸引用户的持续关注，该App还制作了精美的日历、记事本和天气预报等日用小工具，以及大量小游戏（如衣服搭配试装的游戏、带有新款服装元素的连连看小游戏）等。这些都大大增强了App与用户的互动性，丰富了用户的购物体验。

另外，该App在品牌文化延伸上做得也非常精准、到位。App中植入的H5移动广告时刻彰显着ME&CITY的品牌魅力，如画面是代言人，背景是伦敦街景、游乐场、电影院、音乐喷泉等，整个画面与美特斯·邦威宣扬的美丽、时尚、独特、个性等品牌文化相得益彰。

案例点评：

上述案例表明，移动App是移动营销体系中非常重要的一员。所谓App，即Application的缩写，中文称之为应用程序；因附加在智能手机、掌上电脑等移动（智能）终端才可运行，因此合称为移动App。

8.1.1 便于信息的传播

随着移动互联网时代的到来，很多企业的标配消单中新增了一项——移动App，利用其辅助商品营销、品牌推广已经成为主流做法。

拥有自己的移动App已经成了企业进行移动营销的共识，它们自主开发，或找专业机构代做。移动App最先应用在电商企业中，而后逐步向实体企业蔓延。一时之间，各类App如雨后春笋般地发展起来，如今更是成为企业进行移动营销的标配。

移动App的移动性、智能性、社交性，使信息传播优势大增——传播速度快、范围广，且可让用户随时随地接收和分享。这对企业营销非常重要，尤其是在扩大品牌曝光度、提升商品销量，以及提高整体服务水平上。

移动App的易传播性主要表现在以下4个方面。

1. 在传播方式上

移动App是企业将产品或品牌等信息模式化、程序化的一种应用。这种应用就是信息的载体，通过用户对这种载体的下载、分享和使用，使信息的传播范围越来越广。

任何App都是以信息的传播、传递为最终目的的，一个App若没有信息的支撑，那就只是一堆程序堆积起来的"壳"而已，毫无意义。

现在应用比较多的移动App有以下几种类型。

（1）提供网购信息的有：淘宝网、京东商城、当当网、唯品会、乐蜂网等。

（2）提供本地生活信息的有：大众点评、豆角优惠、今夜去哪儿、丁丁优惠、艺龙在线等。

（3）提供社交即时通信工具的有：微信、QQ、易信、来往等。

（4）提供健康信息的有：动动、乐动力、Keep等。

2. 在传播内容上

移动App中信息的表现方式多种多样，包含文字、图片、音频、视频等，用户可以全方位地感受内容的魅力，如新闻、阅读类App是以文字为主；地图、照片类App以图片为主；广播、音乐类App以声音为主；直播类App则以视频为主，如图8-2～图8-5所示。

3. 在用户行为上

用户可通过多种途径下载移动App，如手机助手、手机应用商店、手机浏览器，以及在计算机网页中下载等，这大大促进了移动App在用户中的普及程度，如图8-6～图8-9所示。

图8-2｜文字类App

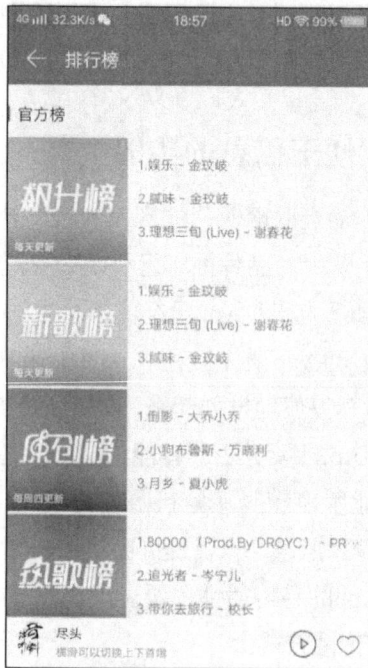

图8-3｜声音类App

图8-4｜图片类App

图8-5｜视频类App

图8-6 | 在手机助手中下载
移动App

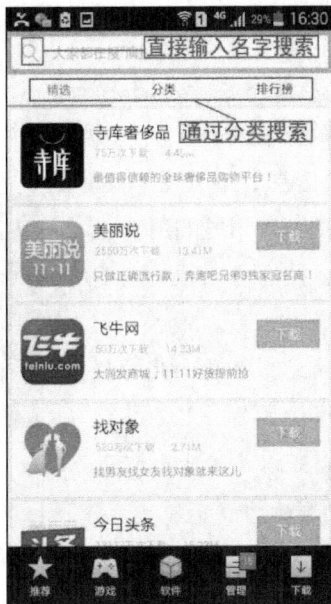

图8-7 | 在手机应用商店中下
载移动App

图8-8 | 在手机浏览器中下载
移动App

图8-9 | 在计算机网页中下载App

需要提醒的是，在计算机上下载App，可直接复制到智能手机中。智能手机最大的一个优势就是实现了手机与PC端的完美连接，可轻松地将计算机中的App传导到手机中。

4. 在宣传推广上

随着移动商业的发展，手机广告越来越多，对此用户的普遍反应便是厌恶，因为这已严重影响到了他人的体验。而移动App在宣传推广上比较"含蓄"，且更加注重内容的表现，这也是移动App推广的最大优势。有了内容价值的反衬，广告彻底被"边缘化"，大大降低了用户的反恶。

以上4个特点都表现出了移动App的易传播性，能够使企业的品牌形象、经营理念，以最快、最有效的方式传递给用户，同时也可以大大地提高用户的接受度，提升App营销效果。

8.1.2 使用方便、快捷

移动App的第二个显著特点是使用起来方便、快捷。无论是企业、商家，还是用户，借助移动App都能最大限度地实现短、平、快的操作。企业、商家可以随时随地上架商品，发布商品信息、促销活动信息，查看销售动态；用户只要下载、登录即可浏览App里的所有信息，无论什么时间、什么地点，且都可以根据自身需求进行查找。

agoda是一家在线酒店预订网站，主要为用户提供出行、住宿、餐饮等查询、预订服务，其业务范围遍及中国、日本、韩国、东南亚以及澳大利亚等国家和地区，在亚太地区有较大影响力。

在移动互联网的浪潮下，该网站也顺势开发并推出了自己的手机App——agoda。进入agoda界面，即可看到系统的几个主要功能，如预订住宿、预订机票等，一目了然，简单易操作，如图8-10所示。

如果知道某酒店的详细名称，在搜索栏中输入其全称，即可直接查询。此外，还可以按地域、价格自定义搜索。这款App的最大特点就是支持多种语言，适合不同国家和地区人群使用。系统自带38种语言可供选择，默认为英语。因此，当看到满屏英语时先别着急，进入设置栏可自由设置。

图8-10 | agoda App的主界面

8.1.3 开发成本低

移动App之所以受到企业、商家的青睐，还在于其成本低。利用移动App开展移动营销，成本要比其他方式低很多。当然，这种低并不是说绝对不花钱或者少花钱，主要是指性价比。开发、管理好一款移动App，花费也不小，但从投入与产出比来讲是非常划算的。

以移动App的开发为例，在App发展之初的2013年，开发一款App所花的时间和金钱都不多。功能单一的只需6～8周，复杂些的需要8～12周；开发费用大多在10万～15万元不等，低的五六万元即可。

这还是在初期，随着App开发技术的成熟，掌握这种技术的人越来越多，成本也会进一步降低。因为App开发作为一种技术来讲，普及度越高价值越小，况且很多App都是基于一套成熟的模板，就像工厂的流水线一样，流程是一样的，使用时只要在后台更换一些程序即可。

如很多人喜欢的魔漫相机移动App，以"原创真人漫画"为特色吸引了众多用户。其实这款移动App的设计原理非常简单，即将拍照与录像功能进行了巧妙结合。拍照、录像就技术层面来讲都不难，但结合后出来的效果则要比单一功能好得多，带给用户不一样的体验。

随着轻App概念的推出，Web App被人们慢慢重视起来，各种微应用、微商城Web App层出不穷。这也预示着App的开发成本将会更低。集中在微信公众平台上的Web App，其实就是一个个简单的手机网站。开发者只需掌握网页设计，会编程即可，成本自然低很多。据悉，做一个Web App的费用只要几千元，如果有固定模板，则只需几百元而已。

当然，这个成本不是很确切，有些难度较大的，或者前、后台数据复杂的App花费会高些，如游戏类的费用会翻倍增长。总之，如果单从价格方面来讲，它比一些传统营销方式的成本略高，但要从后期的收益来看是非常值得的。

8.1.4 互动性强

互动性强是移动App的又一优势。现在很多企业为什么不再做网站营销了？根本原因就是网站基本是呈静态的，是单方面的输出（企业方）、被动地接收（用户）。即使有少量的互动，也是严重滞后的，无法起到及时反馈双方信息的作用。

"互动性"是移动营销中的一个核心关键词，也是移动互联网运营中的一个重要指导原则。移动App作为移动营销体系中的重要一员，在互动性方面有着很大的优势。这主要体现在以下几个方面。

1. 全时性

用户与App之间可以进行全天候、不间断的沟通、交流。在此过程中，App可向用户提供全过程的服务，跟踪用户反馈，即时优化应用，进行完整的互动活动。

2. 即用性

用户在任何时间、任何地点，都可以通过App中的位置（LBS）服务查询所需信息，并立即应用到现实生活中去。例如，用户需要就餐时，可以在大众点评网、美团网等App中查询附近的餐厅，获得信息后马上能将这种信息转化为消费行为。

3. 深层次体验

除了以上浅层次的互动外，为了吸引用户长期关注，给用户以更深层次的体验，有些App的互动还具有持续性、创新性。例如，将直播室、聊天室、游戏等植入App中，通过打赏聊天、互赠礼物、动手操作等方式刺激用户的互动欲望。

丰田ToyToyota设计了一款亲子互动手机App——Backseat Driver，如图8-11所示。

图8-11 | 丰田ToyToyota亲子互动App

用户下载该App后，只要开启手机GPS功能，就可以实现类似于现实的"开车"，用户能够跟着实际车速感受到加速、减速、转弯等带来的刺激感；连上Twitter，还可与朋友一起分享。这对小朋友非常有吸引力，拿着手机即可体验到父母开车的感觉，对加深亲子情感也是一种不错的互动。

8.2 移动App的营销方式

8.2.1 直接卖货，开通网上店铺

对于大部分企业来说，利用App开展移动营销的最佳方式是直接卖货或为用户提供服务。具体做法是在移动App中植入购物或某种服务功能，开通线上店铺，用户可在店铺中根据需求选择相应的商品或服务。

相信很多人都有过在淘宝上买东西的经历，它给人最大的感受便是轻松、便捷。而用手机淘宝移动App更为便利，无论何时何地，只要有网络，就可以打开手机淘宝轻松完成信息浏览、商品选购、下单支付等购物流程，如图8-12所示。

在移动App上直接开店铺，为企业开展移动营销提供了一种新的方式。目前，很多企业、商家都开始利用这种方式开展移动营销，一来可以丰富企业的移动营销体系，二来可以迅速抢占移动互联网市场。

直接卖货的最大优势在于，可大幅降低营销成本、

图8-12 | 手机淘宝移动App

快速获取大量用户资源。值得注意的是，这种模式也有自身的局限性，即App上的店铺是个局域性的微网站，一般只针对下载过App的人，自动传播能力比较弱，因此推广起来难度较大。对企业、商家而言，在开发店铺类移动App时需要注意策略和技巧，尽量做到小而美，瞄准目标用户，展开精准营销、重复营销。

在App中开店铺直接卖货，不仅是利用App进行移动营销的主要方式，同时也可拓宽App的盈利渠道。因为在目前的移动App市场中，"免费"是最主流的做法，用户可以免费下载使用App。免费对用户来说是求之不得的，而对企业或开发者来说则是一种"煎熬"。因为App本身的开发就需要大量的费用，更别说管理和运营过程中的其他支出。总之，没有一定的费用支持是很难支撑下去，所以无论什么App都必须寻找一条持续盈利之路。

8.2.2 广告植入，以广告带动营销

网络广告早已不是什么新鲜事物，我们在浏览网页、玩游戏时经常会看到商家植入的各类广告。这些广告形式各异，花样百出，但殊途同归，目的都只有一个，即吸引用户点击查看。广告是网络营销中常用的一种方式，广告方以此来扩大品牌知名度，而平台方也借此来盈利。

在移动App中，同样可以植入广告。企业可以将广告以各种形式放在App中，当用户使用该App时就能够看到广告，从而进一步了解广告详情。

由于是在手机、PSP、平板电脑等移动（智能）设备上发布的，因此这类植入的广告也被称为移动广告，移动广告逐渐成为网络广告的主体。其优势是可精准匹配用户，用户也能更加方便、快捷地获取信息。

那么，如何在移动App上植入广告，并收到更好的效果呢？下面是在移动App中有效植入广告的3种方法。

1. 内容植入

内容植入是指将企业、产品或品牌之类的关键词作为广告内容植入移动App中。这样既达到了广告宣传效果，又不大影响用户的体验；而且由于融入了互动环节，传播效果会更好。

2. 道具植入

道具植入在移动App广告植入中比较普遍，一般是通过移动App与产品道具的互动来实现的。选择与移动App具体相关联的道具，既能够引起用户的共鸣，又可让用户在潜移默化中接受这个品牌，从而获得良好的广告效益。

如"人人餐厅"这款移动App游戏，将伊利舒化奶作为游戏的一个道具植入其中，让用户在游戏的同时对伊利舒化奶产品产生独特的诉求认知与记忆，提升品牌或产品知名度，在用户心中树立品牌形象。

3. 背景植入

与道具植入类似，在移动App中倘若用户看到突然出现的醒目广告牌、横幅、商场或有品牌特写的电梯，它们可能就是植入性广告。

在某"抢车位"的游戏中，一眼看去，最突出的就是MOTO的手机广告。将MOTO的手机广告作为停车位的一个背景图标，无形中给用户头脑中植入了MOTO的品牌形象。游戏中还提到：用MOTO手机车位背景，每天可得丰厚的游戏币，这样的奖励措施驱使游戏玩家都争相使用该背景。

由于前期开发成本较高，许多企业的App在运营之初都无法盈利，而投放广告却能带来一定的收益。但在移动App市场竞争日益激烈的情况下，又不能简单、粗暴地直接投放。因为尽管App植入广告有很多优势，但会影响到用户体验。据调查显示，近80%的用户在使用App时遭遇过广告的"狂轰滥炸"，只有一半的用户点开过。大多数用户不希望看到广告，一旦有广告跳出，就会点击跳过广告或退出App。

因此，如何把广告做得既有趣又不太明显，实现平台、广告商、用户的三赢，是企业应该思考的问题。广告植入一定要以不影响用户使用为前提，否则就会得不偿失。

8.3 如何打造一款有吸引力的移动App

案例导入

牛班（NEWBAND）是一款音乐学习类App，它是由知名音乐人及其专业团队研发的，旨在通过明星视频教学及超强辅助系统配套练习，为声乐、器乐爱好者分享音乐，并带来最专业的娱乐学习的新体验。

通过该App，用户可以与其他音乐爱好者一起享受学习音乐的过程，还可以观看视频在线学习、在线交流。具体功能如图8-13所示。

1.提供了明星视频教学。用户可学习由专业音乐人为用户带来的权威的声乐、键盘、吉他、贝斯、爵士鼓课程。

2.首创了分轨调音系统。用户可任意调控原唱、键盘、吉他、贝斯、爵士鼓等声轨，在不同的音乐环境中提高自己的唱歌水平。

3.支持曲谱辅助练习。这些曲谱在歌唱类移动App上很少出现。用户配合教学视频与曲谱进行练习，可从理论和实战两个方面进行提高

图8-13｜牛班移动App主要功能

案例点评：

牛班（NEWBAND）App最大的亮点就是定位准，通过高集成和微创新走出了一条精品音乐在线教育模式。凭借着便捷的功能、多样化的内容呈现方式和良好的用户体验，吸引了大量用户，实现了流行音乐品牌文化、价值的重塑，达到了精准宣传和推广其音乐课程的目的。

App的运用越来越广泛，尤其是在商业领域，为企业移动营销带来了一场革命。然而，纵观现在的众多App，"短命"的不在少数。很多App用户关注度低，盈利困难，运营一年、两年，甚至几个月就无法维持下去。那么，究竟什么样的App才算是优质的App呢？本章将详细总结优质的App需要具备的特点。

8.3.1 功能的设置要体现价值

每款移动App都必须具备一定的功能，这是它生存和发展的前提。没有功能或功能很差，也就失去了存在的意义。因此，功能是移动App的生命线。衡量一个App的质量高低，能否吸引用户的支持与关注，最主要的一个指标就是看其功能是否实用，是否有价值。App功能最基本的要求是，既要能最大限度地满足用户需求，又要有个性，最好是其他App所不具备的。

功能的设置，需要在App规划阶段就确定下来，且需经过充分的调研、科学的谋划，并符合自身需求。App的功能通常有两大类：一类是单一性功能，另一类是综合性功能。

1. 单一性功能

单一性功能是指一款App只有一个功能，或发布产品信息，或宣传企业文化，或提供某一方面的服务……达到以点带面，通过个别功能带动整个营销的效果。

虎扑体育App是一款体育资讯类专业App，功能十分明确、集中。该App提供的所有内容都紧紧围绕着体育赛事这一核心，如体育新闻播报、各大精彩赛事的直播、球员数据专业分析，以及有趣的社区论坛等，深受球迷的喜爱，如图8-14所示。

新闻&论坛：让用户随时随地了解赛场内外一切动态。

文字直播：直播速度比电视快3秒，流量比同类产品节省80%。

视频直播：主播带领百万球迷和你聊比赛。

统计数据：提供全面、准确的NBA、CBA、中超、欧冠、英超、西甲、意甲、德甲、法甲等赛事数据。

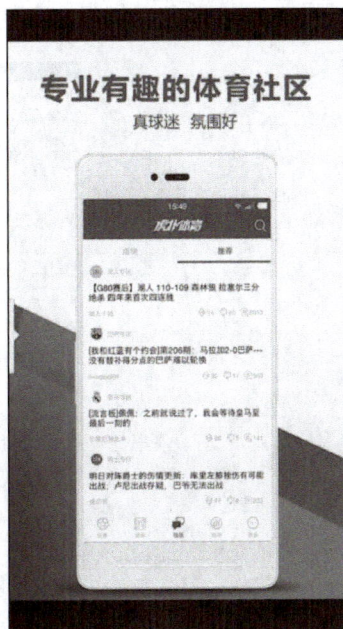

图8-14｜虎扑体育社群论坛截图

2. 综合性功能

综合性功能是指App的功能要多样化，可同时包含多种功能，用户通过该应用可完成一系列操作。购物类App大多属于这一类，如京东App包含与产品宣传、品牌推广、购买体验等有关的所有功能，在该App里用户可实现与PC端京东网完全相同的操作，如选购、下单、支付，享有购买的优惠等。

另外，App除了产品宣传、推广等功能外，还可设置少数附加功能。这些附加功能更有利于用户体验，如肯德基App就设置了一个"快速查找"功能，利用这个功能用户可快速查找到附近的肯德基店。

▌8.3.2　要有足够强的用户体验

一款移动App要想获得大量用户的关注，就必须具备吸引用户的"点"。这个"点"包括用户需求的精准定位、全方位服务的提供，以及与用户一对一的沟通能力等。概括起来，就是要带给用户良好的体验，才会持续不断地被关注。

如市场上出现的许多有用有趣的健康类移动App，在生活和工作节奏日益加快的今天，大多数人，尤其是年轻女性更加注重自己的健康，因此，大量健康类移动App不断涌现。这类应用设计的初衷就是帮助用户保持健康的生活方式，从而满足人们的心理需求。

在这类移动App中，"女性周期建议"是非常有代表性的一个。这款被喻为女性"贴身助理"的移动App，通过对生活起居、饮食习惯、运动健身等不同方面的全天候监测，为广大女性朋友提供了诸多便利的服务，如图8-15所示。

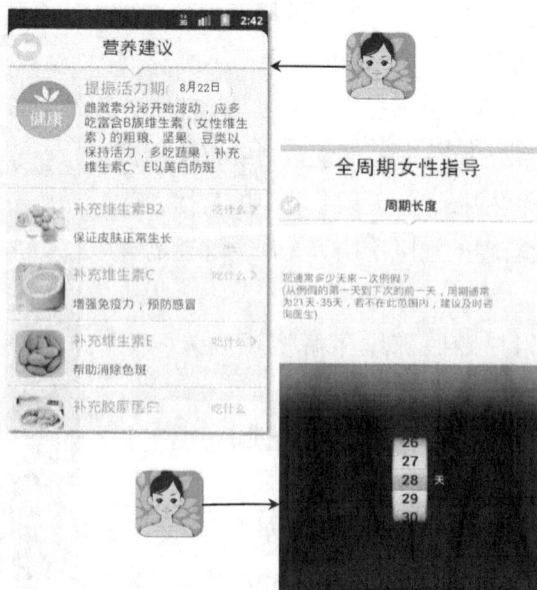

图8-15｜"女性周期建议"移动App与用户互动情况

8.3.3　注重内容质量

高质量的内容，无论在以前的传统营销中，还是在当前的移动营销中，都是提高营销效果的必要前提。更何况，如今各款App的同质化越来越严重，因此好内容自然就成了"王道"。

在制作内容之前，一定要审时度势，学习一些技巧和策略，包括精选题材、编排内容及优化内容等。

1．如何精选题材

内容营销的核心就是信息本身是否有价值。评价标准是指对企业和产品是否有宣传、推广的作用，对用户是否有指导、诱导作用。因此，在内容选择上需要特别慎重，精挑细选，根据企业、用户的实际需求而定。

具体包括哪些内容呢？

（1）热点内容

热点内容是指某段时间内搜索量迅速提高，人气关注度节节攀升的内容。合理利用热门事件能够迅速吸引用户的关注，获得较高的利益。对于何为热门事件，营销者们可以借助一些搜索平台通过数据进行分析，如百度搜索风云榜、搜狗热搜榜等，都是很不错的工具。

（2）时效性内容

时效性内容是指在特定的某段时间内具有最高价值的内容。任何事物都具备一定的时效性，营销者必须及时把握并合理利用其"黄金周期"；才能创造出有价值的内容展现给用户，提高App的人气关注度。

（3）稳定性内容

稳定性内容是指不受时间变化影响，无论什么时间都不过时的内容。作为内容营销的主要组成部分，较稳定的内容对用户的吸引力更大，而且持续时间越长久效果越好。因此，内容运营要多制作些稳定性较强的内容，如主题系列内容。

（4）方案性内容

方案性内容是指具有一定的逻辑，符合营销策略的方案内容。方案性内容需要考虑很多因素，其中受众人群的定位、目标的把握、主题的确定、营销平台、预期效果等都必须在方案中有所体现。

（5）实战性内容

实战性内容是指通过不断实践，在积累丰富经验的基础上而产生的内容。只有不断实践，才能换来经验的总结，进而改善、提高，内容中要能够充分展现实践过程中遇到的各种问题，让用户从中吸收、借鉴一些有价值的信息，少走弯路。实战性内容能够获得更多用户的关注，因为这是实战，这是真正的分享经验。

（6）促销性内容

促销性内容是指在特定时间内进行促销产生的营销内容。这类内容主要是营销者针对人们需求心理而制定的，内容中要能够充分体现优惠活动。

2. 如何通过发布合适的内容实现预定营销目标

为了吸引大量用户，一般情况下都是通过发布合适的内容来实现预定营销目标。所发布的信息必须符合一定的原则，从用户需求和企业需求出发，考虑到各方面的问题。发布的信息必须遵循以下"三原则"。

（1）内容要生动有趣

有趣，即内容要有足够的新意和吸引对方的地方。一款移动App，无论它是以销售产品为主，还是以咨询为主，首先都应该做好内容，而不是简单地罗列产品，或者单纯地进行简介式复述。

（2）内容要有用，有价值

也就是说，商家所发布的内容要具有一定的实用价值，能够向用户提供一定的帮助。既可以是提供信息服务、传授生活常识、利用视频课程帮助用户解决困难，也可以向用户提供促销信息或者折扣凭证、发放奖品等。总之，要使用户能够从App中获取某种形式的利益，他们才会成为忠实的追随者。

（3）内容要富有个性，不落入俗套

个性是最难把握的一个原则。企业应注意发布的内容要自成体系，在报道方式、内容倾向等方面要有自己的特点并能长期保持一致性，这样才会给用户一个系统和直观的整体感受。个性化的内容可以增强用户的黏性，使用户持久关注。

8.3.4 页面设计尽量简单

对移动App的开发人员来说，只有定位和创意是远远不够的。这就像开车，只知道一个大致的方向，而对路况不熟悉，是很难到达终点的。因此，制作移动App需要有更具体的设计思路，然后运用科学的方法，按预设的思路一步步去做。

1. 合理设置内容结构

制作结构图是移动App设计过程中的重要一步。毕竟手机屏幕是有限的，在同一界面中不可能把所有的内容都展现出来，因此需要按照内容的重要性进行有序设置，使其以不同组合、不同层次循序渐进地展现出来。

以某一购物类移动App为例，来看看它是如何设置内容结构的，如图8-16所示。

（1）每区域的结构设计

一个优秀的结构设计方案应该在移动App首页就能展示最重要的内容，并且在用户需要其他功能时也可通过翻阅或切换快速找到。

（2）优化每个功能的操作流程

通过优化功能的操作流程，可将整个移动App连接成一个有机的整体，各部分之间的数据交流和功能切换更加流畅，给用户带来更高质量的体验。

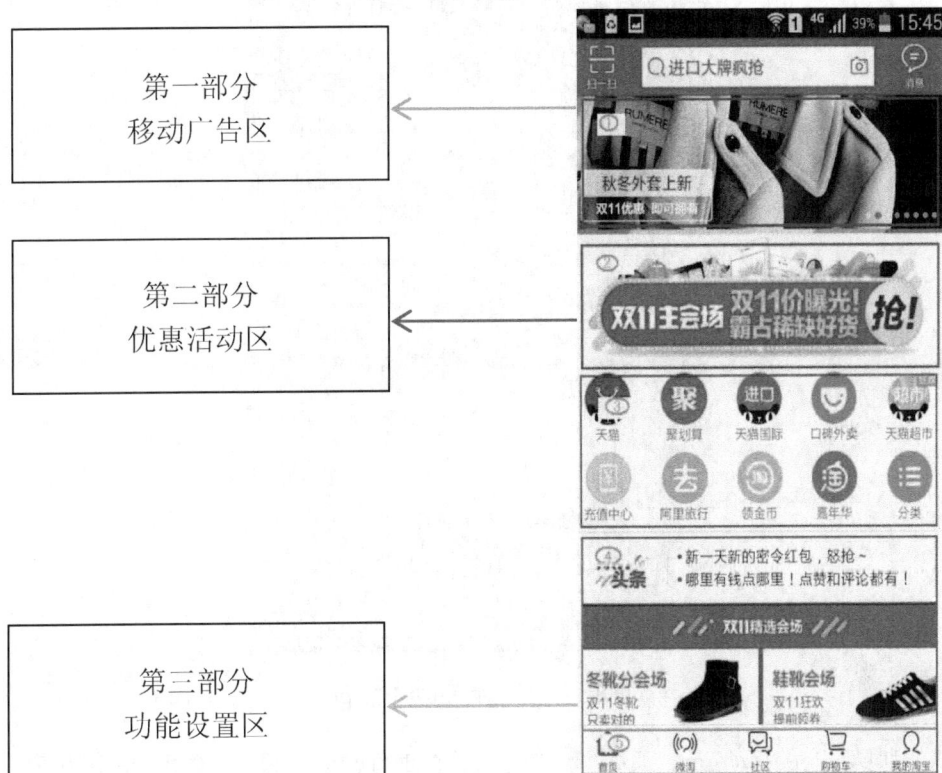

图8-16｜购物类移动App结构示意图

（3）适当地插入图片、动画

一个吸引力超强的图片或动画可以帮助用户更好地使用移动App，提高用户的使用欲望和兴趣。图片、动画在移动App中的应用场景主要分为以下两种。

① 展示移动App的主要功能。这种介绍经常出现在移动App初次启动时的界面，用一系列图片向用户展示移动App的功能、特点和使用方法等；

② 展示移动App中的隐含功能及一些便捷的手势操作。这种介绍通常在用户使用到相关功能时出现，能够帮助用户更加全面地了解该款移动App。

2. 制造故事情景

移动App营销并不像传统的广告那样，只是单纯地、机械地将产品信息传递给用户，它需要营造一个场景、讲述一个故事，将产品放置在特定的场景之中，通过场景让用户自动、自觉地对产品产生购买需求。

如星巴克闹钟Early Bird（早起鸟），这是星巴克在2012年开发的一款手机移动App，该App在当年产生了非常大的影响力，如图8-17所示。

图8-17 | 星巴克闹钟移动App

这款别具匠心的移动App，可提醒用户在设定的时间起床。同时，还可以享受优惠，凭借着使用闹钟所得到的"星"，1小时内在附近星巴克店购买咖啡可享受折扣。

第9章

移动广告：带动移动互联网产品精准对接市场

　　广告总是伴随着营销形式的变化而不断变化，传统线下营销有纸媒广告，互联网时代有PC端广告，移动互联网时代又产生了移动广告。可见，广告与营销是一对"孪生兄弟"，有营销必有广告。本章将介绍移动广告的概念、特点、表现形式、制作和投放。通过本章的学习，读者可详细了解什么是移动广告，并掌握移动广告的操作技法。

9.1 移动广告的概念、特点和表现形式

案例导入

2016年7月，一个标题名为"穿越时空来看你"的H5页面在微信朋友圈中传播开来。页面中一个萌萌的皇帝形象吸引了不少网友，只见他又唱又跳，不停地进行自拍、刷朋友圈、QQ互动等。

该页面是"故宫创新大赛"的一则宣传广告，目的是让更多有创意的人参与大赛，通过文化创新扩大故宫在新时代的影响力。这一历史悠久的皇家官殿，在移动互联网时代一改"迟暮老者"的公众形象，展现出逆生长的"萌"，更加适合了年轻人的"口味"。

随着移动互联网的发展，微信、微博、App等新媒体的广泛使用，故宫成立了自己的文创团队，用移动互联网思维，开发适合互联网+时代的传播方式。除了"穿越时空来看你"这样富有创意的H5页面宣传方式外，还有微信、微博、App等众多方式。他们充分利用移动工具、移动广告的优势，努力打造故宫别具一格的"魅力"。

如微信公众平台"故宫淘宝"上一篇名为《雍正：感觉自己萌萌哒》的文章，成为第一篇阅读量"10万+"的爆款文章。

官方微博"故宫博物院"的影响力也颇为巨大，拥有770多万"粉丝"，转发量惊人。2017年7月1日发布的一条"你好，七月"的微博，被转发了一万多次（高转发量的原因是配图——一只站在紫禁城官灯上的喜鹊，却被微博网友们称为"穿校服的披发少女"）。与此同时，与"故宫出品"有关的系列App也大受欢迎。

多种形式的移动广告给故宫的文创产品带来了巨大收益。据统计，2016年，故宫博物院研发的文创产品已经超过近9000件，各种渠道的销售收入总额突破10亿元。2017年，故宫博物院出品了9170种文创产品、上百个产品系列，收益可观。

然而，在故宫官方看来，移动互联网最大的作用不是带来了多少经济效益，而是弥补博物馆服务能力不强的劣势，让更多的年轻人通过文物感受到了中国传统文化的博大精深，创造了更大的社会效益。

案例点评：

故宫借助移动互联网、移动广告重新焕发了"新颜"，并在继续创新的道路上大踏步前进。

移动广告是移动互联网广告的简称，简单理解就是移动端的网络广告。其学术定义是指在移动设备（手机、PSP、平板电脑等）上某个移动应用（如微信、移动App、手机QQ等）或某移动网页（如微网站、微商城、微店）中所展示的广告。较简单的有图片、文

字、链接等形式的广告，复杂点的有HTML5、视频等形式的。

9.1.1　移动广告的特点

较之传统互联网广告，移动互联网广告有了很多新的特征，如移动性等。另外，在精准性、互动性、扩散性、整合性及预测性上也有更好的优势。那么移动互联广告的这些特点是如何表现的呢？接下来就对其进行介绍。

1. 移动性

移动性是移动广告的最大特点。因为其主要载体——智能手机、iPad等是个人随身物品，携带性比其他任何一种传统媒体都要强，所以一旦有广告出现，对用户的影响将是全天候的，广告信息的到达也是最及时、最有效的。

2. 精准性

相对于传统广告媒体，移动广告在精准性方面有着先天的优势。它突破了传统的报纸广告、电视广告、PC互联网广告等单纯依靠覆盖范围实现传播目的的局限，在受众人数上有了很大超越。移动广告可以根据用户实际情况，实时推送、有针对性地推送，真正实现了"精准传播"。

3. 互动性

移动广告大部分依赖于公众号、自媒体及移动App等社交平台，而这些平台都极具互动性，从而对广告的传播起到较强的促进作用。广告主能更及时地了解用户的需求，用户也可以与广告主进行实时互动，实时反馈。

4. 扩散性

移动广告的扩散性，即可再传播性，比传统广告要强。因为移动广告可通过用户进行最大限度的口碑传播，只要用户认为有价值，甚至是出于好奇心，都会不自觉地进行传播，如通过微信、短信、微博等方式转发给亲朋好友，直接向关系人群扩散信息或传播广告等。

5. 易测性

易测性是指移动广告客户端的数据监测更简单、易操作，这对于移动广告效果的评估和追踪非常重要。长久以来，广告的数据测量问题一直是个大难题，而在移动端，广告测量取得了重大突破，因为移动端后台可以很轻松地显示出大量数据，并进行初步分析。另外，平台方、广告机构也会提供很多数据报告，为广告的检测提供了必不可少的依据。

9.1.2　移动广告的表现形式

1. 原生广告

原生广告即Native Advertising，是最近几年在新媒体上经常看到的一种广告形式，如微信朋友圈，微博，各大新闻客户端，社交平台中出现的文字、图片、视频等广告。它们属于植入广告，但不同于硬性植入广告，也不同于软性植入；既有明显的植入印迹，又不破坏用户体验。我们先来看几个广告示例，如图9-1～图9-3所示。

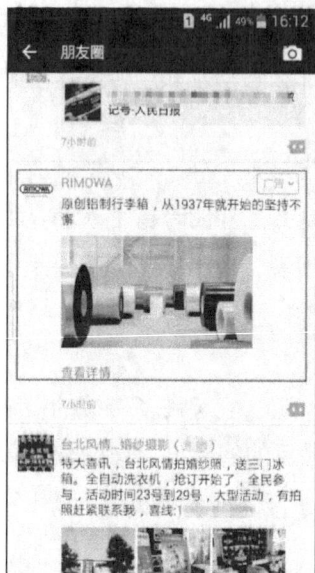

图9-1 | 微信朋友圈中的广告　　　　图9-2 | 新浪微博中的广告　　　　图9-3 | 手机腾讯网中的广告

以上例子都是典型的原生广告。那么什么是原生广告？由于原生广告是个新生事物，对此并没有一个明确的定义。其实这个词直到2012年才被第一次提出。凭借着其对移动端的完善适应，这种广告形态得到了快速发展，并逐渐普及开来。许多国外研讨会对此展开专题演讲，一些专门制作原生广告的企业、代理商由此诞生。至此，"原生广告"正式成为一种广受欢迎的移动广告形态。

那么，到底什么是原生广告？我们用一句话总结：原生广告通过"和谐"的内容呈现品牌信息，在不破坏用户体验的前提下，为用户提供有价值的信息，让用户自然地接受信息。

根据其表现出来的特征也可以这样总结：原生广告泛指出现在某一特定平台，且只适合于该平台的一种广告形式，具有唯一性和特定性。例如，一个广告出现在了今日头条上，也只适合在今日头条推广和展示；出现在了Facebook上，就不可能再适合微信、微博等其他平台。

原生广告的核心是信息流，通过在某平台的信息流中发布具有相关性的内容，来为用户提供有价值的信息，让用户自然地接受广告所传播的信息。换句话说，原生广告把广告内容化，通过精准投放实现"广告是一条有价值的信息"的效果。这与以往赤裸裸的硬广告存在着根本的区别，这也是原生广告的最大优势。

2. 插屏广告

插屏广告（Interstitial Advertising）是移动广告的一种主流形式，形式和效果类似于电视、PC端视频的插播广告，一般出现在开头、中间和结尾等部分，持续时间短则几秒，长则一分多钟，给观看者带来强烈的视觉冲击。

如今，在移动广告平台上，插屏广告的身影随处可见。打开一个App，或观看一段视频前，各式各样的插屏广告就会以半屏或全屏的形式"霸气"出现。图9-4和图9-5所示为开启360手机卫士、新浪微博App时出现的插屏广告。

图9-4｜开启360手机卫士出现的插屏广告　　图9-5｜开启新浪微博App出现的插屏广告

3. 横幅广告

在PC互联网时代，以门户网站为主的网络营销就经常用到"横幅广告"（Banner Advertising）这种广告形式。横幅广告又称旗帜广告，常常以一条横幅（横跨网页的矩形公告牌）的形式，出现在网站的顶部或底部。当用户单击这些横幅的时候，就会链接到广告主的网页。

在移动互联网时代，横幅广告也是很常用的一种形式，只不过载体由网站换成了移动端应用，出现在移动端应用的顶部或底部。其中最具代表性的就是微信公众平台中的横幅广告，如图9-6所示。

微信公众平台广告是由广告主在微信公众平台上发布的。"广告主"是微信公众平台上的一个广告发布功能，是微信联合广点通，为企业和商家推广商品或品牌共同推出的一项服务。申请开通，广告主的界面如图9-7所示。

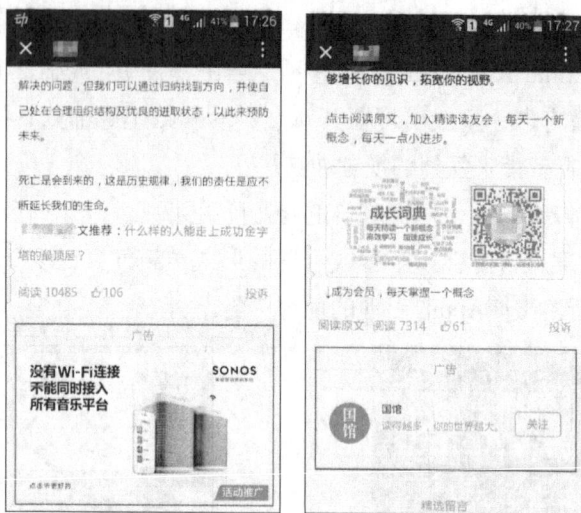

图9-6｜微信公众平台中的横幅广告

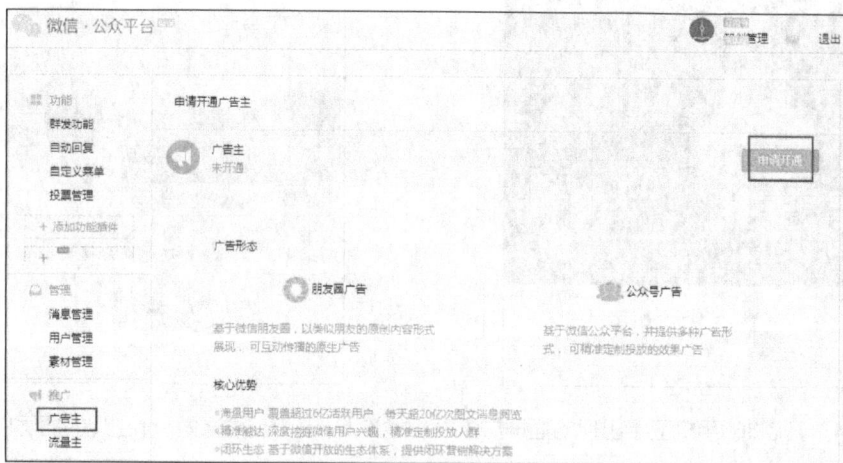

图9-7｜申请开通广告主的界面

不过，发布微信公众平台广告是有条件限制的，并不是所有的微信公众平台运营者都可以成为广告主。在广告投放之前，需要先认证微信公众号，申请开通投放服务，同时发布原创文章并要达到一定的数量，然后才能拥有广告主资格。

横幅广告从表现形式上可分为静态横幅广告和动态横幅广告，但无论是静态的还是动态的都可以通过"点击"展示更多的内容。"点击行为"也是横幅广告较之其他广告形式最大的区别，它不仅只是单纯地传递信息，还可以很好地唤起用户进一步了解的欲望。通过点击产生流量和销量，这是最符合市场营销的目标导向。广告创意者需要在有限的篇幅内表现出尽可能吸引人的内容，以达到提高点击率的效果。

值得注意的是，横幅广告对尺寸有着严格的限制，具体还需要根据不同情况而定。

4. 搜索类广告

对于搜索类广告，相信大家不会陌生。在PC互联网时代，搜索广告是最常用到的，如利用百度等搜索引擎来展现的广告随处可见。搜索引擎广告是指商家或企业根据自己的产品或服务的内容、特点等，确定相关的关键词，并撰写广告内容，投放在搜索引擎上的广告。当用户搜索到广告中的关键词时，广告就会出现。

PC端上，搜索类广告大量出现在搜索引擎中，事实上也只能出现在搜索引擎上，因为具有搜索功能的其他工具比较少。而随着移动互联网的发展，移动端搜索入口越来越多，不但可以使用搜索引擎，还可以利用各种移动类应用。

具有搜索功能的移动应用非常多，无论搜索什么信息都可以打开相应的移动应用。想了解最新的娱乐八卦、查看当天的国内外新闻，搜索其他个性化的信息，只要打开移动应用，输入相关关键词即可。移动时代的搜索类广告正是在此基础上产生的。

5. HTML5广告

与横幅广告、搜索类广告一样，HTML5 广告也是PC互联网时代的产物，并在移动互联网时代得到了进一步发展。从技术和广告特性上来看，这种广告无疑最适合在移动端展示。在技术层面，HTML5是唯一一种兼容多种主流平台的跨平台语言；在广告自身层面，HTML5广告易于发布，表现形式更活泼、有趣，具有灵活的音/视频功能；更重要的在于广告扩展性上，它具有令人难以置信的潜力。因此，商家或企业都希望在各种新颖的移动智能设备上显示广告。

近几年，HTML5广告在智能手机、平板电脑等移动端得到了广泛的应用，微信、微网站、微商城中都开始采用这种形式的广告。需要注意的是，HTML5广告不像前几种广告只注重图、文就够了，还需要有创意、有互动、有体验。HTML5是一种场景化的广告，可让整个场景丰富起来。

广告直接融入内容是移动广告甚至是整个广告行业未来发展的大趋势。PC互联网广告如插播广告、弹出广告、文字链接广告等，既占据屏幕空间，又影响用户体验，与优化用户体验的初衷是完全相悖的。从这个角度看，HTML5 广告优势多、前景好，未来将成为移动广告的主流形式。

6. 富媒体（Rich media）类广告

富媒体类广告也是一种移动广告形式，但目前尚没有统一的行业标准，每个公司都有自己的一套分类方法。所谓富媒体就是指把具备动画、声音、视频和交互性等多媒体组合的媒介形式。

富媒体广告包含4种，即以矢量为基础技术的广告（Flash等动画）、以程序语言实现或者控制的广告（JavaScript、HTML等小程序）、流媒体视频（利用QuickTime等播放）广告和交互式富媒体广告。在手机上，流媒体视频广告及交互式富媒体广告最为流行。

9.2　移动广告的行业现状与市场投放

案例导入

国内奶业巨头——伊利曾将产品广告投放到多家社交网站上，其中运作比较成功的案例之一是伊利营养舒化奶与腾讯"QQ牧场"的合作。在该游戏最火热的那段时期，玩家在很多细节中都可看到伊利舒化奶的身影。

如游戏的整个大背景，游戏中的宠物，以及宠物的领养、成长、偷取、出售等均是伊利舒化奶生产场景的真实"再现"。植入"QQ牧场"的伊利背景广受用户欢迎，平均每天有近百万用户领取并装扮背景，一大部分QQ好友成为伊利营养舒化奶的潜在客户。

有了这样的合作，伊利实现了社交平台与企业官网的相互引流。根据腾讯提供的数据，每天有超过90万人由该应用转入伊利舒化奶活动官网。

案例点评：

移动广告的魅力，在于能够将企业信息、品牌信息和产品信息更快、更好地传播出去，实现其他广告所无法达到的效果。伴随着移动互联网的迅猛发展，移动广告的势头方兴未艾，而且是未来的一个大趋势。自2010年以来，全球移动广告规模一直处于高速增长趋势，2015年达到687亿美元，2016年达到1013.7亿美元。根据测算，2018年将达到1666亿美元。可以预见，移动广告必将成为网络广告中的生力军。

9.2.1　移动广告的行业现状

移动广告是移动互联网营销时代企业宣传和推广产品或服务的重要方式，其对营销结果的达成有非常大的影响。数据显示，自2011年以来，移动互联网广告发展十分迅猛，每年带来的广告收益截至2015年10月仅微信、手机QQ等移动端就超过100亿元。而随着移动互联网的普及，到了2016年，移动广告行业迎来了真正的爆发，市场规模突破千亿元。

移动广告市场的高速发展，使移动广告业各个层面参与者都以积极的姿态参与进来。移动广告业各个层面的参与者主要有3个，如图9-8所示。

1. 广告主方面

大量商家或企业开始更多地尝试做移动广告，加大投资力度，同时对广告投放的效率、精准性、技术性要求都大大提高，使行业竞争突破服务专业性的竞争，进入智能技术、创意和高效的竞争时代。

2. 移动广告平台方面

移动广告平台群雄并起。除了纷纷在技术上优化升级外，行业流量资源抢夺战也打得如火如荼，如广点通、百度网盟等在业内已有较大的影响力，为商家或企业带来了高额利润。

3．资本市场方面

外部资本加大了对移动广告行业的关注度，投资主在投资上保持着高度热情。据统计，仅2016年一年就有多家移动广告平台获得了高额融资，如畅思广告于2016年年初获得了上亿元的首轮融资。外部资金为广告平台业务带来了足够的资金支撑。

图9-8 | 移动广告3个层面的参与者

9.2.2 移动广告的市场投放

移动广告有着巨大的潜在市场，但实际效果要受市场投放问题的影响。有些看起来很好的广告创意，投入很大，也提供了很有吸引力的服务，但最终却无法获得预期的效果，原因就在于市场投放时存在诸多的障碍，如数据、流量、技术等。异常点击、欺诈流量等现象都是移动广告投放当中存在的问题，而且由于市场监管不够完善，这些问题在短期内难以消除。

抛开大的市场环境因素不说，还有一个重要的人为原因影响着广告的投放效果，即广告的策划（或前期策划调研不足，供需不对称，或没有严格按照流程操作，致使设计出来的广告不符合实际需求，不受用户欢迎）。如果说，市场环境我们无法改变的话，那广告策划方面存在的问题则完全可以避免。

如果能将广告策划做到极致、完美，富有创意，那么也可大大降低广告投放的失败率。反之，失败则是必然的。策划做得不好导致营销失败的例子比比皆是，下面来看两个传统营销时代的典型案例。

中粮集团曾打造过一个名为"悦活"的品牌，尽管其很有信心，但最后仍暗淡收场，原因就出在品牌策划上。"悦活"品牌上线初期，中粮非但没有将精力集中到自己最擅长的饮料方面，反而同时推出"悦活乳酪""悦活蜂蜜""悦活谷物早餐"等，最终惨淡的销售额也证明了"悦活"品牌塑造策略的失败。

健力宝精心打造的"第五季"品牌经历了同样的"滑铁卢"，当然失败的原因有很多，但策划、定位不精准是最为核心的因素。为打造"第五季"品牌，健力宝投入了大量资源，如邀请明星担任代言人，在德国世界杯上花费3000万元抢占黄金广告位等，但同时主推水饮料、碳酸饮料、茶饮料、果汁饮料四大系列产品的品牌策略，使其这些努力付之东流，"第五季"最终也没能扛起拯救健力宝的大旗。

传统广告如此，移动广告也是如此，两者尽管传播途径不同，单就创意来讲都是一样的。因此，做移动广告同样需要重视策划与创意。一个移动广告从构思到制作，再到与用户见面，大致需要以下几个流程，如图9-9所示。

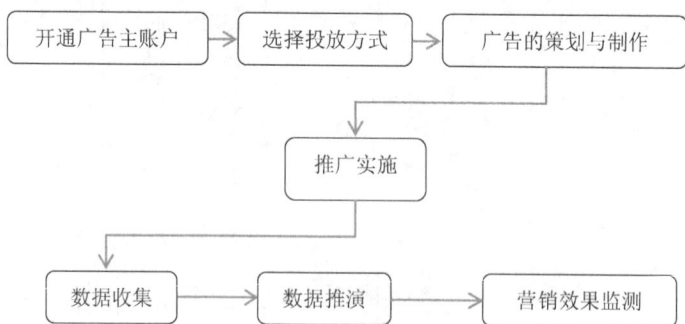

```
开通广告主账户 → 选择投放方式 → 广告的策划与制作
                                      ↓
                                   推广实施
                                      ↓
数据收集 → 数据推演 → 营销效果监测
```

图9-9 | 移动广告投放流程

广告主账户的开通比较简单，尽管投放的平台不同，但账户申请步骤基本类似，按照平台的指引完全可以操作，这里不再赘述。

在上述步骤中，对广告效果影响较大的是投放方式的选择，广告的策划与制作、推广与实施，以及对营销效果的监测。接下来将重点对这几个步骤进行阐述。

9.3 移动广告的策划和推广

9.3.1 移动广告的策划

在制作移动广告之前，策划是最重要的环节之一。"万事开头难"，一个好的移动广告也是如此。策划者首先做好完美的、可执行的计划，然后搜集、分析资料，最后再经过打磨、提炼，才能制作出优质的广告方案。做好投入前的策划，远远胜过盲目制作所带来的效果。

通过对众多移动广告策划案例的跟踪研究发现，尽管营销方案千差万别，但在实施的过程中，一般都需要经过方案的规划和设计、信息源和传递渠道的设计、原始信息的发布、效果跟踪管理等基本步骤。认真对待每个步骤，才能最终取得成功。

1. 以调研为依据，以问题为导向

首先，策划者要对方案进行调查研究、整体规划，确认方案符合移动营销的基本思路，即广告传播的信息和服务对移动端用户是有价值的，并且这种信息易于被用户接受或进行二次传播。想要做到这一点，前期对信息的搜集、调研，以及阅读、思考、辨别是必修的功课。

在策划广告时最常用的一和方法就是"头脑风暴法"，即把大家召集在一起，各抒己见，可以提出任何相关的问题，充分地表达自己，最后在此基础上商定具体的方案。

以下问题是需要思考的。

（1）产品信息历史流动的轨迹是怎么样的？

（2）对相关产品信息的留言、评论是什么？

（3）用户需要这些产品的原因是什么？

（4）包装是否过时？赠品如何搭配？

（5）竞争对手的广告是如何分布的？

（6）需要哪些创意来引起用户共鸣？

（7）这个行业的"美"是怎么体现的？

（8）如何对标竞品？如果我是用户，我不希望看到什么？

（9）客户使用产品后获得的最大利益是什么？

（10）行业发展与产品信息有什么关系？

（11）广告主的线下人力资源怎么样？

（12）产品与客户的社交点在哪里？

当然问题不止这些，但一个移动广告至少要考虑到以上问题。探索这些问题的目的在于寻找自我优势，找到广告能引发用户关注的"爆点"，并且明确其与其他广告的不同点。结合当下优势条件，制订合理的计划，让"爆点"更为突出，是做好移动端广告的第一步。

2．要求快、求新

与传统搜索类、门户网站类广告不同，移动广告具有移动互联网的产品思维和用户思维，更加注重新与快。很多人对移动互联网的用户思维和产品思维理解不深，非常容易将传统PC广告的形式照搬到移动端，其实这是不对的。

既然不能将传统PC广告形式照搬到移动端，那该如何做呢？当然是时刻围绕"移动+互联网+市场+用户+产品+竞争对手"这条主线来展开。

移动广告的特性之一是快节奏，具有互联网的迭代思维。什么是迭代？就是小步快跑、有的放矢，结合自己的优势，将最佳状态展示给用户。

值得注意的是如果这个广告创意适合本周就马上行动，千万不要拖到下周，快速传递你的好创意。有时候，用户看重的并不是谁家多漂亮、效果有多好，而是看谁更新更快。同样一个广告创意，如果是第一个面世的，就会赢得一大批用户；如果总是跟在别人后面，那就丝毫没有优势，权威性也会大大降低。

9.3.2　移动广告的推广

移动广告的推广必须以一个特定平台为基础，先在平台上开通广告主账户，如在今日头条投放广告就要开通今日头条的广告主账户，在网易新闻投放就要开通网易账户，然后在后台进行相关的操作与运作。

要说眼下成长最快的移动营销主流媒体，非自媒体莫属。作为一种全新的信息流平台，强劲的传播能力和良好的推广效果等正是企业所急需的。想要更快地获取大量流量，企业必须善于利用自媒体平台，在自媒体上多投放些广告。

当然，在自媒体上推广移动广告也有其缺点，如果没有专业化的管理能力、富有创意的想法，很难收到好的效果。因为广告投放是十分讲究策略和技巧的，如广告的策划与制作、推广与实施、数据收集、数据推演、监控与分析等，都需要专人去做。很多企业，尤其是中小型企业往往在这些方面缺乏人才。不过在这种情况下可以采用另一种方式，即与专业的第三方平台合作，或让第三方代做。

常见的第三方平台分别介绍如下。

1. 多盟

多盟整合了智能手机领域丰富、优质的应用以及广告资源，在广告主和应用开发者之间搭建起一座广告技术服务平台。借助于多盟大规模数据处理的平台优势以及贴近用户的服务模式，应用开发者可以更快、更好地进行产品推广，取得更大的收益。而对于那些致力于在智能手机平台推广产品、品牌的广告主来说，则可享受更高效、更高质的服务。有了多盟这一公平、合理、高效的资源配置平台，应用开发者和广告主就能创造更大的价值。

2. 酷果

酷果移动广告平台是谷果软件旗下的核心产品，其在国内起步较早，发展较快，可提供移动互联网广告整体解决方案与服务。酷果长期聚焦移动互联网广告产品技术和服务，拥有多项自主核心技术知识产权。

3. 有米

有米广告是国内较早建立的移动广告平台之一，致力于改善移动广告的用户体验。无论是传统的广告条还是积分墙广告，甚至最新推出的iOS推荐墙，都获得了用户的认可。

有米广告平台的特色在于能够为企业广告主提供精准的广告投放，让广告按广告主设定的投放目标在合适的时间到达合适地点的受众手中，并让广告在手机上变得生动有趣，引人关注。此外，该平台还提供了丰富的广告统计功能，广告数据清晰透明，为广告主了解广告效果、开发者了解收入情况提供了便利。

4. 赢告

赢告拥有雄厚的移动互联网广告投放系统开发实力，致力于为广大广告主、代理商、网站主和开发者提供专业化服务。通过精准的广告投放，广告主可以快速提升产品业绩和品牌形象；通过丰富、优质的广告资源和科学、系统的投放算法，网站主和开发者可以收获丰厚的广告收益。

9.3.3 移动广告的效果监测

移动营销时代，数据是资产，也是影响企业决策的重要依据。数据分析的价值在于广告的效果监测，即衡量投放的广告是否达到了预期，以便为后继的行动提供科学的指导。

如达到目标后下一步该如何做，如何发挥广告最大价值；如未达到目标，那么问题出在哪，又该如何优化等。

1. 网络广告效果的测定基准

网络广告效果的测定必须基于明确的标准，就像我们要考核和评估一个员工的业绩，必须依靠这样或那样的定性、定量指标。那么网络广告效果的测定标准都有哪些呢？具体来讲有以下6个。

（1）销售指标：以销售额为标准来测定广告费用的基准。

（2）获得指标：以注册会员、参与促销活动等所获得名单为标准。

（3）出现指标：将广告出现的次数作为标准。

（4）周期指标：以一周或一个月等固定的出现周期为标准。

（5）点击指标：将广告内容的点击次数作为标准。

（6）效果指标：以广告效果为标准。

不过，这些指标并不是每个都适合评价网络广告效果，它们会因使用者不同呈现不同的结果。在网络广告效果的衡量上，通常有两个主体，一个是广告主，另一个是平台方。广告主和平台方对各个衡量标准有着不同的观点。如在广告主看来，提高客户量和销售量是做广告的最终目的，因此最喜欢用销售指标和获得指标来评价广告的效果；但在平台方看来则不能单纯地看销售指标和获得指标，他们认为一个广告主从做广告到销售，这个过程中会出现很多问题，不能只把最终的销量作为唯一重要标准，还要看点击指标、周期指标等。因此，角度不同，立场不同，广告的评价标准也不同。

站在广告主的立场，将销量或注册会员数等直观的数据作为标准，对广告效果的判断力就会提高；但站在平台方的立场，以周期或单纯的出现次数为指标，至少能做到广告的公正性、管理的便利性等。

那么，如何权衡双方的利害关系呢？这就需要一个互补标准，即把点击量、效果、销量等综合起来，作为衡量的标准。这无论对广告主，还是平台方都是一个比较合理的标准。因为点击量、访客数，以及销售额等有着一定的比例关系，可明确区分广告主和平台方的责任范围。

2. 利用第三方工具监测广告效果

目前市面上有专门监测广告效果的软件，一些大的广告公司也有一些监测工具。不过，有些数据还是会有失公允。相对来说，客户自己来监测数据，可以拿到更准确的数据。可使用百度这样的引擎服务商的流量分析工具，或者一些其他的免费流量监测软件。

一些企业在做竞价广告时会出现很多恶意点击，如何监测？可通过监测访客点击的时间段和点击次数等来判断是否存在恶意点击的嫌疑，之后可以将这些嫌疑IP在百度后台进行过滤，减少不必要的消耗。另外，有的专业性网站也可以分析恶意点击。

总之，网络广告监测是个长期的过程，需要持之以恒地查看趋势，从中找出问题。如果只监测一两天，是没有多大意义的。

第10章

移动直播平台：将移动互联网产品打造成"网红"产品

近年来，直播市场风起云涌，大大小小、各式各样的直播平台如雨后春笋般不断涌现，吸引了越来越多人的关注。之所以呈现出如此火爆的发展态势，最主要的原因就在于这种传播形式所营造的生活化、多元化等的直播场景，与普通民众（尤其是众多"90后""00后"等新一代人群）所持有的个性化、真实化、多样化等心理诉求紧密契合。在赢得广大用户的同时，很多企业、品牌主、电商、微商也纷纷将重心移到了这片"蓝海"，进而催生出一种全新的移动营销方式——移动直播。本章重点介绍移动直播平台的优势、主要类型，以及各种类型直播平台在实践中的应用。

10.1 移动直播快速形成的背景

案例导入

　　某商家定期在手机上通过直播售卖自家的土鸡、鸡肉、鸡蛋等产品，如图10-1所示。与其他营销方式不同，她并不直接卖，而是通过与"粉丝"的良性互动来达成交易。如直播做与土鸡相关的美食，来间接体现土鸡产品的营养、健康。在观看的过程中，"粉丝"可以感受土鸡产品的价值。再加上同时进行的文字、语音等多层次互动，往往可以收到非常好的效果。

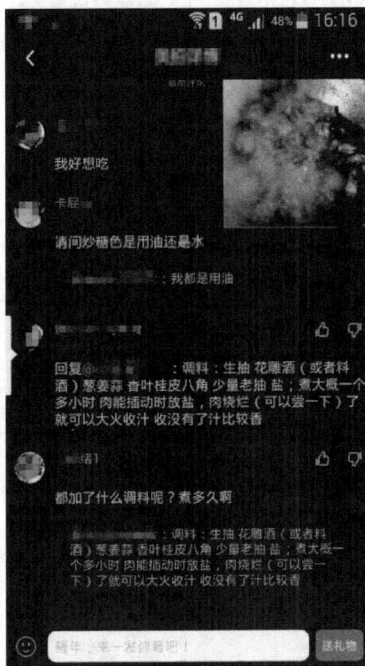

图10-1│网络直播卖土鸡产品

　　该商家通过直播，不但汇聚了一大批美食爱好者，也最大限度地激活了消费者的消费欲望。再加上巧妙的营销技巧，如在合适的时候植入土鸡产品的链接、设置限时特卖活动等，"粉丝"在观看的过程中就会不由自主地下单，大大提升了销量。

案例点评：

　　上述案例表明，较之传统的营销工具，直播具有很多优势，尤其是在信息传播方式、互动性上，更是传统营销工具所无法比拟的。直播是新媒体时代又一个重要的营销工具，它的出现使网络营销不再仅局限于文字、图片等简单的交流，而是打通了人的视觉、听觉系统，给人以更直观的感受。这无疑使买卖双方能够进入更高层次的互动，而有了互动就有了忠诚度、有了黏性，有了忠诚度和黏性就会有销量。

2016年被誉为"直播元年"，数百家直播平台上线，迅速汇聚起大量的优质资源和"粉丝"。2017年年初，各大直播平台（如全民直播的映客，游戏类的龙珠、斗鱼等纷纷发力，加大投入，掀起一场新媒体领域的资本风暴。有人预测，直播将成为继文字、图片之后，下一个重要的社交语言，未来也必将是企业营销下一个重点开发的"洼地"。直播已经成为互联网、移动互联网时代极具发展前景的传播媒介，在不远的将来，势必会取代其他媒介成为最火的营销工具。这也意味着会有越来越多的企业加入到直播行列中来。

随着直播平台的扩军、直播用户的增加，尤其是一大批"网红"主播带来的示范效应，直播营销已经成为很多企业非常热衷的一种营销方式。之所以这么讲，主要出自两个方面原因的分析，一是客观原因，二是主观原因。

10.1.1　客观原因

1. 大量直播社区/平台的出现和使用

大量直播社区/平台的出现是直播得以快速发展的基础，正是有了这一基础性的条件，广大主播才不断涌现出来。

我国直播业出现"火爆"的局面虽然是在最近的2015年、2016年，但实际上直播起步并不晚，早在2005年就已经出现，只不过发展缓慢，缺乏一定的群众基础和影响力，大部分都处在初级阶段。在这10年中涌现出的直播平台累计近200余个，发展趋势也是稳步增长，如图10-2所示。

（个数）

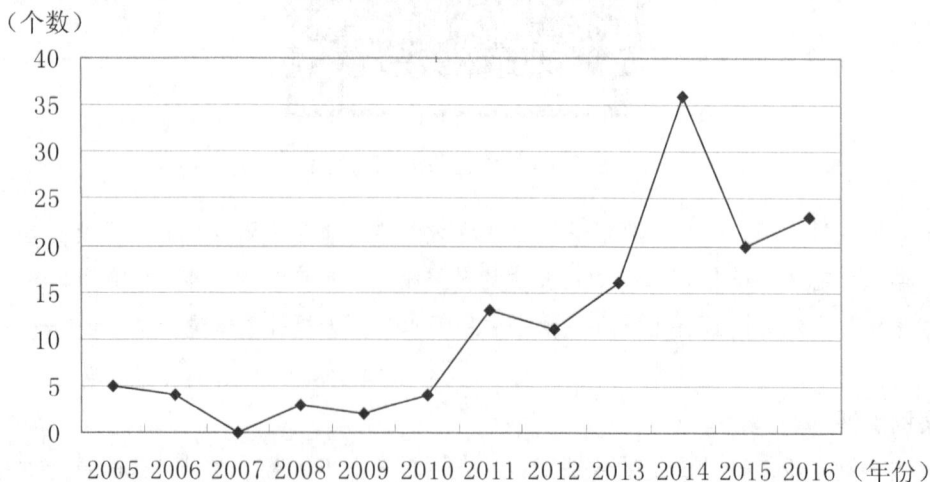

图10-2 | 2005—2016年我国直播平台新增数量示意图

2. 网络环境的改善，4G技术的普遍运用

自2012年以来，我国的基础网络建设、宽带业务发展明显提速，体系越来越完善。从之前的2G、3G到目前广泛应用的4G，只用了短短的几年时间。

网络技术的进步，意味着网民可以体验到更高的上传、下载宽带，享受更稳定、更丰富的网络服务。

带宽流量的提升大幅降低了用户使用直播的门槛；Wi-Fi的基本普及，为直播创造了更好的网络环境；同时，随着资费的进一步降低，直播成本大幅下降，也为直播的快速发展提供了必要条件。

3. 智能手机、移动设备的大量应用

智能手机、移动设备的大量应用是直播发展的重要条件。没有这些终端产品的鼎力支持，直播根本无从谈起。现如今，很多直播都是通过移动（智能）设备来完成的。其中很重要在一个原因便是移动（智能）设备的基本普及，以及其相关功能的优化、改进，如摄像头像素的提高，CPU、GPU、内存等硬件配置的升级等。

4. 各大直播平台不断创新和优化功能

各大直播平台不断创新和优化功能，目的就是降低用户的直播门槛。例如，美拍无法充分视频的制作提供了MV特效功能，不仅提升了制作视频的趣味性，还可以使本身没有这方面技术的人也能制作出效果良好的视频。除此之外，美拍还提供了顶级滤镜、照片电影、5分钟美拍等众多功能。产品的多样性，满足了不同用户的差异化需求，能够更好地激发用户的自传播。

随着直播平台的出现，各种直播迅速走红，而昔日的门户网站等平台则略显黯淡。为此，一些平台积极寻求变革，争先布局视频直播领域，如腾讯、网易等门户网站，今日头条等个性化资讯平台，淘宝、小米、360等互联网企业都开通了自己的视频直播频道，竞相抢夺视频直播带来的红利。

10.1.2 主观原因

1. 人们接受信息的思维、习惯在改变

随着互联网、移动互联网的发展，传播媒体不断嬗变，人们接受信息的思维、习惯也在不断改变。如在互联网普及之前，人们获取信息的渠道大多是通过报纸、电视等传统媒体；随着互联网的广泛应用，网络、微博、电子书等逐渐取代了传统的媒体，但大部分仍局限于PC端；而最近几年，移动互联网迅速崛起，人们又开始转向了智能手机、移动设备，看新闻、看电影只要一部智能手机就够了。

2. 人们的碎片化时间增多，需求增多

与传统传播媒介相比，直播在表现形式上更有针对性。现在的人们更倾向于精简、省时、高效的生活、社交方式，如利用上下班、用餐、临时休息、睡前等碎片化的时间看

书、看新闻、听广播等。越是短、平、快的信息传播渠道，越容易被接受。直播的出现恰好满足了人们的碎片化需求。现在通过智能设备观看直播已经成为一种潮流，如有些人很难分秒不落地看完一部长达100分钟的电影，于是微电影出现了；有些人对移动智能设备的依赖比较大，于是各大移动版的直播平台应运而生。

无论从社交发展的趋势来看，还是从用户的使用习惯来看，直播已成为移动互联网时代的主流方式。在社交的一次元、二次元时代，分享文字、分享图片、分享语音已成为流行的事情。于是手机QQ、微博、微信等应用在用户中拥有了极高的占有率，几乎成了每一台智能手机的基本配置。如果说前两个时代带动了微博、微信等图文、语音社交类应用的兴起，那么三次元时代将会为直播带来前所未有的发展动力。在直播平台日益增多，4G网络、智能设备逐步普及的今天，直播将会给大众带来前所未有的、全新的体验。

10.2 移动直播营销的优势

案例导入

蘑菇街，一个专注于时尚女性消费的电子商务网站，致力于为年轻、爱美的女士提供衣服、鞋子、箱包、配饰和美妆等产品与服务。近些年来，其"粉丝"不断增多，市场份额不断扩大，甚至将商品卖到了海外。

2016年6月23日上午（纽约时间），蘑菇街把在线直播实时同步到了纽约时代广场上。蘑菇街旗下敏恩、Demi爷爷等15名"网红"主播，"霸屏"时代广场大屏幕，做了美妆、健身知识等时尚内容的直播，如图10-3所示。

图10-3 | 蘑菇街同步在纽约时代广场上的直播

蘑菇街之所以选择在世界上最繁华的商业街之一——曼哈顿心脏地带的纽约时代广场上实时同步直播，就是想充分利用这一"吸引全球目光"的宣传窗口，来提升品牌影响力、知名度，为进军国际市场奠定良好的基础。

蘑菇街这次进军国际市场，尝试采用了"直播+户外广告"的方式。这是一种全新的营销方式，很多企业没有做过。事实上效果非常好，可更直观地将线上商品带入到人们生活的线下体验中。当具有中国特色的"网红"霸占了一块块万众瞩目的大屏，向观众分享美妆和服饰的搭配心得时，吸引了很多路人的目光。与此同时，观众也可以直接打开手机App实时互动、购买。

蘑菇街这次营销可以说是对"网红+电商"营销模式的创新，以直播为媒介，网红为主角，很好地实现了个人品牌的商业变现。树立具有辨识度的个人品牌，收获"粉丝"的认可与追随，塑造出蘑菇街社交电商的社区风格。

案例点评：

蘑菇街这次以"网红+直播"的方式进行营销，充分体现了直播在营销中的巨大优势，具体体现在以下3个方面：

（1）可抓住用户的精准需求；

（2）"网红"的带入，给人以更好的体验；

（3）良好的互动，连接了线上线下。

众所周知，蘑菇街的最大用户群体是20岁左右的年轻女性，她们潮流、时尚，热爱追随。而直播"网红"分享的美妆、服饰等内容正与她们的兴趣完美契合。再加上城市商业街、核心商圈及中心广场，往往是消遣娱乐的线下聚集地，直播提供的多种互动方式，使线上线下转化更便捷、更畅通。

作为一种全新的营销模式，能够在短期内爆发出如此自大的能量，必然具有其他营销方式所无法比拟的优势。下面就对其中较为突出的几个优势进行阐述。

10.2.1 "网红"的引流效应

"网红"，又名网络红人，是网络直播大潮下最直接的产物。这些人通过才艺展示、实时互动，以及自己对生活态度和时尚见解的分享，往往能够吸引一大批忠诚"粉丝"。而在移动互联网时代，流量就意味着经济效益，巨大的流量恰恰是企业进行移动营销所需要的前提条件。

因此，有的企业就开始构筑"网红+直播+移动营销"的生态圈，通过"网红"去建立自己的直播营销体系，如酒仙网、丰厚资本在与《大佬微直播》合作后，品牌得到了更大范围的传播，销量也呈现出爆发式增长。

直播直接催生了"网红",而"网红"往往又自带流量,流量是转化为销量的最可靠的保障。企业利用"网红"进行直播营销的前提是拥有自己的"网红"。如何实现呢?一般有两种途径。

1. 高薪聘请

高薪聘请已成名的"网红",是一种较省时省力的方法,可以充分利用"网红"的社会影响力迅速打开市场。

爱茉莉太平洋是享誉全球的一家韩国化妆品集团公司,其旗下一款洗发水品牌"吕"因邀请中国美容领域的10多名"网红"参与,迅速打入了中国市场。这些"网红"围绕"吕"系列产品的核心功效,从头皮护理、洗发到彩妆等,做了"全套"的直播。同时,他们还将直播的内容、出席的线下活动等分别发至自己的社交平台,吸引了大批"粉丝"观看。两个月后,"吕"在中国的月销售额就创下了1300万元人民币的纪录。

需要注意的是,直接与已成名的"网红"合作也有其劣势,那就是成本较高。就像之前邀请名人代言一样,"网红"也需要支付一定的费用,而且随着一些不良媒体、平台的炒作,"网红"价格也一路水涨船高。再者,聘请的"网红"只能解决一时的需求,稳定性较差,无法形成稳定、系统的营销模式,无法为"粉丝"提供持续有力的直播与服务。

2. 自行培养

自行培养也是打造"网红"的一种有效途径,不仅因为自行培养成本低,更重要的是自行培养的"网红"的整体调性与产品特征、"粉丝"需求更契合。

美宝莲在一次新品发布会上就采用了自己的"网红"进行直播,共计50个"网红"参与了这场活动,盛况空前。活动结束后,统计显示有超过500万人次观看,品牌得到了大幅度曝光。

利用这次新品发布会的直播机会,美宝莲直接卖起了产品。在直播页面的下方,特意设置了一个购物车的小标志,观众只需进行简单的操作就能下单。

这一举措直接让大家的注意力不可抗拒地转移到了产品上面,经济效益立刻显现——销量达到了惊人的10000支(转化成实际销售额约为142万元)。

销售什么产品,就要找格调一致的"网红",如卖化妆品就要与美妆"网红"合作,卖衣服就要与服装"网红"合作,卖意大利面最好选择意大利厨师。反过来想一下,如果卖红酒的找服装"网红"合作,效果肯定差强人意,即使他有几百万"粉丝",购买率也不会很高。

因此,在吸收一部分名气较大、细分能力强的社会"网红"资源的基础上,还需要有一批自己的"网红",形成"网红"矩阵。这就需要企业自行培养一批,这些"网红"要充分了解企业,与企业的调性相符合,且能全心全意忠诚于企业。

如今,"粉丝经济""颜值经济""红人经济"已遍地开花。在这样的大环境下,企业必须重视"网红"在营销中的作用，且要有培养自己"网红"的意识，才能使"网红"效应与企业利益更好地绑定。绑定得越深，他/她才会越不遗余力地为企业推广。

10.2.2 实时互动的信息传递

不同时期媒体形态的变化总会给营销带来巨大的影响。这是因为营销活动，包括移动营销，本质上就是信息传递和传播的一个过程，从企业到消费者，从消费者再到更多的消费者。信息传播速度越快、范围越广，效果越好。

纵观我国媒体的发展历程，大致有3个阶段，分别为图文阶段、音视频阶段和（移动）直播阶段，也可称之为一次元时代、二次元时代、三次元时代。不同时期传播媒介也不同，从而形成了各具鲜明时代特征的营销活动，如图10-4所示。

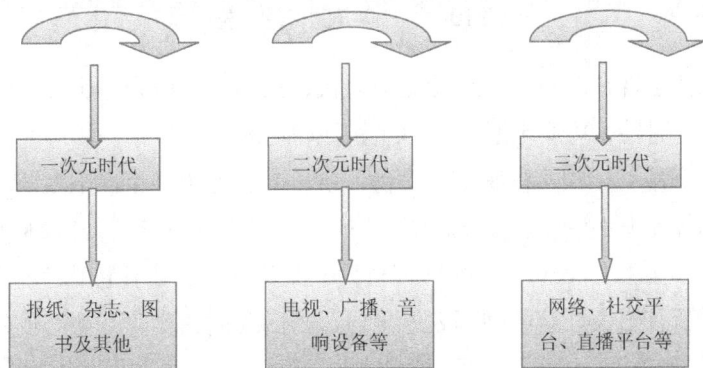

图10-4 | 媒体的3个发展阶段

一次元时代，以图文为主，企业营销的传播媒介主要是报刊、杂志、图书等，宣传广告也以报纸刊登广告、杂志封面广告、图书插页广告为主，如图10-5所示。

图10-5 | 一次元时代的广告

二次元时代，以音视频为主，即电视、广播比较火的那个年代。广告的表现形式逐步由纯文字、图片向声情并茂的音视频转变。这个时期最典型的广告形式就是网络视频广告、电视特约广告、电视节目插播广告、移动媒体广告等，如图10-6所示。

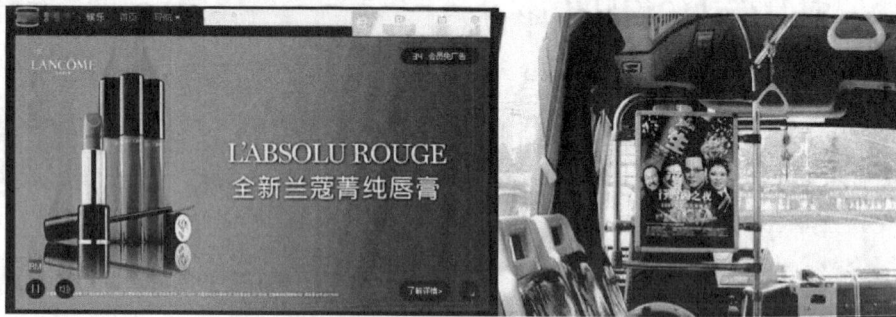

图10-6 ｜ 二次元时代的广告

三次元时代就是现在的直播、移动直播时代，集图文、声音与影像于一体，更重要的是具有移动性、即时性，可实现双方多形式、移动化的互动。

ULooK是一家移动互联网视频直播平台，所有内容均由播客自主生产。任何用户下载App后，都可以成为播客并发起直播。在2015年"七夕"情人节，ULooK视频直播平台发起了一场"七夕"实验，一部手机两个小时不间断直播，吸引了上千名观众在线收看。在直播的过程中不断有出谋划策的弹幕划过，通过与网友们的实时互动交流，选手们顺利完成了任务。

再加上直播具有门槛低、上手容易的特点，这一时期还出现了很多"网红"主播，他们也成为直播营销中广受欢迎的重要推动力量。"网红"主播张大奕直播效果如图10-7所示。

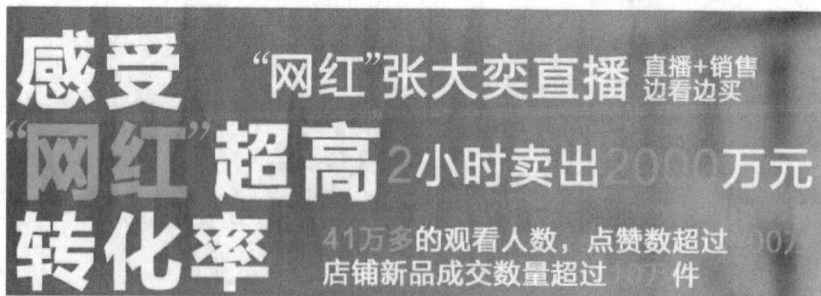

图10-7 ｜ 网红主播张大奕直播效果

与以文字、图片为主的报刊、杂志、书籍，及以音视频为主的电视、广播相比，直播是一种大众传播的新形式，赋予了营销新的特征。这种新特征首先表现在信息的传播方面，具体如下。

（1）可生产出更多优质内容，使网络社交更加立体化。以往双方在网络上交流，由于互不谋面，只能通过文字、图片等单一的方式来感知和想象；而直播可以通过优质的画面、多样化的表达形式，以及多层面的互动技术实现即时、高效的沟通、交流。

（2）打破了媒体与媒体间的界限，形成了一个"融合性"平台。这种交流不仅仅局限于平台本身，还可以融入更多的第三方参与，即通过分享、转发使信息在多个平台之间实现转化和流动。

（3）承载了报刊杂志、电视广播等传统媒介所无法承载的信息。通过直播，主播可以展示更即时、更加声情并茂的信息。同时，由于主播与观众双方可以实现深层次、立体化的互动，因此信息也最大限度地融合了观众的反馈信息，而观众信息的加入，大大提升了信息的客观性和真实性。

从信息呈现方式、传播速度、传播范围上来看，直播必将成为移动互联网时代的主要营销方式，给大众带来前所未有的、全新的体验。

10.2.3 目标用户更容易抓取

移动营销中最难搞定的就是寻找目标用户，这也是困扰营销策划者、推广人员的一大难题。但是采用（移动）直播营销后，这一难题便迎刃而解了。因为直播面向的群体本身就比较精准，用直播展开营销时就意味着基本上已经锁定了目标人群；如果再根据自身产品的具体要求进一步细化，那么目标用户就会更加精准了。

根据相关统计数据分析，观看直播的用户整体上呈现出年轻化的特征，15～40岁的观众占到80%以上，其中25～30岁的观众最多，占到总人群的36.6%，如图10-8所示；性别上以男性为主，如图10-9所示；地域上主要集中在大、中城市，如图10-10所示；收入上以中等人群居多。

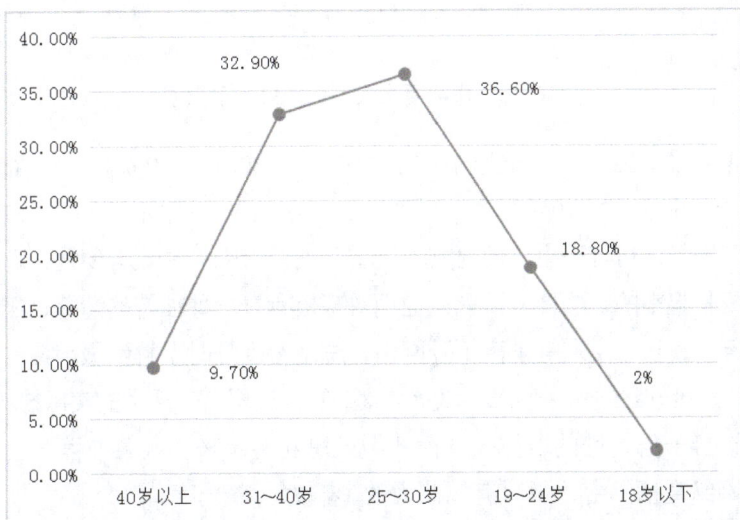

图10-8 | 直播受众人群年龄分布示意图

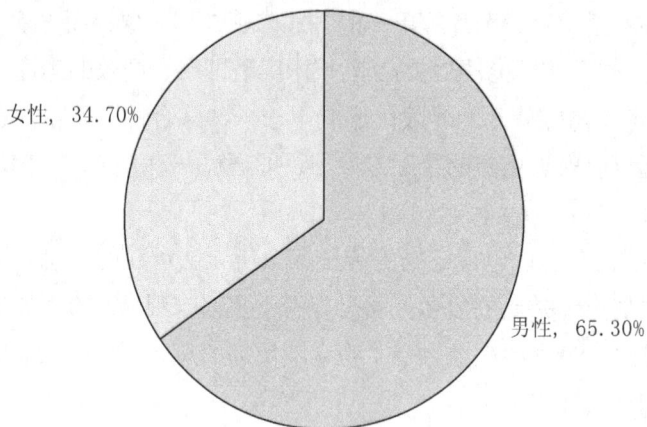

图10-9 | 直播受众人群性别分布示意图

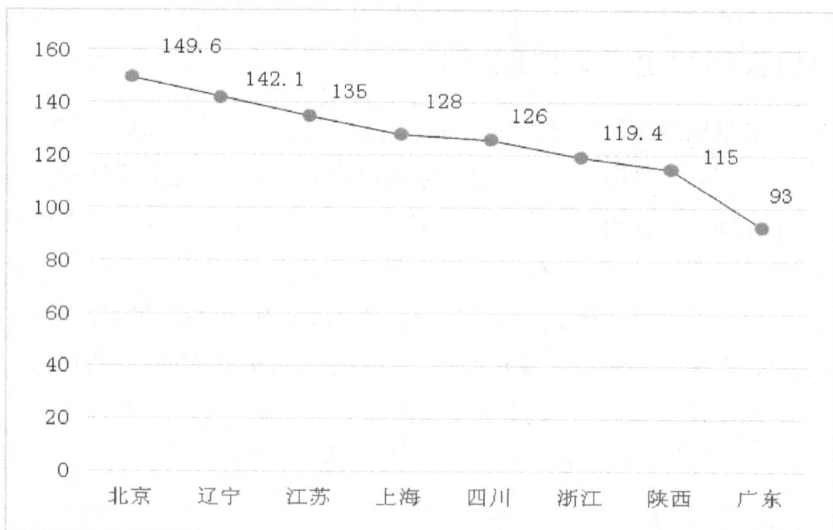

图10-10 | 直播受众人群地域分布示意图

从上述数据不难看出,关注直播的人绝大多数为"80后""90后"、有着中等收入的都市男性。相对于"60后""70后"等"前辈","80后"一代拥有更多接触网络的先天优势。而"90后"一代,自打一出生便时刻享受着网络所带来的高效与便捷,可以说是伴随着网络一路高歌成长起来的。这样一群人,他们对直播有着一种独特的情感,工作、学习以及生活的衣食住行、娱乐、交友等都离不开网络,总是希望及时了解到最前沿的娱乐资讯、最真实的新闻事件、最好看的景区实景,以及美食的制作过程、生活中的实用技巧……

正是有着这样一群特殊的群体,直播才能很快发展起来。从某种程度上说,正是这一人群的关注,网络直播平台才得以有如此大的影响力、曝光度。

其实不止"80后""90后",包括更小的一代人"00后"也开始喜欢观看网络直播。

截至2017年，2000年后出生的第一批人已经步入大学，而大学生则是网络直播的忠诚"粉丝"，他们对直播的痴迷更为惊人。

10.2.4　互动性强、用户黏性高

移动直播的互动性非常强，主播可以与用户展开打赏、送礼物、弹幕、留言等多种形式的互动，而这些互动正是企业进行移动营销所需要的。其实互动一直以来都是营销活动中最不可或缺的一个环节，传统营销中有线下互动，网络营销兴起后又有了各种线上互动，其中最具代表性的就是微博、微信等自媒体营销。同样，移动营销也离不开互动，而直播这种媒体可以最大限度地满足各方的互动需求。

互动，就是让观看者全方位地参与进来，并在观看直播的同时通过打赏、送礼物、发言等形式与主播沟通。目前，所有的直播平台都有互动功能，主播们可以随时与观看者展开互动。图10-11所示为某直播平台上主播与"粉丝"的互动。

另外，观看者在观看的同时，也可以将自己感兴趣的或者认为有用的信息分享到自己的直播账号，或转发给第三方平台，如朋友圈、QQ空间等，如图10-12所示。

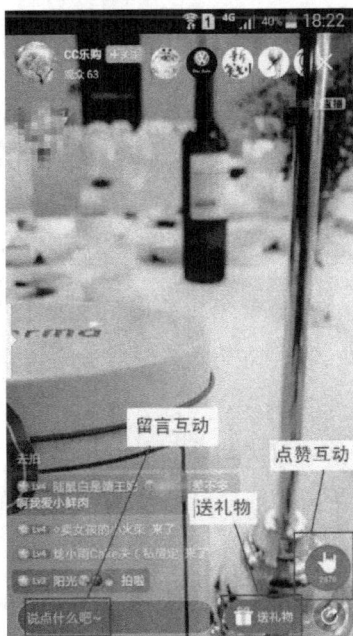

图10-11 | 某直播平台上主播与"粉丝"的互动

图10-12 | 直播转发界面

大多数直播平台的开放路径已经逐渐清晰，如将直播内容分享到QQ、微信好友、微信朋友圈、腾讯微博、新浪微博等。这样一来，就打通了直播与QQ、QQ空间、微信、微信朋友圈、腾讯微博、新浪微博等各个平台的通道，有利于直播营销实现"多渠道"推广，更好地融入整个互联网营销生态系统中。

直播社区/平台的开放性决定了其必定是一个合格的营销工具，视频的上传者只要有好的创意、好的产品、好的服务，就能够在这个大舞台上播出自己的特色，让整个生态圈和谐发展。"人人媒体时代的到来，挡都挡不住"，这曾经是微博时代的专家对于微博的解读。在直播时代呢？一定有过之而无不及，只要直播的内容有趣、有价值，足以打动人心，就可以获得更多的关注、更多的分享。

10.3 移动直播的主要类型

案例导入

2016年5月20日，为25～35岁中坚用户群体打造的全新BMW X1震撼发布。为了烘托全新X1的上市氛围，一场主题为"敢作敢为"的音乐秀在西双版纳傣秀剧场激情上演并对外全程直播。

为这场直播提供技术支持的是腾讯营销平台。腾讯营销平台是一个全用户、全场景、强互动的营销平台，其渠道覆盖PC端、移动端，在社交、娱乐、资讯、购物、出行、O2O等各端口全面布局，以捕捉用户每一时刻的消费动机。

发布会开幕的前一周，宝马公司借助腾讯视频与音乐平台，展开了大规模的前期推广。通过互动和预约，宝马积极寻找对音乐秀有兴趣的年轻用户，对发布会活动进行最大限度的预告与曝光。

直播当天，由社交、音乐、视频、OTT、VR平台5路信号共同组成直播生态链，对发布会进行360°全景式直播，以实现最广泛的触达。直播过程中，实时呈现线上线下用户交互，线上用户可以为自己喜欢的歌手选择相匹配的X1产品亮点，通过弹幕与其他网友交换意见，并投票决定BMW X1在发布会现场最终的亮相形式。

全程极具现场感的互动和实时大数据、VR、全景等技术的运用，让年轻用户的观看体验更新奇有趣；同时让X1上市发布的声量也达到了最大化，完成了宝马品牌在汽车营销领域的又一次创举。

案例点评：

上述案例是一场综合性的直播营销活动，既具有娱乐性，又达到了商业目的，同时又很好地融合了线上线下的互动。综合性的直播营销是未来营销的大趋势。就目前国内移动直播的类型来看，主要有四大类：一是秀场类直播，这类直播是直播的主体，大多数由PC秀场衍生而来；二是游戏直播，这类直播专业性较强，主要是针对游戏玩家；三是垂直领域的直播，如电商直播；四是专门针对企业商业活动的商业直播，这类直播所占的市场份额尽管很小，但非常有潜力，发展空间巨大。

从目前来看，四大直播类型各有特点，运作思路大相径庭，发展也不均衡，但未来必将融合，娱乐化和商业化并存。

10.3.1 泛娱乐直播

泛娱乐直播又称为"秀场"直播，准确地讲是秀场直播的一个分支，因为泛娱乐直播起源于秀场社区。所谓秀场就是大众化娱乐，包含范围很广，如演艺节目、主播聊天、明星面对面、体育赛事直播等。现阶段泛娱乐是各大直播平台重点开发的板块，每个直播平台几乎都会涉及，有的甚至是主打秀场。

在这种背景下，泛娱乐直播也成了企业进行互联网移动营销的一个重要平台，"网红"主播成为企业争夺广告投放的主要资源。

在泛娱乐直播中，还有一种非常重要的广告形式，那就是明星代言。与传统的明星代言不同，直播中的代言具有更强的"吸粉"能力，明星的人气加上直播的场景化传播，往往更容易达到预期目标。

利用泛娱乐直播平台进行移动营销之所以能够收到好的效果，与泛娱乐直播自身的优势是分不开的。

1. 起步早，用户稳定

泛娱乐直播平台在2008年首次出现，紧接着便有大量的直播平台陆续跟进，并在PC端积累了大量用户。据2016年一份统计数据显示，截至2016年4月底，直播在PC端拥有较为稳定的用户基础，活跃用户规模维持在八九千万人。从总体用户规模来看，移动端用户还比较少。从2016年7月开始，移动端用户数量激增，迅速赶超PC端，并逐渐拉开差距。截至2016年年底，移动端活跃用户高达14098万人，而PC端只有9468.2万人。

2. 大量平台布局移动端

很多直播平台看到了移动端的潜力，便纷纷布局移动市场，如YY综合布局PC、移动端业务，全网流量优势明显；一直播等则属于单纯的移动直播平台，其跨平台联动作用明显，外部导流流量较大；映客作为最早布局移动端业务的平台之一，完全依靠移动端流量优势跻身第一梯队。

3. 盈利模式较稳定

泛娱乐直播有着较为完善的盈利模式。从平台收入来看，泛娱乐直播平台目前的收入主要是以C端（消费者）付费为主，B端（企业）付费为辅。C端付费属性依然以情感付费为主，内容付费仍处于用户习惯的培养期；而B端付费，依然集中在用户流量争夺上，仍处于探索阶段。为保证用户体验，各直播平台对于广告位的开发都较为谨慎，营销手段依然以融入直播内容的原生类营销为主，如直播综艺的冠名和植入。

凭借着移动端用户的大量增加、各大平台在移动端的陆续布局，以及盈利模式的完善三大优势，泛娱乐直播在移动端展现出了强劲的发展势头，这为企业开展移动直播营销提供了坚实的基础。

需要注意的是泛娱乐直播也有其劣势，即直播内容门槛低，较分散，甚至不需要任何专业技能。如一些主播虽然有唱歌、跳舞等一技之长，但在"吸粉"、获取关注上的能力依然较差，很难吸引高度忠诚的"粉丝"，实现流量转化则更难。这也导致泛娱乐直播的内容质量参差不齐，曝光受众相对垂直，客单价相对较低，降低了企业利用直播进行营销的门槛，很多时候仅仅适合中小企业主进行推广宣传。不过，秀场直播已经进入了内容升级迭代的过渡期，以主播表演形式为主的PGC直播内容，正在被UGC内容所取代，内容"缺陷"未来可能得到足够的弥补。

10.3.2　游戏直播

随着游戏市场的蓬勃发展，游戏直播平台也走进人们的视野之中。所谓游戏直播平台，是指为丰富广大游戏玩家的娱乐生活，满足其在游戏之时就游戏攻略、走位、团队合作等内容更好地进行交流和分享的需求，而提供视频直播服务的平台。目前，游戏直播已具规模，比较有名的直播平台有斗鱼TV、熊猫TV等。

2014年，国内游戏直播产业逐步热起来，斗鱼直播效仿Twitch从ACFUN独立；同年，战旗TV成立，以游戏直播为主业务；11月，YY剥离了游戏直播业务，成立虎牙直播……到了2015年，龙珠、熊猫等平台纷纷入场，或凭借资金优势，或以背景压人，通过抢占赛事资源、挖角人气主播等方式快速抢占市场。2016年，游戏直播市场呈现出百花齐放的态势，图10-13所示为2016年日均覆盖人数排名前5的游戏直播平台。

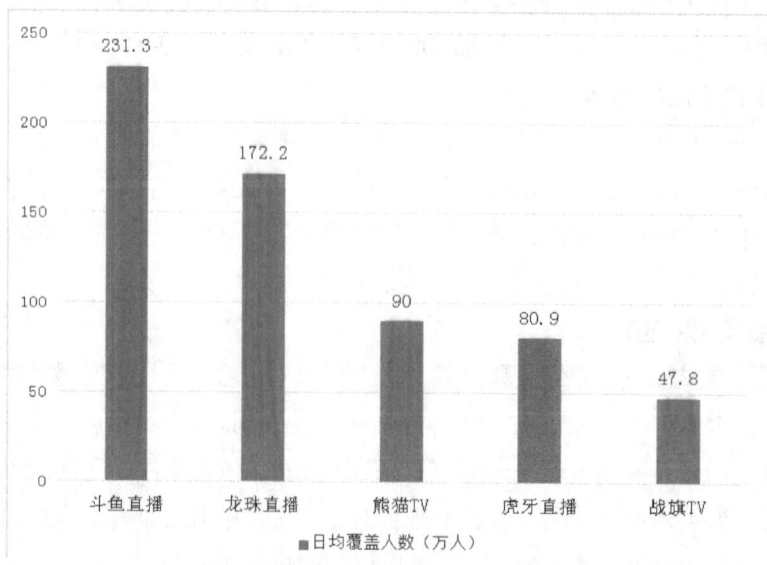

图10-13 | 2016年游戏直播平台日均覆盖人数Top5

伴随游戏直播产业消费能力以及游戏内容的快速发展，游戏直播市场规模进一步扩大，如电竞游戏，作为游戏直播行业最被看好的细分市场，在全球范围内率先掀起了一波发展高潮。根据英国市场研究机构Juniper Research的一份研究报告，电子竞技和游戏直播市场规模预计将从2017年的18亿美元增长到2021年的35亿美元。

与此同时，国内的市场从2014年以来有了飞速的发展，预计2018年市场规模将超30亿元。图10-14所示为2014—2018年我国游戏直播市场规模及增长率。

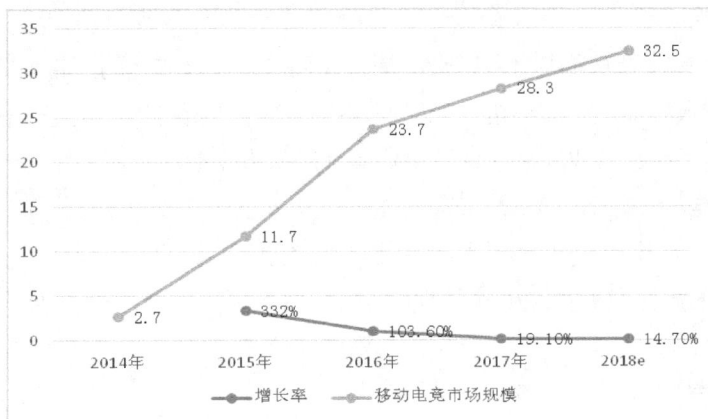

图10-14 | 2014—2018年我国游戏直播市场规模及增长率

这是一个游戏直播平台发展的黄金年代：用户越来越多，已经从专业游戏玩家拓展到了普通大众；游戏内容也出现了多样化、垂直化的趋势，可满足不同玩家的需求；最关键的是，平台运营越来越完善、越来越成熟，如很多平台专门开放了广告位，吸引广告主来合作，战旗直播间广告管理公告如图10-15所示。

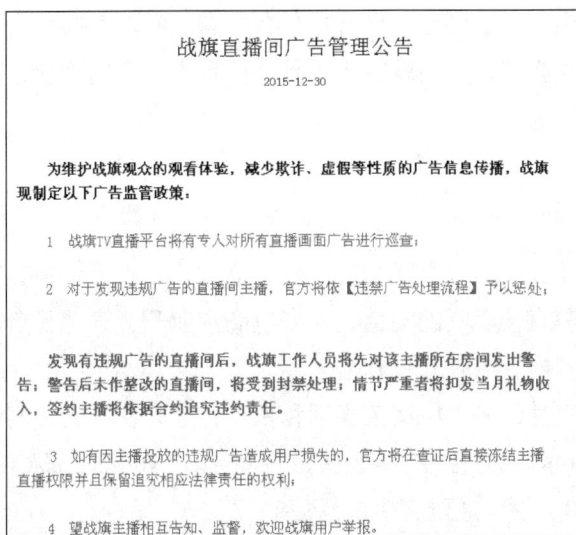

图10-15 | 直播平台上的广告管理公告

事实上，也有很多企业开始关注这一领域，将移动广告放在直播平台上，目的就是打通企业产品与游戏玩家的供求链条。

在游戏直播平台最常见的广告形式是赞助广告、道具广告、植入广告及横幅广告。

1. 赞助广告

赞助广告是游戏直播广告中盈利空间最大的一种。良好的发展前景、巨大的发展空间必将吸引外部资金的青睐，一大批有实力的企业将会以赞助的形式进行投资。

2. 道具广告

在道具，尤其付费道具中植入广告，是游戏直播行业最成熟的广告模式。游戏商家将赞助商的广告植入到道具中，通过玩家付费购买、使用进行传播。这是一种多方共赢的模式，玩家、直播平台、游戏厂商、赞助企业等都能从中受益。

3. 植入广告

这是最传统的一种广告形式，主要是针对平台已有的优质用户群体，以硬性植入的方式将广告展示给玩家。以往在PC端的视频中常会见到这样的广告，而如今在直播平台上类似的广告也非常多。

4. 横幅广告

横幅广告的成本最低，实践起来也最便捷。

近几年，虽然游戏直播平台的发展势头不错，用户黏性也非常高，但囿于用户过于单一（大多是游戏玩家），各方为争夺市场而盲目烧钱，不良竞争导致了成本越来越高。

游戏直播的用户基本以游戏玩家为主，所以这类平台在用户积累方面较为单一，需求过于集中。这无形中就将很多企业排除在外，除非是游戏类企业，或与游戏有关的企业，其他的很难令玩家产生需求。因此，尽管目前在所有的游戏直播平台中都有广告展示位，但并没有大规模地投入实践，原因就在于平台方要考虑玩家的体验，对广告的植入做了严格规定。

10.3.3 电商直播

电商直播是与移动营销结合最紧密的一种直播方式，不但承担着宣传推广、"粉丝"引流的职能，还扮演着直接卖货的角色。很多电商企业开通直播平台后就会直接利用直播来销售产品，为消费者提供相应的服务等。

电商直播颇具代表性的是手机淘宝直播和京东直播，在各大"网红"的销售直播中迅速走红，如图10-16所示。另外还有洋码头、唯品会、美丽说、蘑菇街等，都纷纷在手机App端开通了直播频道，便于通过直播进行营销。

图10-16 | 手机淘宝直播和京东直播的界面

电商直播是电子商务在移动互联网发展的基础上进化而来的又一个创新成果。利用直播平台，或者在电商平台内开辟直播板块，直播产品的生产、制作、销售、使用全过程，可让消费者全程参与，一路监督，实现商家与消费者双方的零距离接触。

那么，移动直播为什么能在电商行业率先发展起来，并且取得良好的业绩呢？这源于消费者消费结构、消费习惯、信息获取方式的变化。

1. 消费结构的变化

对营销起决定作用的就是用户结构，用户结构的变化会导致一系列的变化，如用户需求、消费理念等。网购用户结构总体偏年轻，"70后""80后""90后"群体所占比重越来越大，如淘宝用户中"80后""90后"人群占到70%。这与直播的目标用户不谋而合，这也是电商直播迅速发展的主要原因。

2. 消费习惯的变化

在直播的影响下，消费者正在从网页货架式消费，向场景化消费转变。直播是构建场景化消费的最好形式。如京东商城、手机淘宝上的很多商家在销售产品的不仅使用文字、图片等传统方式，还会同步直播，将消费者带入一个更生动、有趣的购物场景。

如情人节服装促销，用户不仅可以看到所要购买的衣服图片、文字介绍，还可以在直播中欣赏到真人展示，以及进行现场互动等，这种变化集中体现出了场景化消费。

3. 获取信息方式的变化

在线上消费获取信息的方式大体有两种，一种是搜索，另一种是浏览。与之相对应，形成了两种电商平台模式，分别为搜索型平台和浏览型平台，如图10-17和图10-18所示。现在大多数人更钟情于浏览型平台，尤其是在移动端，用户的搜索行为不断下降。而搜索型平台，虽然精准度比较高，但由于信息展示量有限，已经越来越少，并逐步被浏览型电商平台所取代。

图10-17 | 搜索型电商平台

图10-18 | 浏览型电商平台

在信息的获取上，浏览型平台更省时、省力、高效，这也是浏览型电商平台越来越多的主要原因。但直播兴起后，人们获取信息的方式再次发生变化，不再局限于文字、图片等，更倾向于声情并茂、可即时互动的直播。

当人们获取信息的时间变得进一步碎片化时，便捷、高效的内容提供便成了吸引用户的"法宝"，这便给了电商直播这种高效的营销形式更多的发展机会。

10.3.4 商业直播

借助于商业直播，企业可以更加高效、便捷地对员工、产品、服务及用户等进行管理，降低运营成本。例如，直播讲座，与会人员不用亲自到会场，在家通过平台就可以全程倾听和参与。再如直播公司内部会议，不仅可以提高会议效率，还可以节省很多人力、物力、财力。

商业直播适用场景非常广泛，开业庆典、行业会议、企业培训、商业路演、营销活动、产品展会、商品促销、新品发布等都可以采用这种直播方式。

微赞直播是一个专门针对企业商业直播业务而开发的直播平台。相对于其他直播平台，其优势在于整合了全媒体优势资源与微信高流量入口，可与全国近千家公众平台进行有效互动。精准传播、实时互动、快速成交、智能结算是其四大核心功能，可以帮助企业更快、更好地打造自动化营销体系，建立大数据生态链，实现移动营销的转型升级。

与泛娱乐直播、游戏直播及电商直播相比，商业直播有着很大的区别。商业直播的商业性比较强，实用性、针对性、目的性也很明确，比较注重实践性。这足以保证直播内容会把品牌文化、创意故事、研发科技等与商品相关联的背景资料呈现给用户。它并不是单纯地直播商品，更多的是展示商品背后的内涵；同时还可以依据用户的观看习惯，即时将适合用户消费喜好的商家和商品信息关联推送过去。

专门做商务直播的微吼，致力于为企业提供覆盖全行业、适应各种应用场景的融合式直播解决方案，助力企业玩转"直播+"7年匠心的坚守，为其赢得了高达6000万的用户、15万的企业客户，其中不乏IBM、微软、腾讯等世界500强企业。创始人林彦廷认为，同步直播具有线性播放的持续参与感，能有效促进行业研讨、巡展、峰会、网络会议等活动的传播效果。

因此，商业直播平台也被认为是最适合企业搞移动营销的一种直播平台。美中不足的是，这类直播平台尚处于起步阶段，在整个直播市场中占据的份额相当小，更没有像娱乐直播中的映客，游戏直播中的斗鱼、熊猫TV那样的大品牌、大平台。

在火热的直播大潮中，各种直播平台如雨后春笋般不断涌现，发展势头极为迅猛，但商业直播平台仍是少数。全国多达200余个直播平台专门从事商业直播的尚不足10%，"龙头"平台更是凤毛麟角。综合全网流量来看，尚未有一个日活跃量超过200万人次的平台。因此，企业在选择要合作的直播平台时一定要综合考量，择优而用，结合平台特色和自身的需求，选择最适合自己的。

参考文献

[1] 崔勇，张鹏. 无线移动互联网：原理、技术与应用[M]. 北京：机械工业出版社，2012.

[2] 易北辰. 移动互联网时代 [M]. 北京：企业管理出版社，2014.

[3] 罗伯特·斯考伯，谢尔·伊斯雷尔. 即将到来的场景时代[M]. 赵乾坤，周宝曜，译. 北京：北京联合出版公司，2014.

[4] 丹·S. 肯尼迪. 终极营销：移动互联时代的精准营销策略[M]. 桂小黎，朱玉彬，译. 北京：当代世界出版社，2014.

[5] 华红兵. 移动互联网全景思想[M]. 广州：华南理工大学出版社，2016.

[6] 苗李宁. 微商创业与营销宝典[M]. 北京：化学工业出版社，2016.

[7] 吴晓波. 腾讯传[M]. 杭州：浙江大学出版社，2017.

[8] 智创文化. 玩转App营销（全网营销时代策略解密）[M]. 北京：化学工业出版社，2017.